KB242504

일론 머스크
X, 속도의 제국

인류의 방향은 속도로 결정된다

김세훈 지음

미래지식

추월 불가의 궤적

속도라는 절대 반지

기원전 334년, 스물두 살의 알렉산더 대왕이 아시아 원정을 시작했다. 페르시아는 역사상 가장 거대한 제국으로, 에게해에서 인더스강까지 500만 제곱킬로미터에 달하는 영토, 5000만의 인구를 지배했다. 다리우스 3세의 군대는 알렉산더의 군대보다 다섯 배 이상 많았지만 알렉산더는 12년 만에 불멸 제국을 무너뜨렸다.

그는 페르시아의 군사력을 하나씩 격파하는 데 시간을 들이지 않고 최대한 빨리 결전을 유도해 제국의 통치를 무너뜨리기로 했다. 최정예 엘리트였던 왕의 친위 기병대Companion Cavalry는 강행군 시 50~70킬로미터를 행군했다. 페르시아군의 두 배에 가까운 속도였다. 이수스 전투에서는 10만 대군을 상대로 측면 기동을 감행해 적이 감히 대응할 시간을 주지 않았다. 가우가멜라 평원에서는 25

만 대군의 대형에 균열을 만들고 공백에 힘을 집중해 궤멸시켰다. 속도는 적에게 시간을 주지 않는 전략이었고, 대응할 틈을 박탈하는 심리전이었으며, 불가능을 현실로 만드는 의지의 증명이었다.

20세기의 권력도 속도였다. 1964년 12월 22일, 미국 네바다주 그룸 레이크 Groom Lake. 록히드마틴의 스컹크웍스 Skunk Works 의 비밀 격납고에서 검은 그림자가 활주로를 박차고 날아올랐다. SR-71 블랙버드 Blackbird. 인류가 만든 가장 빠른 유인 항공기. 마하 3.2, 시속 3,540킬로미터, 고도 26킬로미터. 냉전의 논리를 재정의한 공학적 선언이었다.

설계자 켈리 존슨 Clarence Leonard ‘Kelly’ Johnson 은 "따라잡히지 않는 유일한 방법은 추격당하지 않는 것이다 The only way to stay ahead is to never be caught "라고 말했다. 블랙버드는 소련의 SA-2 미사일이 마하 3.5로 날아올 때 레이더 대응 범위 밖에 있었고, MiG-25 요격기가 발진했을 땐 수평선 너머에 있었다. 3,551회 이상의 작전 임무 중 단 한 대도 격추되지 않았다. 초고속, 초고도 비행은 방어를 불필요하게 만들었다. 추격은 무의미했고 요격은 환상이었다. 이 생존 원리는 적의 요격 메커니즘을 무력화하는 것이었다. 즉, 적이 따라올 시간적 여유를 주지 않는 것이다. 그리고 오늘날, 일론 머스크는 이 메타포를 인류 전체의 궤적으로 확장한다.

그는 경쟁하지 않는다. 경쟁의 틀을 무효화하고 빠르게 나아갈 뿐이다. 지금 그의 손끝에서 미래가 그려진다. 비즈니스 전략이 아닌 인류 문명의 다음 장을 쓰는 설계도다. 2006년 8월 2일, 그는

39단어로 자동차 산업을 재정의했다. 테슬라 마스터플랜의 시작이었다. 전기차는 개념으로만 존재했고 디트로이트는 비웃었다. 하지만 2020년 7월 1일, 테슬라는 토요타를 제치고 시가총액 세계 1위 자동차 회사가 되었다. 그 이후 테슬라는 더 이상 순수 자동차 회사인 적이 없었다.

머스크는 에너지 제국을 세웠다. 수직 통합의 완결판 기가팩토리는 약 500만 제곱미터의 부지 위에 세워진 세계 최대 규모의 배터리 생산 기지다. 테슬라는 배터리를 사는 회사에서 배터리를 만드는 회사cell-to-pack, cell-to-chassis로 진화했다. 리튬을 채굴하고, 정제하고, 셀을 만들고, 팩으로 조립하고, 차량에 통합한다. 원자재에서 완제품까지. 진정한 수직 통합이다. 비전은 수직으로 더 확장된다. 우주로, 그리고 의식으로.

완전 자율주행은 인공지능이 현실 세계를 학습하는 거대 실험이다. 2025년 11월 기준, FSD는 누적 60억 마일 이상의 데이터를 학습했다. 8개의 카메라가 초당 36프레임으로 세상을 보고, 신경망은 이를 벡터 공간으로 변환한다. 보행자, 신호등, 차선, 주차된 차량, 갑자기 뛰어드는 아이, 공사 표지판, 눈 덮인 도로. 무한한 변수를 학습한다. 운전대도 페달도 필요 없다. 자율성은 이동성의 패러다임을 바꾼다. 자동차는 '소유물'에서 '서비스'로 전환된다. 로보택시는 자동차 소유 비용의 10분의 1로 무한 이동의 가능성을 열어준다. 도시 면적의 25~30퍼센트인 주차장은 공원으로 숨을 쉴 것이다.

머스크의 진정한 목표는 지구 밖에 있다. 스페이스X의 목표는 인류를 다행성 종족으로 만드는 것이기 때문이다. 2015년 12월 21일, 팰컨9의 1단 로켓이 케이프 커내버럴에 수직 착륙했다. 인류 역사상 최초의 로켓 회수였다. 이제 최종 목표는 높이 120미터, 탑재량 200톤, 새턴 V보다 크고 재사용이 가능하며 전통적인 로켓 대비 100분의 1의 비용으로 운영되는 완전 재사용 가능한 초대형 로켓이다.

2030년 화성 유인 탐사, 2040년 화성 기지 1,000명, 2050년 100만 명은 그의 개인적 비전이다. 화성의 대기는 95퍼센트가 이산화탄소다. 여기서 메탄과 산소를 만든다. 메탄은 로켓 연료이며, 산소는 인간의 호흡을 가능하게 한다. 화성의 표토 얼음을 전기분해하면 수소와 산소를 얻을 수 있다. 화성 식민지는 무한 에너지 태양광과 태양열을 비롯한 에너지의 지속 가능성을 확보할 것이다. 화성에서 태어난 세대는 지구로 돌아오지 않고 다른 신체적 특징을 가질지도 모른다. 새로운 인류 종족이다.

그전에 달의 가능성도 최대화할 것이다. 달 뒷면은 지구의 전자기 노이즈와 태양풍으로부터 자유롭다. 오염도, 미세 진동도 없는 이상적 퀀텀 컴퓨팅의 환경이다. 차세대 스타링크 위성은 새로운 칩을 탑재하고 지구 저궤도, 550킬로미터 높이에서 분산 컴퓨팅 네트워크를 형성한다. 태양은 전력 지속 가능성을 극대화한다. 우주 데이터 센터. 지구의 어떤 곳에도 접근성을 제공한다. 인공지능의 확산은 더 빨라진다. 지구 전체를 실시간으로 학습한다. 모든 것이 동시에 분석된다. AI8 칩을 탑재한 스타링크 함대가 우주 데이터 센터를 이룰 미래가 멀지 않았다. 최종 목표는 태양계 인터넷이다. 지구-달-화성을 연결하는 분산 네트워크다.

2024년 1월 29일, 인간 피험자가 뉴럴링크 칩을 이식받았다. 사지마비 환자 놀런드 아르보 Noland Arbaugh 는 생각만으로 컴퓨터 마우스를 움직이고, 체스를 두고, 트윗을 썼다. 미래는 궁극적으로 기억 영역에 접근한다. 경험을 저장하고, 재생하고, 편집하는 일이 가능해질지 모른다. 치매는 과거의 질병이 될 것이다. 장기적으로 두 사람의 뇌가 직접 연결된다. 언어 없이 의사소통이 가능해진다. 작곡가는 생각으로 작곡하고, 화가는 상상을 그리며, 과학자는 수식 없이 물리를 이해한다. 호모 사피엔스의 진화다. AI는 인간 인지 능력의 확장 그 자체가 될 것이다.

"세상에 중대한 영향을 주는 일에 참여하라." 머스크는 수도승처럼 산다. 모든 에너지는 미래 창조에 집중한다. '생산적인 나르시시스트 productive narcissist.' 혁신의 시대에 필요한 인물이다. 제일원리는 관습을 의심하고, 문제를 근본 요소로 나눈다. xAI의 인공지능 그록은 "우주의 진정한 본질을 이해하라"는 명령을 받는다. 사실 fact 과 호기심이 중요하다. 몇 년 안에 인류는 임계점을 목도할 것이다. 초지능 AI의 출현. 이 지능은 수십억 년 진화의 산물인 인간의 뇌를 능가한다. 머스크는 이를 두려워하지 않는다. 인간 지능의 보전과 진실 추구가 그의 사명이다.

다음 목표는 노동의 재정의다. 2021년 8월 19일, 테슬라 AI 데이 AI Day 에는 로봇 의상을 입은 무용수가 등장했다. 2022년 9월

30일에는 어설픈 옵티머스 프로토타입이 무대를 걸었다. 2024년 10월에는 인간처럼 섬세한 2세대가 공개되었다. 2026년, 양산 계획인 3세대가 세상에 나온다.

로봇은 무한하다. 로봇이 로봇을 만든다. 경제학의 희소성 전제가 바뀐다. 지속 가능한 풍요가 온다. 인간은 예술, 과학, 철학, 탐험에 집중하고, 굶주림은 역사가 되는 로보틱스 혁명이다.

그는 다차원 문명을 꿈꾼다. 화석 연료 의존을 끝내는 에너지 문명, 단일 행성 종족 한계를 넘는 우주 문명, 스타링크, AI가 창조하는 정보 문명, 풍요 경제를 지향하는 로보틱스 문명, 뉴럴링크로 생물학적 한계를 넘는 의식 문명이다. 다섯 차원은 서로에 수렴하며 다른 기술의 진보를 가속화시킨다. 인류는 여러 행성에, 여러 에너지원에, 여러 의식 기질에 분산되어 의식의 빛을 유지할 것이다.

벡터의 합이 가리키는 하나의 방향

"모든 사람은 벡터다 Every person is a vector." xAI 팀은 소수 정예로 움직이며 짧은 시간에 엄청난 스피드로 결과를 창조했다. 벡터의 합은 방향이 중요하다. 100명이 각각 다른 방향을 보면 힘은 상쇄되어 사라진다. 10명이 한 방향을 보면 힘은 10배 이상이 되기도 한다. 엘리트 소수 정예의 집중과 빠른 실행, 즉 속도가 비선형적인 혁신을 창출한다는 머스크의 경영 철학과 비전을 보여주는 말이다. 개인과 집단의 목표가 일치할 때 위대한 일이 탄생한다. "당신의 진보는 모든 벡터의 합으로 결정된다 Your progress is determined by the

이것이 머스크 방정식의 핵심이다. 그의 모든 사업, 노력, 혁신은 서로 다르지 않다. 단일 벡터의 구성 요소다. 방향은 하나다. 인류의 미래. 테슬라는 지속 가능 에너지 벡터다. 보링 컴퍼니는 이동성 벡터다. 스페이스X는 다행성 종족 벡터. 뉴럴링크는 의식 확장 벡터이며, 옵티머스는 풍요 경제 벡터, xAI는 진실 추구 벡터다. 그의 기업 집단에 새겨진 'X'라는 알파벳은 수학에서 미지수unknown를 뜻하지만, 머스크에게는 '모든 가능성을 품은 것'을 의미한다. 이 글자는 이제 단일 방정식의 해解로 수렴한다. X는 더 이상 미지未知의 변수가 아닌, 전부全部다. Everything. 로켓도, AI도, 자동차도, 로봇도, 에너지도, 통신도, 데이터도 — 미래의 거의 모든 것이 하나의 벡터로 수렴하며 같은 미래를 가리킨다.

벡터는 크기와 방향을 동시에 가진다. 속도만큼 방향도 중요하다. SR-71은 마하 3.2로 날았지만 목적지를 향했다. 알렉산더는 하루 60킬로미터를 행군했지만 페르시아를 향했다. 머스크는 인류를 빠른 속도로 정확한 방향으로 이끈다. 방향은 멸종이 아니라 번영, 제한이 아닌 확장, 희소성을 넘은 풍요다. 기업가는 시장을 보고, 머스크는 문명을 본다. CEO들은 분기 실적을 보고, 머스크는 100년 후를 내다본다. 엔지니어는 제품을 만들고, 머스크는 미래를 만든다.

우리는 일론 머스크를 네 개의 벡터로 해부할 것이다.

첫째, 비전: 마스터플랜에서 다행성 문명까지, 그의 미래 지도.

둘째, 비즈니스: 수직 통합, 기업가정신과 경영 전략.

셋째, 리더십과 인재 운영: 사람에서 성과를 끌어내는 비밀.

넷째, 기술과 혁신: 전기차 혁명, 에너지와 로보틱스 제국, 제일원리 사고와 혁신 창출의 마인드셋, 그리고 풍요로 그리는 미래까지.

이는 스타트업 창업자에게 비전을 단계별 실행 계획으로 변환하는 가이드를 제공할 것이다. 전략가에게는 수직 통합과 제일원리 사고, 경쟁이 아니라 범주를 재정의하는 방법을, 기술 철학자와 미래학자에게는 AI, 로봇, 뉴럴링크가 가져올 인간 잠재력의 확장과 기술 청사진을 통한 장기 로드맵을 보여줄 것이다. 투자자들은 어떤 기술이 문명과 삶의 토대가 될 것인지 영감을 얻을 것이다. 일반 독자들도 인류 문명의 벡터가 될 수 있다. 세상을 바꾸는 것은 천재의 전유물이 아니다. 방향을 정하고 포기하지 않는 사람의 특권이다.

추월이 불가능한 속도가 경쟁 우위다. 머스크 앞에서 SF는 더 이상 픽션이 아니다. 현실화되는 궤적이다.

80억 인류가 제각각 살아간다면 문명은 정체될 것이다. 그러나 한 방향을 본다면 생존을 넘어 번영으로, 우주로, 의식의 새로운 형태로 나아갈 것이다. 그 조종석에 당신을 태운다. 추월 불가의 궤적에 동참하라. 미래는 예측하는 것이 아니라 만드는 것이다. 그리고 그 미래는 지금, 당신 손끝에서 시작된다.

리더의 비전이
기업을 살린다

2006년, 일론 머스크는 서른아홉 개 단어로 테슬라의 미래를 선언했다. 고가 스포츠카를 만들고, 더 합리적인 자동차를 만들며, 궁극적으로 공해 없는 전기 생산까지 제공하겠다는 계획이었다. 대중과 전문가들은 사기꾼의 망상이라 비웃었지만, 청사진은 현실이 되었고, 테슬라는 세계에서 가장 가치 있는 회사 중 하나가 되었다.

위대한 기업의 시작점에는 언제나 명확한 비전이 있다. 헨리 포드의 "누구나 탈 수 있는 자동차"에 대한 꿈은 컨베이어 벨트 중심의 생산 방식을 통해 2차 산업혁명의 촉매가 되었고, 미국인의 삶의 반경을 근본적으로 확장시켰다. 100년 후, 머스크는 같은 방식으로 전기자동차와 지속 가능한 에너지로의 전환을 현실로 만든다.

리더의 비전은 단순한 구호가 아니다. 그것은 조직 존재의 이유를 밝히고, 미래를 향한 구체적 행동을 촉발하는 힘이다. 조직의 방향을 설정하고, 구성원의 행동을 일치시키며, 불가능해 보이는 목표를 현실로 전환시킨다. 이번 벡터에서는 머스크라는 리더의 명확한 비전 제시가 어떤 결과를 창출했는지, 그리고 그의 생각들은 어디에서 영향을 받았는지 그 철학적 기반까지 탐구한다.

원대한 비전을
제시하라

"즉, 테슬라 마스터플랜은 다음과 같다.

고가 스포츠카를 만든다.

그 수익으로 합리적인 자동차를 만든다.

그 수익으로 더 합리적인 자동차를 만든다.

공해 배출이 없는 전기 생산 방법도 제공한다."

"So, in short, the master plan is:

Build sports car.

Use that money to build an affordable car.

Use that money to build an even more affordable car.

While doing above,

also provide zero emission electric power generation

options."

2006년 8월 2일, 일론 머스크는 첫 번째 테슬라 마스터플랜 Master Plan Part 1을 발표했다. 당시 그의 직함은 테슬라 모터스 공동 창립자 겸 CEO였다. 이 간단 명료한 플랜은 명확한 테슬라 비전을 보여주는 데 목적이 있었다. 그 계획은 그대로 실현됐다. 테슬라는 마스터플랜 이후 대부분의 자동차 회사와 다른 길을 걸었다. 순수 전기자동차로 산업을 혁신하고 새로운 패러다임을 만드는 게 목표였다. 머스크는 전기자동차 산업에 뛰어든 이유가 지속 가능 운송 수단을 위한 실질적 대안을 제시하기 위해서라고 밝혔다. 이 문서로 테슬라 비전과 전략을 누구나 쉽게 이해할 수 있었다. 마스터플랜의 구체적 계획은 다음과 같다.

1. 저비용 전기자동차 제조
2. 거대한 배터리 공장 건설
3. 에너지 저장 장치 시장 진출
4. 태양광 발전 사업 진출

2006년 시점에서 이 목표들은 충격이었다. 저렴한 비용으로 대중 시장에 진입할 전기자동차 개념은 그야말로 터무니없었다. 수익성이 불투명한 사업에 배터리 대량 생산 시설을 위한 투자를 하고 빠르게 성장시킨다는 것도 말이 안 되는 소리였다. 때문에 테슬라 마스터플랜은 사기꾼의 개인 블로그 정도로 여겨졌다. 가솔린 없이 달리는 전기차를 만들고, 배터리 공장을 세우고, 태양광을 포함한 생태계를 구축하는 일을 신생 스타트업이 해낼 거라고 아무도 기대하지 않았다.

대중과 시장 반응은 무모함을 넘은 황당함에 가까웠다. 당시 친환경 자동차 수요는 높지 않았다. 가장 잘 알려진 친환경차 토요타 하이브리드(내연기관에 전기 모터를 결합해 연비와 출력의 효율을 높이고 배출가스 감소로 친환경성을 추구하는 기술) 프리우스 Prius의 2006년 세계 판매량이 18만 5,000대였다. 수요가 가장 높았던 미국이 10만 대 수준에 그쳤다. 세계 자동차 시장 규모는 연 8000만~1억 대 규모다. 1997년 등장 이후 2006년까지 전 세계 프리우스 판매량을 다 합쳐도 50만 대에 불과했다.

이 와중에 신생 기업 테슬라 모터스(후에 Tesla로 사명 변경)의 전기차 중심 생태계 구축 선언은 디트로이트의 노련한 자동차 전문가들이 머스크를 자동차 산업을 모르는 바보 혹은 실리콘밸리의 무모한 풋내기로 인식하도록 만들기에 충분했다. 전통 언론, 금융기관, 자동차 전문가는 이 발상을 비판하거나 무시했다.

테슬라 이전에도 순수 전기자동차 시도는 있었다. 대표적인 것이 제너럴 모터스 GM; General Motors의 EV1 프로젝트다. 1990년대 캘리포니아에서 배출가스 규제가 강화되며 친환경 자동차 수요가 높아졌다. 규제가 강화되자 미국 자동차 회사들도 친환경성을 높이려 노력했다. EV1은 그 결과물이었다. 하지만 EV1은 여러 문제로 인해 역사 속으로 사라졌다. 초기 모델의 높은 제조 비용, 소비자의 전기차 인식 부족, 충전 인프라 미비, 석유 소비 감소에 반대하는 정유업계, 내연기관 모델을 고수한 자동차 제조사, 그 생태계에 의존하는 부품업체의 반발이 겹쳤다.

전기차는 내연기관차보다 훨씬 적은 부품으로 제조할 수 있다. 내연기관차는 보통 2만~3만 개의 부품으로 만들어지는데, 테슬라 모델Y 같은 순수 전기차는 대략 1만 개 이하다. 내연기관차의 엔진과 변속기를 포함한 구동계 부품은 약 2,000개에 이른다. 전기 자동차 모터 부품 수는 17~20개에 불과하다. 그래서 전기차 전환이 가속화될수록 내연기관 부품업체가 타격을 입는다. GM의 EV1 프로젝트가 폐기되자 전기자동차에 대한 시장 관심도 급격히 줄어들었다. 그런 이유로 전기차만으로 라인업을 갖춘 회사가 등장할 거라고는 아무도 예상하지 못했다.

2003년 창립한 테슬라 모터스가 2008년 첫 모델인 2인승 스포츠카 로드스터 Roadster 를 출시했을 때 자동차 전문가들은 비관적 전망을 쏟아냈다. 내연기관차에 없는 직선적 가속감 등 주행 성능에 대한 약간의 호평이 있었지만, 업계 반응은 대부분 조롱과 부정적 평가였다. "전기자동차 시장은 절대 성공하지 못할 것이다", "테슬라는 얼마 지나지 않아 도산할 것이다"라는 의견이 주류를 이뤘다.

실제로 테슬라는 몇 번이나 도산 위기를 겪었는데 2008년엔 자금 조달로 간신히 파산을 면할 정도였다. 하지만 신용 경색으로 미국 자동차 시장이 붕괴되던 대침체기에는 전기차 스타트업 중 유일하게 살아남았다. 2010년부터 2013년까지 주식 상장으로 2억 2500만 달러 이상 자금을 조달했지만 주가는 3년 동안 정체였다.

전기차 생산에 드는 막대한 비용을 충당하려면 추가 주식 공모가 필요했다. 2015년과 2016년, 첫 프리미엄 SUV 모델X 생산 과정에서는 생산 지옥을 겪었다. 제조 경험이 일천한 스타트업이 대량 생산 체제로 넘어가며 겪는 필연적 고난이었다. 2018년 모델3 세단 생산 때도 다른 위기가 왔다.[1]

그러나 그 이후부터 생산은 안정되기 시작했고 생산량을 빠르게 늘리며 기존 제조의 틀을 깨기 시작했다. 예를 들어 테슬라는 철판을 프레스에서 찍어낸 후 수십 장의 부품을 용접해 차체를 만드는 오랜 관행에서 벗어났다. 장난감 미니카처럼 형틀에 녹인 알루미늄을 부어 차체를 주조하는 방식인데 이는 현실에서는 불가능하다고 여겨졌다. 테슬라는 이 도전을 기가 프레스giga press라 불리는 새로운 설비로 실현하며 제조 혁신을 시작했다.

대표적 비판자인 공매도 투자자 짐 차노스Jim Chanos는 "테슬라는 제대로 만들어지지 않은 차이며, 자동차 산업의 좋은 기존 관습을 망친다"고 했다. 디트로이트의 훌륭한 제조업체가 100년 전에 얻은 교훈을 무시한다는 의미였다. 그런 비판 중 하나가 자동차 제조와 판매가 분리되어야 한다는 주장으로, 제조사는 생산과 신모델 개발에 집중하고 판매는 딜러 네트워크에 맡겨야 한다는 것이다. 그는 테슬라가 도입한 D2C* 방식이 판매와 서비스 채널을

---

* D2C: Direct-to-Customer, 제조사가 딜러 등 중간 유통을 없애고 고객에게 직접 판매하는 것.

혼란스럽게 만들어 고객이 제대로 된 서비스를 받지 못하게 한다고 봤다. 자동차 보험의 직접 판매도 터무니없다며 강하게 비난했다. 자동차 생산을 넘어 연관 생태계와 가치 사슬의 다른 영역을 침해해서는 안 된다는 의미였다.

원래 테슬라 모터스는 2003년 마틴 에버하드 Martin Eberhard 와 마크 타페닝 Marc Tarpenning 이 창립했다. 하지만 일론 머스크는 "당시의 테슬라는 제대로 된 회사가 아니었다"고 주장하며 그들을 창립자로 인정하는 일에 반대한다. 초기 테슬라 모터스는 업계에 알려지지 않은 스타트업에 불과했다. 당시엔 양산 mass production 수준으로 전기차를 만드는 건 불가능하다는 회의론이 지배적이었다. 한 번도 시도된 적이 없기 때문이다.[2]

하지만 2020년 7월 1일, 테슬라는 세계 1위 제조사 토요타 Toyota 의 시가총액을 넘어 세계에서 가장 가치 있는 자동차 회사가 되었다. 같은 해 11월, 일론 머스크는 빌 게이츠를 제치고 세계 두 번째 부자가 되었고 2025년 기준으로 세계에서 가장 부유한 사람이 되었다. 하지만 그 이전에 테슬라 성공을 믿은 사람은 거의 없었다.

테슬라 마스터플랜은 2000년대 중반, 전기차나 지속 가능한 에너지로의 전환은 과대망상이라는 대중의 부정적 인식에 맞서 "전기차는 세상을 바꿀 것이며 결코 불가능하지 않다"는 머스크의 주장과 믿음을 담았다. 이는 세상에 대한 선언이자 조직의 방향을 제시하는 청사진이었다.

많은 기업에서 전략은 어려운 것, 경영자의 영역으로 여겨진다. 때문에 구성원은 회사 전략을 이해하지 못하거나 그에 깊은 관심을 두지 않는다. 좋은 전략이란 간단하고 누구나 이해할 수 있는 것이다. 단 서른아홉 개 단어로 핵심을 정리한 마스터플랜은 산업 변화를 예측하고 미래 전략을 제시했다. 단순하지만 회사의 장기 비전과 목표를 잘 드러냈다. 테슬라 구성원 모두 이 선언문의 의미를 쉽게 알 수 있었다. 화석 연료를 대체할 전기차 개발, 대규모 배터리 생산 시스템 구축, 미국 전역의 충전소 설치는 회사의 절대적 첫 달성 목표였다.

2017년 2월, 머스크는 사명을 테슬라 모터스에서 테슬라로 변경했다. 동시에 자회사이던 태양광 패널 생산업체 솔라시티Solar City 와의 통합도 진행했다. 첫 마스터플랜에서 머스크가 제시한 비전에 따른 변화였다. 사명에서 모터스를 삭제한 이유는 지속 가능한 에너지의 생산, 저장 및 이동 수단을 제공하는 일관 생태계를 구축하겠다는 목표를 반영한 것이었다. 궁극적으로 지구상 모든 이동 수단이 전기로 전환될 것이라는 모빌리티 혁명 선언이기도 했다. 이후 테슬라는 가정용, 상업용 배터리와 전력 운영 시스템을 출시하고 관련 사업을 꾸준히 성장시켰다. 일론 머스크는 "테슬라가 더 이상 자동차 회사가 아니며 전통적 자동차 제조업체와 경쟁하지 않는다"는 점을 분명히 했다.

무궁무진한 성장 가능성을 가진 에너지 사업에 대한 야망도 숨기지 않았다. 2016년, 그는 기존 태양광 지붕 패널의 단점을 극복할 새 제품을 출시하겠다고 발표했다. 디자인, 효율, 비용 면에서 우위를 가진 새로운 에너지 생산 방식을 제안한 것이다. 각 가정이 스스로 전기를 만들어 배터리 저장 장치에 보관해 사용하는 방식이다. 이는 태양광 발전의 주요 과제인 간헐성 intermittency 문제(날씨, 시간대, 계절 변화로 인해 전력 생산의 예측이 어려워지는 것)를 해결하고, 지속 가능한 에너지 사회로의 전환을 가속화하려는 의지였다.

동시에 모빌리티 mobility 서비스로의 사업 확장 비전도 제시했다. 같은 해, 테슬라는 우버 Uber 같은 차량 호출 서비스로 차량 이용 효율성을 극대화하는 테슬라 네트워크 구축 계획을 발표했다. 자율주행 기반 로보택시 Robotaxi 사업 가능성에 대한 제안이었다. 자동차는 1년 중 95퍼센트의 시간을 차고나 주차장에서 보내기 때문에[3] 자가용을 택시처럼 활용한다면 효율성을 극도로 끌어올릴 수 있다는 제안이었다.

자율주행 택시는 자동차 소유자에게 새로운 기회를 제공한다. 직장까지 타고 간 자동차는 택시 모드로 전환되어 하루 종일 손님을 태우고, 퇴근할 때면 차량은 다시 주차장으로 돌아와 소유자를 집으로 데려다준다. 밤에는 택시 모드 이외에 물건을 운반하는 등 다양한 서비스에도 활용된다. 이렇게 택시 모드에서 발생하는 수익은 테슬라와 공유한다. 이는 자원 낭비를 줄이고 효율성을 극대화하는 혁명적 변화다.

로보택시가 가능해진다면 아주 적은 택시 요금으로도 어디든 이동할 수 있기 때문에 사람들이 차를 소유해야 할 이유가 사라져 미래에 차를 보유한다는 것은 부유한 취미로 받아들여질지 모른다. 도시의 수많은 주차장 면적은 다른 용도로 변경되는데 그만큼 녹지나 공원이 늘어나 삶의 질을 높인다. 테슬라는 자율주행 소프트웨어 FSD; Full Self Driving 에 지속 투자해 왔으며 전 세계 배포와 상용화 직전에 있다.

마스터플랜 원문은 누구나 언제든 확인할 수 있도록 최초 버전이 테슬라 홈페이지에 게시되어 있다. 특히 문서 마지막 서른아홉 개 단어는 2006년 이후 마스터플랜이 회사 성장에 얼마나 큰 영향을 주었는지를 잘 보여준다. 이는 회사의 존재 목적 purpose 을 모든 이해관계자에게 이해시켰다. 내부적으로 구성원 행동을 일치시키고 구체적 세부 활동을 끌어냈다. 외부적으로는 주주와 회사 비전에 공감하는 지지자들에게 긍정적 영향을 주어 지지 기반을 확장했다.

마스터플랜의 근간은 고가 스포츠카를 만든 후, 그 수익으로 더 합리적인 자동차를 만들어 저변을 확대하고 네트워크 효과 Network Effect 를 통해 친환경 에너지 경제를 확장시키는 것이다. 100년 이상 화석 연료에 의존해 온 이동성에 근본적 변화를 일으키는 파괴적 혁신 disruptive innovation 이다.

첫 제품이었던 2인승 스포츠카 로드스터를 내놓은 후, 테슬라는 최대 7명이 탑승 가능한 모델S를 출시했다. 마스터플랜에서 일론 머스크는 "실용적 4도어 세단의 가격은 로드스터 값의 절반에 불과할 것"이라 예언했는데 이는 실현되었다. 초기 로드스터의 최고 사양 버전은 15만 달러였고, 2013년 모델S의 가장 저렴한 버전은 5만 2,400달러, 대용량 배터리를 장착한 고성능 버전은 7만 2,400달러부터 시작했다.

결국 테슬라 마스터플랜의 효과는 다음 세 가지로 요약할 수 있다.

첫째, 대중이 이해하기 쉬운 방식으로 회사 존재 가치를 알린다.

둘째, 임직원에게 회사 방향성을 이해시키고 몰입도를 높인다.

셋째, 전통적 경쟁사와 차별화된 포지션을 만든다.

일론 머스크의 청사진은 혁신적 발상, 전략적 비전 제시로 테슬라가 새로운 시장을 여는 원동력이 되었다. 미션은 구성원이 일관되게 움직이고 전략적 목표를 달성하도록 만든다. 개인의 가치를 정립시키고 구성원이 목표와 방향성을 이해하고 실현하도록 돕는다. 리더는 조직 방향성 설정에 가장 큰 영향을 주는 요소다. 리더의 전략적 지향성 strategic orientation은 매출 성과, 고객 관계, 시장에서의 경쟁, 고객과의 상호 작용 패턴에도 영향을 준다. 이는 미션, 사명 선언, 직원 교육, 인적 자원 개발, 성과 모니터링 등의 방식으로 구체화된다.

기업 사명은 행동을 촉발한다. 사명 선언문 mission statement은 전체 임직원 행동을 조절하는 가이드다. 설득력 있는 사명 선언을 통해 직원들은 일하는 이유를 이해한다. 이는 결국 생산성과 매출 증가로 이어진다. 물론 그럴싸한 구호만으로 성과가 나지는 않는다. 사명과 성과 사이엔 구성원의 이해, 몰입, 자원과 정책의 일치 등 다양한 요인이 개입하기 때문이다. 그 과정에서 리더는 공허한 슬로건을 만드는 데 시간과 에너지를 낭비하지 않아야 한다.

리더는 조직의 방향과 존재 이유를 밝혀 구성원들과 끊임없이 공유해야 한다. 구성원과 방침 간 정합성이 높아지면 실제 행동을 통해 고객과 일체감 있는 관계를 맺을 수 있기 때문이다.

머스크가 좋은 리더인지에 대한 논쟁은 지금도 지속되고 있다. 하지만 아무도 믿지 않는 거대한 계획, 즉 원대한 비전을 현실로 만들어내는 능력 면에서 그를 뛰어넘는 리더는 아직 없어 보인다.

세상을 바꾸는 일에
참여하라

"세상에 중대한 영향을 주는 일에 참여하는 것이 회사 창업의 동기였습니다."

"My motivation for all my companies has been to be involved in something that I thought would have a significant impact."

일론 머스크는 자신이 설립한 기업의 목적에 대해 이야기하는 것을 즐긴다. 그에 따르면 돈은 목적이 아니다. 세상엔 아직 인류가 해결하지 못한 수많은 문제가 있는데 누군가는 이런 문제를 해결하기 위해 도전하고 최적의 답을 제시해야 한다고 말한다. 일론 머스크는 이런 과제에 과거에 시도된 바 없는 혁신적 사고를 적용한다. 그는 기존 틀에 얽매이지 않으며 문제 해결을 막는 본질적 요인에 집중적으로 질문을 던진다. 늪에 물이 빠지고 나서야 수면 아래 어떤 일이 일어나는지를 알 수 있게 된다. 마찬가지로 본질이 아닌 것을 모두 제거하면 그때서야 핵심이 드러난다. 그러니 핵심을 중점에 두고 가장 효율적 방법으로 검토해 문제를 풀어낼 때 생각은 비로소 현실이 된다.

테슬라의 전동화electrification 노력은 지속 가능한 에너지로의 전환 여정에 핵심이다. 전기자동차를 현실로 만들어내기 위해서는 이에 필요한 인프라, 즉 전기 에너지의 생산, 전달, 저장 네트워크도 동시에 구축해야 한다. 이는 가솔린과 디젤 같은 화석 연료 중심 사회에서 벗어나기 위한 해결책이다. 마찬가지로 우주 탐사 기업 스페이스X는 높은 로켓 발사 비용 때문에 정체되어 있던 인류의 우주 탐사 역량을 가속화하는 것이 존재 이유다.

로켓 기술은 1969년 아폴로 탐사선이 달에 유인 착륙한 이후 한 발도 전진하지 못했다. 스페이스X는 지구가 더 이상 지속 가능하지 않을 경우에 대비해 인류 문명을 지속할 가장 현실적 대안으로 화성 식민지를 개척한다는 것을 사명으로 한다. 이런 큰 꿈을 이루려면 비행기처럼 반복 사용 가능한 로켓, 행성 간 항해를 가능하게 하는 중간 연료 재충전 시스템 현실화 같은 계획이 필수다. 지구 어디서든 제약 없이 통신을 가능하게 하는 위성 기반 인터넷 서비스 스타링크Starlink도 인류가 풀지 못한 문제에 새로운 답을 제시한다.

기업에 이익은 중요하다. 아무도 도전하지 않는 사업을 계획한다는 점에서 머스크는 이상주의자다. 하지만 이익 관점에선 철저한 현실주의자다. 자본 없이는 사업이 지속될 수 없으니 각 사업체는 독립적으로 수익을 내야 한다. 자기 회사라고 해도 한 기업의 이익을 다른 기업의 생존을 위해 지원하는 건 용납되지 않는다. 각 기업은 독립적으로 운영되고, 지속 가능한 이익 창출 토대 위에서만 살아남는다. 자원 낭비도 용납되지 않는다. 제품과 서비스를 저렴하게 공급하는 데 방해되는 요인은 과감히 제거된다. 조직에 오랜 기간 기여한 고위 임원, 능력을 인정받아 온 팀도 더 이상 필요 없거나 대체 가능하다고 판단되면 가차 없이 인사 조치로 정리된다.

그런데 세상에서 가장 부유한 사람이자 물불 가리지 않고 원가에 집착하는 머스크는 정작 돈에 큰 관심이 없다. 그는 초기에 벤처 캐피털의 도움을 받지 않아 수중에 가진 현금을 기업 설립에다 써버렸다. 스페이스X와 테슬라에서 급여도 받지 않는다. 대신 불가능해 보이는 목표를 세운 후, 회사가 그 목표에 도달하면 주식으로 보상을 받는다.

배당에도 별 관심이 없다. 다른 기업의 대주주처럼 수익의 상당 부분을 개인 배당으로 챙겨가는 일도 없다. 많은 실리콘밸리 억만장자들이 그러하듯 노화를 막고 더 오래 살기 위해 생명공학 기업에 투자한 결과로 얻은 신기술을 정작 자신이 사용하는 일도 없다. 주식 판 돈으로 인생을 즐기는 것도 아니다. 그에겐 대저택이나 요트, 클래식 자동차를 보유하는 취미도 없다. 필요하다면 지인의 것을 빌려 쓴다. 머스크는 절친인 오라클 Oracle 창립자 래리 앨리슨

Larry Ellison의 별장에 종종 등장하곤 한다. 사치품이라면 제트기 정도인데 이마저도 그에겐 시간을 절약하는 도구일 뿐이다.

그가 단기간에 수익 창출이 어려운 장기 프로젝트를 사명으로 삼는 기업 집단을 운영하는 건 돈 때문이 아니다. 그에게 중요한 건 문제 해결이다. 인류의 삶에 기여하고 고객에게 필요한 해결책을 제시하는 게 목표다. 특히 아무도 도전하지 않았던 고차원의 문제를 푸는 데서 그는 참여의 명분을 찾는다. 머스크가 창업한 기업의 면모를 살펴보면 각 분야의 혁신적 솔루션을 제공하는 퍼스트 무버first mover임을 알 수 있다. 다른 기업이 수익성이나 기술적 어려움 때문에 손대지 않았던 산업에 머스크가 도전해 가능성을 확인하고 나면 경쟁자들은 우후죽순 후발주자late comer로 뛰어든다.

이처럼 그의 기업들이 세상에 큰 영향을 미치기 위해 세워졌다고 보는 건 합리적이다. 원대한 그만의 비전에 공감한 사람들은 그만큼 그의 열렬한 지지자가 된다. 그가 미지의 영역에 도전하는 모습은 많은 사람에게 영감을 주어 열정적으로 환호하게 만든다. 경쟁사보다 급여나 복지가 다소 부족하다 해도, 꿈을 품은 전 세계의 젊은이들이 인류적 과제에 도전하는 야심찬 리더로부터 배우기 위해 줄을 선다.

일부는 머스크를 사기꾼이라 부르지만 지지자들은 그를 카리스마 넘치는 리더이자 영웅, 비전가visionary로 인식한다. 사람들은 심리적, 사회적 요인으로 이런 인물에 열광한다. 19세기의 인물인 토마스 칼라일Thomas Carlyle은 "역사는 타고난 특성, 카리스마, 지성,

지혜, 정치적 기술이 일반인과 다른 위대한 인물 great man 의 행동으로 만들어진다"고 했다. 리더십 잠재력을 가진 위대한 인물의 개인적 역량이 역사 변화를 이끄는 주요 동력이라는 것이다. 칼라일은 "세계 역사는 위인들의 전기에 지나지 않는다 The history of the world is but the biography of great men "는 말도 남겼다. 이는 사회적 자발적 변화, 역사적 상황보다 개인인 리더가 사회 정치적 진화에 더 큰 영향을 준다는 것을 시사한다.

물론 이런 시각은 인물에 대한 서사를 지나치게 단순화하고 결정론적 관점을 조장한다는 비판을 받는다. 사회 정체성 이론 Social Identity Theory 은 머스크 팬덤을 다음과 같이 설명한다. 사람들은 자신이 속한 집단을 통해 자신을 정의한다. 대중은 머스크처럼 성공적이고 영향력 있는 인물과 자신을 동일시하면서 혁신적이고 미래지향적이며 성공적 집단에 속해 있다는 자부심과 소속감을 느낀다. 이런 연결성은 개인의 자존감을 높이고 정체성을 형성한다. 머스크는 미래 비전을 제시하며 타인에게 영감을 주는 변혁적 리더다. 동시에 개인과 사회 시스템의 변화를 이끈다. 추종자들에게 그의 큰 목표와 기술 혁신은 이상적인 세상으로의 변화를 실현하는 수단이다.

머스크 같은 카리스마 넘치는 인물은 지배력, 자신감, 우월감 등의 성격적 특성으로 지지자를 끌어당긴다. 자신에게 지나치게 집중하고, 타인의 존중을 추구하며, 공감 능력이 부족한 것으로 정의되는 나르시시스트 narcissist 는 역사적으로 사람들에게 영감이 필요하고 미래 설계의 필요성이 대두될 때 등장하곤 한다. 그 예로 전설적 경영자 제너럴 일렉트릭 GE; General Electric 의 잭 웰치 Jack Welch 는 생산적 나르시시스트의 대표적 예로 자주 거론된다.

리더십 권위자 마이클 맥코비 Michael Maccoby 는 나르시시스트가 새로운 방향으로 나아갈 열정과 대담함을 필요로 하는 시기에 기업을 경영하기에 적합하다고 본다. 하지만 나르시시스트는 관리자의 조언과 경고를 잘 듣지 않기 때문에 회사를 재앙으로 이끌 위험도 있다. 팀워크를 중시하고 부하 의견을 수용하라는 조언은 이런 유형의 리더에게 잘 통하지 않는다. 다른 사람의 말보다 자신의 판단을 믿고 성과를 낸 경험이 있는 이들에게 타인의 조언이 안 먹히는 건 어찌 보면 당연하다.[4]

전문가들은 테슬라 같은 머스크의 기업이 지속 가능하려면 나르시시스트 리더의 지나치게 큰 비전에 현실 감각을 더하고, 운영 세부를 담당할 신뢰할 수 있는 조력자가 조직 안에 필요하다고 조언한다. 애플의 비전가 스티브 잡스 Steve Jobs 가 사후에 회사를 맡길 인물로 세심한 매니저인 팀 쿡 Tim Cook 을 세운 것과 비슷하다.

머스크 같은 영웅적 인물에 대한 대중의 환호는 심리적 동일시, 원대한 계획에 대한 동참, 탁월한 능력에 대한 동경 등 심리적 요인이 복합적으로 작용한 것이다. 그 결과 사람들의 삶에 영감과 동기를 주는 설득력 있는 내러티브가 만들어진다. 그 예로 머스크는 자유 발언 free speech 을 신봉한다. 2023년 매체와의 인터뷰에서 그는 기업 활동에 불이익을 받더라도 할 말은 하겠다는 태도를 유지했다. 그는 "원하는 것을 말할 것이고, 그 결과 (사업적으로) 돈을 잃어도 상관없다"며, 자신의 발언 때문에 잠재적 테슬라 고객이 구매를 취소하거나 SNS 플랫폼 X(구 트위터)의 광고주들이 불편한 입장에 처하는 것도 개의치 않을 것이라 했다.

심지어 전통 언론 매체들이 기존 관습과 틀에 박힌 사고로 자신을 비판해도 당당하고 거침없다. 그는 '언론 자유, 자유 발언의 가치를 지키기 위해' 대의적 차원에서 트위터Twitter를 인수했다고 말해왔다. 모두 왼쪽으로 가야 한다고 할 때 오른쪽으로 가자고 주장할 수 있어야 건전한 사회라는 것이다. 모두 불가능하다고 하는 일에서 가능성을 찾는 것이 그의 신념이다. 세상에 중대한 영향을 끼칠 회사를 세우겠다는 의지는 테슬라의 마스터플랜 같은 선언에서 잘 드러난다.

그의 회사 설립 동기는 기업가 이론으로 설명된다. 2001년, 버지니아 대학교의 사라스바시Saras Sarasvathy 교수는 창업자 27명과의 인터뷰를 통해 이펙츄에이션 이론Effectuation Theory을 내놨다. 기업인의 성공 과정에서 나타난 행동 패턴을 일반화해 기업가적entrepreneurial 문제 해결의 접근 방법으로 제시했다.[5]

성공한 스타트업, 신생기업의 리더들은 대기업과는 다른 방식으로 문제를 해결한다. 대기업은 경영 목표를 먼저 세우고 그 목표를 달성할 수 있도록 예산, 마케팅 전략, 제품 개발 조직 등을 지원한다. "목적 달성을 위해 필요한 자원이 무엇인가?"를 묻는 전통적인 방식이다. 하지만 스타트업, 신생기업은 자원이 매우 부족해서 경영진은 현재 가진 자원으로 어떠한 새 가능성을 창조하고 세상에 기여할 수 있는지를 확인해야 한다.

"지금 가진 자원으로 무엇을 할 수 있는가?"를 묻는 것이 기업가정신entrepreneurship이다. 새로운 식당을 오픈하기 위한 전통적인 접근법은 유동 인구, 점포 접근성 같은 상권 분석, 경쟁 동향 분석을 하고 나서 주어진 예산 안에서 메뉴나 서비스를 정한다. 반면 자원이 부족한 신생 기업들은 기존 식당 운영자들의 고충을 묻고 다양한 사람들과 만나본 후, 새로운 가치 창출이 가능한 비즈니스 영역을 찾는다. 그렇게 새로운 식당을 여는 대신, 기존 레스토랑을 혁신할 식재료 물류 시스템이나 예약 관리 플랫폼 비즈니스를 내놓을 가능성이 생긴다.

기업가정신은 "그것을 달성하려면 어떤 자원이 필요하지?"라는 목표 지향적 질문 대신, "지금 우리가 할 수 있는 건 뭐지?"라는 문제 지향적 질문에 집중하게 만든다. 인기를 끌고 있는 〈냉장고를 부탁해〉라는 요리 프로그램의 핵심은 어떤 상황에서도 주어진 재료로, 제한된 시간 안에, 게스트를 만족시킬 새 요리와 레시피를 창조하는 일이다. 두 팀이 경쟁하는 자원 제한적 상황 속에서 현재 상태를 개선할 혁신적 접근 방법이 탄생한다. 문제 해결을 위해 한계를 넘어 유연하게 일하는 방식은 성공적 기업가정신과 닮아 있다.

제품의 성공 여부와 비즈니스 모델이 불확실한 상황에서 신생 기업은 축적된 데이터나 경험으로 의사결정을 내릴 수 없다. 즉, 인과관계causation를 예측해 경영하는 일이 어렵다는 의미다. 사라스바시 교수가 말했듯 "성공적인 기업가는 통제할 수 있는 것에 집중하고 가용 자원을 사용해 기회를 창출"한다. 그래서 높은 불확실성 때문에 아무도 도전하지 않는, 인류에 큰 영향을 미칠 프로젝트에 뛰어드는 머스크의 동기는 이펙츄에이션 이론으로 설명할 수 있다. 그는 보유 자원을 활용해 비즈니스 영역을 넓히고 엔지니어링 전문성을 극대화해 비전을 실현한다.

사회적 기업가정신 이론 Social Entrepreneurship Theory 은 기업이 재정적 목표와 사회적·환경적 목표를 동시에 추구할 수 있다고 강조한다. 기업가는 비즈니스 성공 외에 긍정적인 사회적 영향력도 발휘해야 한다. 기업은 이익 추구를 넘어 사회 문제를 해결하는 변화를 만들 강력한 수단이 된다. 지속 가능 에너지로의 전환을 가속화하고, 기후 변화에 대응하며, 전기자동차와 재생 에너지 솔루션 수용을 촉진하는 일은 중요하다. 청정 기술의 사회적 채택을 촉진하고, 화석 연료 의존을 줄이며, 인류가 직면한 환경 문제를 해결하고, 지속 가능 비즈니스 관행을 장려하는 일은 사회적 기업가정신이 강조하는 바와 일치한다.

우주 탐사 기업 스페이스X의 "우주 식민지 개척으로 다른 행성에서 문명을 지속시킨다"는 미션은 인류의 장기 생존과 발전을 보장하려는 머스크의 의지를 반영한 것이다. 우주 기술의 한계를 넘어 지구 외 행성에 대한 접근성을 높이고, 탐사 능력을 확장하며, 지구 의존 리스크를 줄이는 노력은 문제 해결을 통한 긍정적인 사회적 영향력을 창출한다. 글로벌 과제를 해결하려는 기업의 노력은 재정적 성공과 인류의 미래를 위한 기여라는 두 가지 목표를 달성할 수 있다. 이렇듯 비즈니스 통찰력과 사회적 사명을 융합하면 세상에 의미 있고 긍정적인 영향을 미칠 수 있는 기회를 창출할 수 있다.

실리콘밸리의 연쇄 창업가이자 벤처 캐피털리스트인 피터 틸Peter Thiel은 그의 저서 《제로 투 원》에서 독창적이고 영향력 있는 비즈니스 창출의 중요성을 강조했다. 기존 아이디어나 제품을 개선하는 데 머무르지 않고, 0에서 1로 나아가는 혁신이 핵심이라 말한다. 무에서 유를 창조하여 진정으로 독특하고 혁신적인 비즈니스를 구축하는 기업가의 도전이 중요하다. 그런 이유로 업계에서 강력한 영향력을 발휘하는 모방 불가능한 기업을 만드는 것이 지속 가능한 성공을 위한 관건이다.

일론 머스크의 창업 철학은 제로 투 원 사고방식과 일맥상통한다. 이는 기존 생태계에 도전하고 사회에 지속적인 영향을 미치는 혁신적인 비즈니스를 창출하려는 야심을 반영한다. 경영 구루 피터 드러커Peter Drucker는 기업가정신에서 혁신과 영향력의 중요성을 강조했다. 기업가가 미개척 기회를 포착하고 의미 있는 혁신을 이루기 위해서는 대담하고 기존 접근법과 차별화된 새로운 방식을 추구해야 한다는 의미다. 머스크의 사례는 창업 과정에서 기존 산업을 재정의하고 기술적 한계를 초월하며 시급한 글로벌 과제를 해결하려는 노력이 얼마나 중요한지를 보여준다.

사람들의 삶을
변화시켜라

"헨리 포드가 저렴하고 신뢰할 수 있는 자동차를 만들었을 때 사람들은 '그냥 말을 타면 되지 않나?'라고 말했습니다. 그리고 헨리 포드의 큰 베팅은 결국 성공했습니다."

"When Henry Ford made cheap, reliable cars people said, 'Nah, what's wrong with a horse?' That was a huge bet he made, and it worked."

2015년, 〈타임지 TIME〉는 "일론 머스크, 제2의 헨리 포드인가 Elon Musk could be the next Henry Ford"라는 도발적인 제목의 기사를 작성했다.[6] 한 금융 애널리스트는 테슬라가 자동차 산업을 지배할 독보적인 위치에 있다고 평가했다. 21세기 테슬라의 일론 머스크는 20세기 포드 자동차의 헨리 포드 Henry Ford와 여러 면에서 유사하다.

두 사람의 핵심 공통점은 혁신innovation이다.

오늘날 혁신을 논할 때 헨리 포드를 언급하는 경우는 드물지만 그는 20세기를 대표하는 진정한 혁신가였다. 그는 자동차 가격을 낮춰 누구나 구매할 수 있는 제품으로 만들었으며 컨베이어 벨트 기반의 제조 라인을 도입해 제2차 산업혁명을 촉발했다. 포드의 영향은 여기서 그치지 않는다. 비록 자동차를 처음 발명한 사람은 아니었지만 그의 노력으로 자동차는 20세기와 21세기를 통틀어 세상을 가장 크게 변화시킨 제품 중 하나가 되었다.

기업 혁신에는 리더의 자신감, 위험 감수 성향, 리더십 능력 그리고 미래에 대한 비전이 필수적이다. 헨리 포드는 사업가에서 혁신가로 거듭나며 이러한 자질을 키웠다. 그는 1863년, 미시간주 디어본의 농장에서 태어났는데 당시 대부분의 미국인은 농장에서 태어나 농부로 살았다. 포드는 어린 시절부터 집 안의 장난감을 분해하며 기계에 흥미를 느꼈고, 초보적인 물레방아와 증기기관을 만들며 미래 엔지니어로서의 소질을 다졌다. 1879년 농장을 떠나 디트로이트의 기계 공장에서 견습생으로 일을 시작했고, 1891년 전기에 대한 지식이 부족했음에도 에디슨 일루미네이팅 컴퍼니Edison Illuminating Company의 야간 엔지니어로 입사하며 성장의 발판을 마련했다.[7]

포드는 여기에 안주하지 않고 엔지니어 커리어보다 더 큰 야망을 품었다. 말이 끌지 않는 마차라 불리던 자동차를 대중화하는 일이 그것이었다. 당시 초기 자동차 개념에 독창적인 아이디어를 더해 1896년 최초의 원시 자동차 쿼드리사이클 Quadricycle 을 개발했는데 바퀴 네 개 달린 자전거에 동력을 결합한 형태였다. 이 첫 제품을 개선해 찰스 에인즐리 Charles Ainsley 에게 200달러에 판매한 뒤, 그 자금으로 다음 자동차 개발에 도전했다.

자신감을 얻은 포드는 혁신가로서 필수적인 덕목인 비전 제시를 통해 사람들을 자신의 꿈에 동참시켰다. 말이 없는 마차를 대량 생산할 회사를 세울 인생 최대의 모험에 사람들이 동참하도록 설득한 것이다. 하지만 사업 운영 경험이 부족해 그의 두 번째 회사는 실패하고 말았다. 포드는 자금 조달을 위해 경주용 자동차를 제작하고 직접 시합에 참가해 운전까지 했다. 이러한 노력으로 추가 재정을 확보할 수 있었고, 40세 생일 직전인 1903년 6월 16일, 세 번째 벤처 포드 자동차 주식회사 Ford Motor Company 를 설립했다.

포드는 확고한 비전으로 젊고 유능한 인재들을 끌어모으며 회사를 성장시켰다. 그렇게 첫 자동차 모델A를 출시했고, 1906년 모델N은 600달러라는 저렴한 가격으로 미국에서 가장 많이 팔린 자동차가 되었다. 그러나 포드는 여기서 멈추지 않고 더 성능이 뛰어나고 가격이 저렴한 대중 자동차를 만들겠다는 열망을 품었다. 그 결과 1908년 10월 1일 세상을 바꾼 역사적인 포드 모델T가 출시되었다.

당시에는 자동차 용도에 대한 사회적 논쟁이 한창이었다. 자동차가 대량 생산되기 전, 미국인 삶의 반경은 교통수단이 허락하는 범위에 국한되었다. 마차가 있으면 마차로 갈 수 있는 거리가 삶의 반경이었고, 자전거를 탄 사람은 자전거로 이동할 수 있는 거리가 한계였다. 도시에서는 마차가 주요 상업 교통 수단이었으며, 때때로 노면전차나 자전거도 사용되었다. 시골에서는 말이나 노새가 끄는 마차로 이동할 수 있는 곳까지만 다녔고, 장거리 이동은 잘 발달된 철도 네트워크가 담당했다.

자동차로 동부에서 서부를 가로질러 고속도로를 달리며 휴게소에서 쉬거나 모텔에서 잠을 자며 장거리 이동을 한다는 것은 당시에는 상상조차 할 수 없는 일이었다. 그러다 자동차가 보급되기 시작하자 도로 확장과 도시 간 자유로운 연결이 가능해졌다. 그렇게 도시가 연결되고 사람들의 이동이 증가하면서 주유소, 숙박업소, 레스토랑 같은 산업도 함께 성장했다. 미국인의 삶이 완전히 바뀐 것이다. 자동차가 가져온 혁신은 사람들의 생활 방식을 근본적으로 변화시켰다. 성능이 뛰어나고 누구나 탈 수 있는 자동차를 만들겠다는 헨리 포드의 포부는 실로 놀라운 결과를 낳았다.

이러한 포드조차도 그의 비전을 품었을 때, 석유 산업을 포함한 전후방 산업의 연쇄적 변화를 예견했는지는 알 수 없다. 하지만 포드 이전 시대에는 서민의 일상에 자동차가 필요하지 않았고 자동차는 부자들의 여가 수단에 불과했다. 승용차 passenger car 라는 용어도 본격적으로 사용되지 않았으며, 자동차는 비싼 장난감일 뿐 진정한 혁신으로 인정받지 못했다. 헨리 포드는 1913년 회사 사보인 〈포드 타임즈 Ford Times 〉에 다음과 같은 비전을 밝혔다.

"저는 많은 사람을 위한 자동차를 만들 것입니다. 가족이 탈 수 있을 만큼 크면서도 개인이 운전하고 관리할 수 있을 만큼 작게 말입니다. 현대 공학이 설계할 수 있는 가장 단순한 구조를 바탕으로 최고의 소재와 우수한 인력을 투입해 제작할 것입니다. 가격은 매우 저렴해 괜찮은 수입을 얻는 누구나 소유할 수 있으며 사람들은 가족과 함께 하느님이 주신 넓은 세상에서 즐거운 시간을 보내는 축복을 누릴 것입니다."

헨리 포드의 모든 활동 이면에는 자동차는 누구나 쉽게 이용할 수 있어야 한다는 보편적 신념이 있었다. 이것이 그가 단순히 발명가나 엔지니어를 넘어 혁신가로 거듭난 이유다. 포드는 이 비전을 실현하기 위해 기계에 대한 호기심, 자신감, 리더십, 시행착오, 위험 감수, 인재 발굴 능력을 최대한 끌어냈다.

그는 또한 직접 자동차 디자인 혁신을 주도했다. 그가 이끈 1908년 모델T의 일체형 엔진 블록과 탈착식 실린더 헤드 설계는 이후 모든 자동차의 표준이 되었다. 또한 신소재 개발에 앞장서 모델T에 업계 최초로 고강도 바나듐 합금강 vanadium steel 을 도입해 경량화를 실현했다. 덕분에 20마력의 소형 엔진으로도 고성능 자동차에 버금가는 성능을 발휘할 수 있었다. 즉, 포드의 모델T는 경쟁사보다 가볍고, 견고하며, 신뢰할 수 있는 자동차였다. 이것이 포드가 보여준 제품 혁신 역량이다.

포드주의의 탄생

포드의 혁신은 제품에 그치지 않았다. 그는 모델T의 생산 속도를 높이고 생산 원가를 낮추기 위해 끊임없이 노력했다. 이는 현대 경영에 큰 영향을 준 포드의 업적 중 하나인 제조 공정 혁신 manufacturing process innovation 능력이다. 포드는 기존 생산 방식을 획기적으로 개선했으며, 그 정점은 1910년 모델T 대량 생산을 가속화하기 위해 설립한 하이랜드 파크 Highland Park 공장이었다. 디트로이트 북쪽에 세워진 이 거대한 공장은 20세기 제조업을 근본적으로 바꾼 새로운 생산 방식을 준비하고 있었다.

과학적 경영 관리 scientific management 로 현대 경영의 이론적 토대를 닦은 프레데릭 테일러 Frederick Taylor 는 19세기 말 공장 생산의 요소들을 세분화한 테일러주의 Taylorism 를 확산시켰다. 당시 공장의 생산 효율은 숙련공에 달려 있었는데 숙련공이 많으면 높은 생산량과 품질을 유지했지만 숙련도가 낮으면 효율이 급격히 떨어졌다. 테일러는 숙련공에 의존하던 공장 생산을 관리자 통제하에 두어야 한다고 생각했다. 핵심은 표준화였다. 생산 과정을 면밀히 관찰하고 작업 시간을 측정한 후, 작업자의 직무를 최대한 세분화하고 임의성을 배제해 효율을 극대화했다. 테일러 이후 노동 시간 요소는 경영진에 의해 사전에 연구되고 계획되었으며 생산 계획에 따라 자원과 과업이 할당되었다.

헨리 포드는 테일러주의에 기반해 생산 라인의 설계와 작업 실행을 분리하고 직무를 세분화했다. 부품을 표준화하고 컨베이어 벨트를 활용한 생산 공정을 도입했다. 이 아이디어는 육류 공장의 분업 및 공정 프로세스에서 영감을 받은 것으로 알려져 있다. 1910년대 하이랜드 파크 공장에서 완성된 이 생산 방식은 포드주의Fordism로 명명되어 자동차 생산을 넘어 모든 제조업의 기본 원칙이 되었다. 포드주의가 가능하기 위해서는 생산 공정의 부품이 완전히 호환되도록 정교하게 사전 제작됨은 물론, 공장 생산 프로세스 역시 치밀하게 설계되어야 했다. 그렇게 완성된 정밀 기계와 설비 덕분에 생산성이 획기적으로 향상되어 자동차 대량 생산이라는 꿈이 현실이 될 수 있었다.

하이랜드 파크 공장은 당시 세계 최대의 제조 시설이었다. 수많은 공장의 벤치마크가 된 이 복합 시설은 포드가 구상한 공급망 통합 전략의 중심지였다. 사무실과 공장 외에 독자적 전력 공급을 위한 발전소까지 갖췄다. 철저한 분업, 지속적인 비용 절감, 프로세스 최적화를 통해 공장은 가파른 학습 곡선learning curve을 그리며 대량 생산 체제를 완성했다. 1913년, 하이랜드 파크는 컨베이어 방식 조립 라인을 도입한 세계 최초의 자동차 공장이 되었다. 모델T 한 대의 생산 시간은 10시간에서 93분으로 단축되었다.

1910년 700달러였던 모델T의 가격은 1917년 350달러, 1926년에는 260달러로 낮아져 대부분의 미국인이 구매할 수 있는 자동차가 되었다. 그 덕에 모델T 판매량은 꾸준히 증가했는데 그 결과 1921년 미국 내 자동차의 절반이 모델T였으며, 1926년에는 전 세계 도로 위 자동차의 절반이 포드 차량이었다. 연간 판매량은

1907년 1만 4,877대에서 1919년에는 94만 6,155대로 급증했다. 하이랜드 파크 혁신 후 14년이 지난 1927년, 포드는 1500만 번째이자 마지막 모델T를 생산했다. 이 모델은 1907년 헨리 포드가 제안한 기본 설계에서 근본적인 변화는 없었는데 이는 복잡성을 낮춘 신뢰성 높은 제품 디자인이 기업의 급성장을 이끈 핵심 요인임을 보여준다.

포드의 혁신은 기술에만 머물지 않았다. 1914년, 그는 파격적인 임금 인상을 단행했다. 단조로운 생산 방식과 반복 노동에 대한 직원 불만이 커지자 포드는 임금을 하루 5달러로 올렸다. 이는 이전의 두 배이자 당시 비숙련 노동자가 다른 공장에서 받던 임금의 세 배였다. 경영진의 반대에도 포드는 이 결정을 강행했고, 이는 훗날 탁월한 선택으로 평가받았다. 그 결과 임금 인상으로 안정적인 생산 능력을 확보했고, 직원 퇴직률은 30퍼센트에서 1퍼센트대로 줄어 생산 혁명을 가속화할 수 있었다.

동시에 직원들은 자신이 만든 자동차를 구매할 경제적 여력을 갖추게 되었다. 포드 이전에 일반 자동차 소매 가격은 약 2,000달러로, 평범한 미국 근로자의 5년 치 임금에 달해 서민들은 자동차를 가질 엄두를 내지 못했다. 하이랜드 파크의 제조 공정 혁신과 새로운 경영 기법은 자동차 산업을 넘어 제조업 전반에 영향을 미쳤으며 노사 관계, 교육 훈련, 인사 시스템에도 큰 변화를 가져왔다.

혁신은 시장을 창조한다

포드주의를 통한 혁신은 비고객 non-consumer 을 고객 consumer 으로 전환하며 잠재 시장을 창출한 시장 창조 혁신 market-creating innovation 의 대표 사례다. 기업은 기존 제품의 상품성을 오래 유지하는 유지 혁신 sustaining innovation 에 집중할 수 있다. 예를 들어 제조사는 연식 변경 시 사양을 소폭 개선하거나 연비를 높여 성능을 강화하는 효율성 혁신 efficiency innovation 에 주력할 수도 있다.

하지만 헨리 포드는 누구나 구매 가능한 자동차를 목표로 노동자들을 고객으로 전환하며 새로운 시장을 열었다. 기존에 없던 시장을 창출하는 시장 창조 혁신은 유지 혁신이나 효율성 혁신보다 빠른 기업 성장을 이끈다. 철저한 생산 계획, 분업화, 공정 표준화를 추구한 포드주의는 적시생산 just-in-time 과 자동화 jidoka 를 포함하는 린 생산 방식 lean production 으로 대표되는 토요티즘 Toyotism 이 부상하기 전인 1980년대까지 세계 제조업의 표준으로 자리 잡았다.

포드의 제조 공정 혁신에 경쟁 우위 competitive advantage 를 더한 것은 수직 통합 vertical integration 전략이다. 1917년 포드는 디트로이트 남서쪽 루즈 강 지역에 새로운 공장을 짓기 시작했는데 이 유서 깊은 제조 시설은 2022년에 포드 베스트셀링 모델인 F-150 트럭의 전기자동차 버전 생산 라인으로 탈바꿈했다. 당시 루즈 공장은 자동차 생산의 전 과정을 통제하는 수직 통합의 거점이었다. 광산에서 채굴한 철광석은 강을 따라 이동해 제철소에서 엔진과 차체용 철강으로 제련되었고, 유리와 타이어도 현지에서 생산되었다. 전성기 루즈 공장은 약 10만 명을 고용했다. 완성차 후방 산업을 직접 관리하는 수직 통합 전략은 다른 제조업체에 영감을 주었다.

헨리 포드는 1926년 저서에서[8] 수직 통합이 성공의 열쇠였다고 주장하며 "제대로 하려면 직접 만들어라If you want it done right, do it yourself"는 말을 남겼다. 그는 수직 통합 생산 시스템이 미네소타에서 철광석을 캐고 디트로이트 루즈 지역으로 옮겨 84시간 만에 시카고까지 완성차를 배송할 수 있는 높은 효율성을 가졌다고 자랑했다.

그러나 극단적인 표준화를 추구한 효율성에는 단점도 있었다. 예를 들어 모델T는 검은색 외장으로만 생산되었는데 초기에는 그러한 방식이 원가 절감에 기여했지만 다양해지는 고객 요구를 충족하지 못해 경쟁사 부상의 원인이 되었다. 그럼에도 최초의 컨베이어 벨트 생산 시스템으로 대량 생산 혁명을 이끈 포드주의의 상징적 색상인 검은색은 혁신, 첨단, 고급, 하이엔드 제품의 이미지를 각인시켰다.[9]

부자들을 위해 소량만 생산하는 사치품이었던 자동차는 제조 혁신을 통해 대중을 위한 모터리제이션motorization 시대를 열었다. 그러나 시대를 풍미한 혁신가도 변화에 적응하지 못하면 경쟁에서 도태된다. 미국인의 삶을 바꾼 자동차를 필수품으로 만든 포드는 이후 마케팅과 제품 혁신에 주력한 크라이슬러와 제너럴 모터스에 밀리기 시작했다. 비용 절감과 생산 통제를 위한 수직 통합 모델은 고객 니즈가 다양해지고 다품종 소량 생산이 요구되면서 힘을 잃어

갔다. 자동차 산업 생태계가 부품 제조사를 중심으로 재편되자 포드의 수직 통합 시스템은 시대에 뒤떨어지기 시작했다. 이후 완성차 혁신이 부품 제조사에 의존하게 되면서 포드의 수직 통합은 역사 속으로 사라졌다.

포드와 테슬라

테슬라에서 과거 포드의 혁신을 발견할 수 있다. 제품 혁신 외에도 극단적인 효율성 추구, 제조 공정 혁신, 핵심 부품의 강력한 수직 통합에서 포드주의의 사고방식이 엿보인다. 테슬라는 100여 년간 변하지 않던 자동차 제조의 기본 문법을 뒤바꿨다. 철판을 자르고, 용접하고, 도색한다는 고정 관념을 깨고 신소재 개발과 자체 생산 설비 내재화에 주력하며 로봇 설비로 자동화 프로세스를 극대화한다. 이는 헨리 포드가 일으킨 2차 산업혁명의 재구성이라 할 만하다.

테슬라가 포드주의를 일부 계승한다는 근거는 차량의 명명법 nomenclature 에서도 드러난다. 테슬라 차량은 통상 모델○○이라는 형식을 따른다. 비록 테슬라가 공식적으로 언급한 적은 없지만 초기 포드주의를 대표하는 전설적인 모델T 명칭을 계승했다는 추측이 있다. 보급형 세단 모델3의 원래 이름은 모델E로 기획되었으나 포드의 상표 등록 반대로 E를 뒤집어 숫자 3을 사용했다. 2023년, 테슬라는 모델3의 부분 변경 모델을 준비하며 코드명 프로젝트 하이랜드 Project Highland 를 사용했는데 테슬라가 하이랜드 파크에서 영감을 받았다고 밝힌 적은 없다.

헨리 포드의 모델T와 일론 머스크의 테슬라는 각 시대의 파괴적 혁신과 그로 인한 사회경제적 영향이라는 차원에서 유사점을 공유한다. 모델T는 생산 비용을 획기적으로 낮춰 대중 시장을 창출하며 자동차 산업에 혁명을 일으켰다. 테슬라는 높은 비용 때문에 불가능하다 여겨졌던 전기자동차를 대중화하고 지속 가능한 운송이라는 비전을 추구하며 기존 자동차 산업을 혼란에 빠뜨렸다.

기술적으로도 두 회사는 자동차 산업에 중대한 진전을 가져왔다. 포드는 컨베이어 벨트 조립 라인으로 생산 효율성을 높이고 수직 통합으로 원가를 절감했다. 테슬라는 제조 혁신 외에 AI와 소프트웨어 강점을 극대화해 새로운 배터리 생산 및 관리 기술을 도입하고 소프트웨어 기반 자동차 software defined vehicle 개념을 확산시키며 바퀴 달린 컴퓨터로의 패러다임 전환을 이끈다. 친환경 에너지 도입으로 환경 영향을 줄이고 지속 가능한 에너지원 및 충전 인프라로의 전환도 중요한 기여다.

포드와 테슬라는 라이프 스타일도 변화시켰다. 포드는 자동차로 삶의 반경을 넓혔고, 테슬라는 충전 네트워크를 중심으로 경제적 효과를 창출한다. 포드가 대량 생산된 자동차 소유 기반을 닦았다면 테슬라는 지속 가능한 운송 수단으로의 전환을 추진한다. 포드의 수직 통합 시스템이 사라진 후, 테슬라는 다시 긴밀한 공급망 통합을 추구한다. 포드가 100년 전, 업계를 지배하도록 도왔던 수직 통합 전략이 테슬라에서 재현된다. 헨리 포드는 공급망을 완전히 통제하고 부품을 직접 제작하며 비용 절감을 위한 규모의 경제economies of scale를 달성했다. 머스크 역시 기가팩토리giga factory를 빠르게 확장하며 전기자동차 핵심 부품인 배터리 비용을 낮춘다. 시장을 파괴하며 전통 제조업체를 경쟁에서 따돌리기 위해 전기자동차 보급에 필요한 비용 목표를 꾸준히 달성한다.

과거 포드주의는 제조업의 교과서였다. 생산성 혁명으로 불리는 2차 산업혁명 과정에서 종교와 같은 존재였던 셈이다. 하지만 포드는 다양해지는 고객 니즈를 충족하지 못했고, 수직 통합 공급망은 모듈화된 부품을 공급하는 대형 부품사 등장으로 해체됐다. 포드 혼자 모든 것을 처리할 수 없었기 때문이다. 컴퓨터와 IT 보급으로 가속화된 3차 산업혁명 시대에 접어들자 규모의 경제를 위해 공급망의 모든 요소를 한 공간에서 통제할 필요도 약화되었다.

IT 기술의 발전은 포드의 수직 통합 시절과 달리 글로벌 분산 공급망을 활용하면서도 대규모 제조의 비용 이점을 가능케 했다. 테슬라는 배터리 같은 핵심 부품을 직접 제조해 학습 곡선을 가속화하고 경쟁사 대비 전략적 우위를 확보한다. 반면 개선 필요성이 낮은 범용 부품은 아웃소싱한다. 이런 환경에서 더 낮은 비용과 빠른 속도로 수직 통합 규모를 확장할 수 있게 되었고, 새로운 수직 통합 전략이 테슬라에 의해 재현되고 있다.

전통 자동차 제조업체들이 간과한 것은 소프트웨어의 가능성이다. 전통 자동차 제조업체들은 오랫동안 하드웨어 기반 자동차hardware defined vehicle에 집착했지만 테슬라의 수직 통합 모델은 소프트웨어 중심으로 움직인다. 머스크는 모델T가 그랬듯 전기자동차의 확산을 꿈꾼다. 초기 포드주의의 성공 요인이 인공지능과 최첨단 소프트웨어 기술과 결합해 테슬라 성장을 가속화하고 있다. 새로운 시대의 수직 통합은 과거에 얽매이지 않는 새로운 생산 방식 도입과 제품 개선 여지를 높인다.

헨리 포드가 그랬듯 머스크도 대량 생산 혁명으로 가치 창출을 현실화할 것이다. 테슬라가 전기자동차 보급 가속화를 위해 내놓는 로보택시 전용 모델 사이버캡CyberCab은 100년 만의 모델T가 될지 모른다. 포드의 비용 효율적 생산이 경쟁자들을 파산으로 몰아넣었듯 테슬라의 제조 혁신도 유사한 역사를 반복할 수 있다. 1913년 하이랜드 파크에서 시작된 포드 혁신이 세계 절반을 점령하는 데 13년이 걸렸다. 테슬라 판매량은 2012년 1만 대, 2015년 5만 대였다. 2024년 판매량은 180만 대 수준, 초기 공언했던 2030년 목표는 2000만 대다. 이 규모라면 지속 가능한 에너지로의 가속화가 실현될 수 있다.

하지만 테슬라의 궁극적 목표는 판매 대수가 아니다. 테슬라는 모델 라인업과 사양을 단순화하고 하드웨어가 아닌 소프트웨어 개선으로 제품 수명 주기를 늘려 복잡성을 줄인다. 이를 통해 전기자동차 대량 생산에 필요한 낮은 원가를 확보한다. 하드웨어 단순성과 소프트웨어 업데이트는 제품 수명을 연장하고 이용 가치를 높인다. 이를 통해 자동차를 소비자에게 판매하는 소매 비즈니스 모델을 넘어 로보택시 같은 공유 경제형 비즈니스 모델로의 전환을 촉진한다. 이렇듯 테슬라는 제조업체가 아닌 모빌리티 서비스 기업으로 변신할 수 있다.

자율주행 소프트웨어는 여러 제조업체에서도 플랫폼으로 제공될 수 있다. 로보택시는 우버 같은 차량 호출 서비스 앱, 우버이츠 Uber Eats 같은 배달 서비스, 심지어 쿠팡 같은 물류 서비스의 기반이 될 수 있다. 즉, 테슬라는 장기적으로 플랫폼의 플랫폼 platform of platforms 이 되기를 꿈꾼다. 그렇게 된다면 더 이상 하드웨어 제조나 자동차 판매 대수에 얽매이지 않아도 된다.

테슬라가 당분간 제조 영역에서 경쟁 우위를 유지하려면 고성능과 저비용을 동시에 달성해야 한다. 즉, 배터리 원가를 낮추며 생산량을 늘리는 목표를 병행해야 한다. 제품 영역에서는 전기자동차 리더로서 핵심 역량을 유지하고 브랜드 일관성을 지켜야 한다. 고객 선택권 측면에서는 모델이나 사양을 불필요하게 늘리지 않고 자율주행 같은 핵심 기능에 집중해야 한다.

테슬라의 차별화는 하드웨어가 아닌 소프트웨어에 있다. 궁극적으로 테슬라가 포드와 다른 점은 강력한 소프트웨어 파워로 혁신을 가속화하고 시장 변화의 변곡점을 빠르게 이끄는 능력이다.

04

사명이
행동을 결정한다

"제 행동의 기저에 깔린 철학을 명확히 설명해야 할 것 같습니다. 제 철학은 매우 단순하며 대부분 더글러스 애덤스와 아이작 아시모프의 영향을 받았습니다."

"Should prob articulate philosophy underlying my actions. It's pretty simple & mostly influenced by Douglas Adams & Isaac Asimov."

2018년 6월 16일, 일론 머스크는 트위터에서 자신의 사명이 공상과학소설 거장 더글러스 애덤스 Douglas Adams 와 아이작 아시모프 Isaac Asimov 에게서 큰 영향을 받았다고 밝혔다. 머스크의 전기를 쓴 애슐리 반스 Ashlee Vance 에 따르면 머스크는 10대 시절 인류의 운명에 대한 개인적인 의무감을 느꼈다고 한다. 그는 대가의 철학과 사상이 담긴 명저에 대한 애정을 고백하며, 더 깨끗한 에너지 기술 개발과 강력한 우주선으로 인류의 경계를 확장하는 일들에 영감을 얻었다고 말했다.

머스크는 여러 차례《은하수를 여행하는 히치하이커를 위한 안내서》의 실제 버전을 만들고 싶다고 밝혀왔다. 이 코믹 SF 소설은 영국 작가 더글러스 애덤스가 쓴 것으로, 1978년 BBC 라디오 드라마로 시작되어 큰 반향을 일으켰다. 이후 책으로 출간되어 1400만 부 이상 판매되었으며 TV 시리즈, 영화, 연극으로 확장되며 코믹 SF 장르와 팬덤을 형성했다.

이 이야기는 불쾌하고 관료적인 외계 종족 보곤이 지구를 파괴하려는 시점에서 시작한다. 주인공은 평범한 영국 시민 아서 덴트 Arthur Dent 로, 친구 포드 프리펙트 Ford Prefect 와 우주로 탈출한다. 포드는 15년간 지구에 고립된 외계인으로, 히치하이커를 위한 은하계 백과사전을 편찬하던 중이었다. 두 사람은 지구를 떠나 머리 둘, 팔 셋 달린 은하계 대통령과 편집증 안드로이드 로봇과 함께 기묘한 우주 모험을 펼치며 다양한 우주 종족과 생명체를 만난다.

이 소설은 철학적·과학적 아이디어를 탐구하며 재치 있는 대화, 블랙 코미디, 공상과학에 대한 유쾌한 접근을 보여준다. 거대한 것들을 조롱하면서도 인간에 대한 따뜻한 시선을 잃지 않는다. 삶과 문명에 대한 근원적 질문을 던지며 야심도, 특별한 능력도, 모험심도 없는 우리 주위의 평범한 인간 아서 덴트가 우주 멸망의 순간에 홍차 한 잔을 떠올리는 모습으로 대중의 공감을 얻었다.

2018년, 스페이스X는 당시의 가장 강력한 로켓 팰컨 헤비 Falcon Heavy 를 플로리다 케네디 우주센터에서 발사했다. 로켓엔 머스크의 1세대 테슬라 로드스터가 실렸고[10] 운전석에는 우주복을 입은 마네킹 스타맨 Starman 이 앉았다. 우주로 발사한 로드스터는 화성 궤도를 향한 긴 항해를 시작했다. 운전석 중앙 화면에는 '당황하지 마세요 Don't Panic!'라는 문구가 적혔는데 《은하수를 여행하는 히치하이커를 위한 안내서》의 출간본 표지 디자인에서 가져온 것이다.

머스크가 추천하는 책 중 하나는 아이작 아시모프의 공상과학소설 시리즈 《파운데이션》이다. 그는 2018년 트위터에서 "스페이스X 창립은 아시모프의 파운데이션 시리즈와 (로봇공학의) 영법칙 Zeroth Law 에 뿌리를 두었다"고 밝혔다.[11]

1920년 러시아에서 태어나 뉴욕 브루클린에서 자란 아시모프는 화학 박사 학위를 취득하고 보스턴 대학교에서 학생을 가르친 과학자이자 공상과학소설 거장이다. 그는 엄격한 과학 원리와 풍부한 상상력을 결합해 공상과학소설을 오락을 넘어 철학적·윤리적 탐구의 도구로 발전시켰다. 생물학, 천문학 등 다양한 주제의 논픽션과 에세이를 집필하며 복잡한 과학 개념을 대중이 이해하기 쉽게 풀어냈다. 그의 글은 과학적 탐구와 비판적 사고에 대한 관심을 높였다.

그의 저작 중 가장 유명한 작품인 《파운데이션》 시리즈는 결정론, 문명의 흥망성쇠, 개인 행동의 역사적 영향을 탐구한다. 장대한 스케일, 복잡한 항성 간 설정과 플롯을 특징으로 하는 스페이스 오페라 space opera 장르의 초석으로 평가받는다. 이는 우주를 배경으로 한 사실적 설정의 SF로, 대규모 모험과 전쟁 이야기를 다룬다. 《파운데이션》은 역사의 순환성과 과학의 미래 잠재력을 성찰한다. 은하계를 아우르는 제국에 대한 묘사, 정치·사회적 역학의 세밀한 서술은 이후의 많은 작가에게 영향을 주었다.

《파운데이션》 시리즈는 1942년부터 1950년까지 잡지에 연재한 이야기를 소설로 출간한 것으로, 1950년대 클래식 3부작 Trilogy 과 1980~1990년대 발간한 4편을 포함해 총 7부작이다. 먼 미래를 배경으로 멸망 위기에 처한 은하 제국을 재건할 목적으로 세워진 파운데이션을 둘러싼 이야기를 다룬다. 줄거리는 이렇다. 심리역사학 psychohistory 을 창시한 학자 해리 셀던 Hari Seldon 은 1만 5,000년 동안 은하계를 지배한 은하 제국이 멸망하고 3만 년의 암흑 시기가 도래한다는 수학적 예측을 내놓는다. 그리고 심리역사학적 예측이 문명 암흑기를 단축할 수 있으며, 이를 위해 제국의 지식을 집대성한 파운데이션을 세워야 한다고 주장한다. 이 계획에 따라 은하계 외곽에 파운데이션이 세워지고 지식과 문화를 보존하며 문명 재건을 돕는 프로젝트가 시작된다. 아시모프의 서사는 역사가 에드워드 기번 Edward Gibbon 의 책 《로마제국 흥망사》의 영향을 받은 것으로 알려진다. 그는 생생한 캐릭터 묘사와 함께 독창적인 아이디어로 찬사를 받은 다음 세 가지 핵심 주제를 다룬다.

첫째, 지식과 권력의 본질이다. 파운데이션은 지식을 통해 권력을 유지하는 엘리트 과학자, 수학자 집단의 후손이다. 다른 곳에 알려지지 않은 미지의 지식을 독점해 재난과 역경 속에서 생존하고 번영한다.

둘째, 장기적 미래 계획의 중요성이다. 해리 셸던은 심리역사학을 바탕으로 은하 제국 붕괴를 막고 3만 년의 혼란기를 천 년으로 줄일 셸던 계획Seldon Plan을 제시한다. 이는 문명 암흑기를 단축하고 미래 제국 지속성을 보장하는 장기 비전이다. 파운데이션의 성공은 비전 제시형 중심 인물과 이에 동조하는 소수 엘리트의 장기 계획에 의해 가능해진다.

셋째, 인간 정신의 힘이다. 파운데이션은 고난과 도전 속에서도 희망을 잃지 않고 살아남아 문명을 재건하는 방법을 찾아낸다. 인간 정신의 회복력과 희망은 문명 지속의 핵심 원동력이다.

로봇공학robotics 개념을 최초로 제시한 아시모프는 1950년에 출간한 책《아이, 로봇》을 포함한 로봇 시리즈로도 유명하다. 그는 로봇 행동을 규율하는 윤리적 지침을 제시했으며 이는 인공지능과 로봇공학 논의의 기초가 되었다. 그는 시대를 초월하는 윤리적 질문으로 미래 기술의 문제를 예견했는데 그의 세계관을 반영한 로봇공학의 세 가지 법칙Three Laws of Robotics은 다음과 같다.

제1법칙. 로봇은 인간을 다치게 하거나, 오작동으로 상해를 입혀서는 안 된다.

A robot may not injure a human being or, through inaction, allow a human being to come to harm.

제2법칙. 로봇은 제1법칙과 상충하지 않는 한 인간의 명령에 따라야
한다.

A robot must obey orders given to it by human beings except where
such orders would conflict with the First Law.

제3법칙. 로봇은 제1법칙 및 제2법칙과 충돌하지 않는 범위에서 자신
의 존재를 보호해야 한다.

A robot must protect its own existence as long as such protection
does not conflict with the First or Second Law.

그리고 머스크가 언급한 로봇공학의 영법칙은 위 세 가지 법칙
에 선행한다.

0법칙. 로봇은 인류 전체의 장기적 이익을 위해 행동하며, 이를 위해
필요하다면 다른 모든 법칙을 무시할 수 있다.

A robot must act in the long-range interest of humanity as a whole,
and may overrule all other laws whenever it seems necessary for
that ultimate good.

휴머노이드 로봇이 인간처럼 일반 지능을 가지고 스스로 행동
을 결정하려면 영법칙과 같이 로봇공학의 세 가지 법칙 위의 상위
법칙이 필요하다. 미래에는 로봇이 인간 사회에 깊은 영향을 미치
며 가정, 사회, 직장에서 인간과 모든 것을 공유하게 될 것이다. 따

라서 로봇 행동의 전제 조건 설정이 필수다. 공상과학적 설정에서 시작한 이 개념은 현대 로봇공학자와 엔지니어에게 계승되고 있으며 미래 우주 탐사에 동참할 인공지능 로봇의 철학적 기반이 될 것이다.

튼튼한 기초 없이 높은 건축물은 세울 수 없다. 피라미드는 4,500년 동안 원형을 유지한 유일한 구조물로, 오래 지속되는 구조에는 넓고 단단한 기초가 필요함을 보여준다. 이는 행동의 근간이 되는 철학의 중요성을 강조한다. 미켈란젤로와 로댕에게서 영감을 받은 조각가는 재료의 본질을 이해하고 고유의 아름다움을 드러내는 데서 예술의 진정한 가치를 발견한다. 철학은 작업 전 과정에 스며들어 조각가의 손끝에서 탄생하는 작품에 영향을 준다.

머스크는 애덤스와 아시모프의 선구적 작품에서 영감을 받았다고 말했다. 조각가가 대리석 덩어리에서 잠재력을 끌어내듯 머스크는 아이디어와 혁신에서 잠재력을 보고 세상을 바꿀 수 있다고 믿는다. 조각가는 철학을 작품으로 구현하며 완성된 조각상은 재료의 잠재력에 대한 믿음을 증명한다. 머스크의 철학적 영감은 그가 이끄는 혁신 기술과 기업에서 선명히 드러난다. 그의 기업은 기술로 인류의 삶을 변혁하고 더 나은 방향으로 발전시키는 비전을 강조한다. 이는 위대한 사상가들에게 받은 영감이 인류의 미래 변화를 이끄는 동력이 될 수 있음을 보여준다. 이 사상적 토대는 행동을 형성하고 동조자와 파트너에게 영감을 주며 놀라운 성과로 이어진다.

유럽과 미국의 현대 건축에 영향을 준 르 코르뷔지에 Le Corbusier 는 구조물 하중을 기둥이 담당하도록 설계해 평면과 입면 디자인의 자유를 극대화했다. 그는 다양한 건축 양식을 연구하며 현대 건축 5원칙을 제창해 통일성이 없던 건축을 첨단 기술 중심 혁신으로 변화시켰다. 이 원칙은 이후 100년 동안 건축을 정의하게 된다. 그는 현대 건축이 미적 요소를 넘어 실용적이고 인간 삶에 적합하게 발전해야 한다고 믿었다. "집은 인간 거주를 위한 기계 A house is a machine for living in "라는 말을 남기며 효율적이고 기능적인 설계를 강조했다. 사전 대량 생산된 부품 및 규격화 공법으로 양질의 주택을 저렴하고 빠르게 제공할 수 있다고 믿었다. 건축물도 기계나 자동차처럼 기능에 충실하고 사용하기 편리해야 한다는 것이다. 20세기에 위생적이고 기능적으로 편리한 생활 공간이 가능해진 것은 그의 설계와 이론 덕분이다.

르 코르뷔지에의 철학은 간결함과 효율성을 중시하며 머스크의 기업 운영 철학과 닮았다. 머스크의 철학은 단순하지만 심오하며, 비전과 행동의 기초가 된다. 르 코르뷔지에의 신념은 지속 가능한 삶과 혁신적 디자인을 증명하는 구조물로 표현된다. 건축가의 철학이 물리적 디자인으로 나타나는 것이다. 마찬가지로 머스크의 우주 탐사, 지속 가능한 에너지와 운송에 대한 노력은 그의 근본 철학을 반영한다. 그의 프로젝트는 이익 추구를 넘어 인간 잠재력과 지속 가능성을 발전시키는 신념의 표현이다. 이는 애덤스와 아시모프의 미래적이고 낙관적인 비전에서 영감을 받은 결과다.

팰컨 헤비 로켓에 실린 테슬라 로드스터에는 아시모프의《파운데이션》시리즈의 디지털 버전이 탑재되었다. 이는 지구 밖 행성 탐사를 위한 스페이스X의 의지와 머스크의 비전을 보여준다. 인공지능과 로봇 기술로 미래 인류 문명을 지원하는 통합 시스템 구축에는 장기 비전이 필요하다. 아시모프의《파운데이션》세계관에서 과학자들이 문명을 보존하려 하듯 머스크도 인류 문명 지속을 위해 매진한다. 스페이스X로 우주 탐사 능력을 키우고, 인류가 다행성 종족이 되어야 한다는 목표는《파운데이션》의 이야기와 연결된다.

2017년 인터뷰에서 머스크는 아시모프의 작품이 인류에 전하는 교훈에 대해 언급했다. 문명을 연장시키는 과정에서 만약 암흑기가 온다면 그 기간을 최소화하기 위한 조치가 필요하다고 강조했다. 그렇기에 지금이야말로 우주 탐사와 인류 발전을 추구할 때이며 '창문이 열려 있을 때' 행동하는 것이 중요한데 창문이 항상 열려 있지는 않을 거라 경고했다.《파운데이션》의 사명은 분명 스페이스X에 영감을 주었고 이 회사는 인류가 우주를 탐험하고 새로운 삶의 터전을 찾는 데 기여할 것이다.

스페이스X의 회사명은 우주 탐사 space expedition 와 미지의 세계, 혹은 모든 것 everything 을 상징하는 알파벳 X를 결합해 알려지지 않은 세계에 대한 탐험 의지를 담아 만들었다. 그들의 미션은 우주 기술을 혁신해 인류가 다른 행성에서 살 수 있도록 하는 것 to revolutionize space technology, with the ultimate goal of enabling people to live on other planets 이다. 비전은 화성에 자급자족 도시를 건설해 인류를 다행성 종족으로 만드는 것 to make life multi-planetary by establishing a self-sustaining city on Mars 이다.

스페이스X의 이름, 로고, 미션, 비전 선언은 《파운데이션》에서 영향을 받았으며 우주 탐사와 화성 정착 계획은 아시모프의 이론적 꿈을 현실로 구현하려는 것이다. 미래 계획과 과학 지식의 공익적 활용에 중점을 둔 머스크의 비전은 인류 문명 지속이라는 기업 사명으로 자리 잡았다. 이런 영감은 앞으로도 인류의 우주 탐사를 지속시킬 원동력이 될 것이다.

05

무엇으로
살 것인가

"사람들에게 영감을 주고 매력적인 미래를 제시하는 것이 중요합니다. 아침에 일어나서 살고 싶은 이유가 있어야 합니다. 왜 살고 싶습니까? 삶의 목적이 무엇인가요? 무엇이 영감을 줍니까? 미래의 어떤 면을 좋아하나요? 우리가 미래에 수많은 별을 오가는 다행성 종족이 되지 못한다면 참 우울할 것 같습니다."

"I think it's important to have a future that's inspiring and appealing. I just think there have to be reasons that you get up in the morning and you want to live. Why do you want to live? What's the point? What inspires you? What do you love about the future? If the future does not include being out there among the stars and being a multi-planet species, I find that incredibly depressing."

"지구에서의 삶은 단순히 문제 해결에 그쳐서는 안 됩니다. 비록 남의 경험을 통해서라도, 영감을 받을 수 있는 무언가가 필요합니다. I think life on Earth must be about more than just solving problems. It's got to be something inspiring, even if it is vicarious."

일론 머스크는 일상적 문제 해결을 넘어 사람들에게 영감을 주고 행동에 영향을 미칠 대의를 추구하는 것이 중요하다고 강조한다. 그는 세계에서 가장 부유한 사람 중 한 명이지만 어린 시절에는 고정 지출을 최소화하는 생활을 통해 핵심 목표에 집중할 수 있다는 통찰을 얻었다.

캐나다 온타리오의 퀸즈 대학교에 다니던 17세의 머스크는 하루 식비 1달러로 생활했다. 허름한 아파트와 일할 수 있는 컴퓨터만 있으면 굶지 않고 살 수 있다고 믿었다. 한 달에 약 30캐나다달러(2023년 환율로 약 23US달러, 인플레이션 감안 시 50US달러에 해당)의 식료품 예산으로 최소한의 생활이 가능하다는 결론을 내렸다. 슈퍼마켓에서 대량 구매한 식료품과 파스타 같은 기본 재료를 사두고 생존에 필요한 최소 자원을 파악했다. 물론 오랜 세월이 지난 지금은 식료품 물가도 크게 올랐고, 머스크도 하루 1달러로 살라고 권하지 않는다.[12]

그의 메시지는 식료품 예산을 극단적으로 줄이거나 현금 다이어트를 하라는 것이 아니다. 돈을 사용하는 방식을 재평가해 통찰을 얻을 수 있다는 점을 이야기하는 것이다. 삶의 기본 요소를 단순화하고 통제하면 더 큰 목표에 집중할 힘을 얻는다. 인간은 현실 문제를 넘어 더 큰 이상을 추구할 능력이 있다.

머스크는 적은 생활비를 통해 심리적·철학적 준거점 anchor 을 발견했다. 기본 의식주 해결이 생각보다 어렵지 않음을 깨닫고 첫 사업에 전념해 성공적으로 매각했다. 이 수익으로 평생 안락한 삶을 누릴 수 있었지만 그는 스페이스X와 테슬라 같은 혁신 기업 창업에 전 재산을 투자했다. 그는 어린 시절부터 전기자동차, 태양광 발전, 지속 가능한 소비 등 인류의 미래에 영향을 줄 주제에 관심을 가졌다. 늘 먹고 사는 것 이상의 대의 greater good 를 고민했다.

2018년, 아인슈타인 이후 가장 뛰어난 지성으로 꼽히는 스티븐 호킹 Stephen William Hawking 은 76세로 세상을 떠나기 전, 인류에게 중대한 경고를 남겼다. 문명이 지속하려면 200년 안에 지구를 떠나야 한다는 것이다.[13] 소행성 충돌, 인공지능 반란, 외계인 침공 같은 재난이 지구 생명체를 전멸시킬 가능성을 경고했다. 호킹은 인구 과잉, 전쟁, 기후 변화로 인류가 자멸할 가능성도 지적했다. 미래 세대에 희망을 주려면 우주에서 새 삶을 개척해야 한다고 강조했다. 특히 기후 변화에 우려를 표했다. 지구 온난화는 심각한데 지속적인 기온 상승, 극지방 만년설 감소, 삼림 벌채, 특정 종의 멸종은 그러한 경고 신호다. 온실가스 배출을 줄이지 않으면 지구 기온이 금성처럼 섭씨 460°C까지 올라 뜨거운 행성이 될 것이라고 했다. 소행성 충돌 위험도 있다. 이는 공상과학이 아니라 물리학과 확률 법칙에 기반한 과학적 견해다. 지구의 지배자였던 공룡도 소행성 충돌로 멸종했다.

인류 문명의 지속 가능성을 보장하려면 지구에만 의존하는 일은 위험하다. 호킹은 우주 탐사가 인류의 미래를 바꾸고 지구 밖에서 개척 가능한 새 삶의 가능성을 열어줄 것으로 보았다. AI가 인간을 능가하는 새로운 형태의 생명체로 발전할 변곡점에 도달할 가능성도 언급했다. 기계가 스스로를 개선하고 복제할 능력을 가질 때가 오면 인공지능에 의한 문명 종말 AI apocalypse 이 올 수 있다. 이를 막으려면 강력한 규제 기구가 필요하다고 주장했다.

호킹은 외계 지적생명탐사 SETI; Search for Extraterrestrial Intelligence 프로젝트에도 우려를 표했다. 이 프로그램의 목적은 우주에 지구 문명 존재를 알리는 것이다. 우주는 너무 커서 동시대에 다른 문명과 조우할 확률은 낮다. 하지만 외계 생명체가 지구를 발견하면 콜럼버스의 아메리카 상륙이 원주민에게 끼친 영향보다 심각한 결과가 초래될 수 있다. 지구 자원 착취 가능성도 배제할 수 없다. 일부 비판자는 이를 근거 없는 두려움이라고 반박하며 외계 생명체가 지구를 착취하려 했다면 수억 년 전에 이미 했을 것이라고 주장한다. 그러나 단일 문명이 수억 년 지속되기 어렵듯 문명 간 조우도 쉽지는 않다.

호킹의 관점에서 미래 위협에 대응하는 대표적 인물이 머스크다. 그는 화성 이주를 현실 목표로 삼아 우주 탐사 기업을 설립했다. 자기 세대에 이루어지지 않을 수도 있는 거대 프로젝트를 추진하며 비전을 현실로 만드는 가장 효율적인 도구로 기업을 선택했다. 그는 인류 단위 목표를 실현하고 이상을 현실로 바꾸기 위해 기업을 도구로 사용한다. 학자, 정부, 가계, 민간 단체 중 어느 것도 기업만큼 목표 실행에 효과적이지 않다. 스페이스X는 우주 여행 비용을 낮추고 인류의 다행성 생활 가능성을 탐구하며 발전된 로켓 기술로 소행성 충돌 같은 재앙적 사건을 예방하는 데도 기여한다.

스페이스X는 나사 NASA 와 협력해 소행성을 탐지하고 충돌 위협이 발견되면 비행체를 이용해 궤도에서 이탈시키는 시스템 개발에 참여했다. 2022년 9월, NASA의 이중 소행성 방향 전환 테스트 DART; Double Asteroid Redirection Test 미션은 소행성 궤도를 변경하는 첫 지구 방어 실험의 성공적인 결과를 발표했다.[14] 2021년 11월 25일 발사한 전동 카트 크기의 DART 탐사선은 10개월 동안 약 2만 3,000km/h 속도로 비행해 폭 151미터의 소행성 디모르포스 Dimorphos 와 정면 충돌했다.

이 충격으로 디모르포스는 최소 1,000톤의 질량을 잃었고, 잔해와 파편은 긴 꼬리를 형성해 소행성 궤적이 변경되며 지구 충돌 가능성에서 벗어났다. 과학자들은 이 결과가 미래 외부 위협에 효과적으로 적용될 수 있다고 평가했다. 시민 과학자들이 밤하늘을 관찰하며 위협 소행성을 찾아냈고, DART의 성공으로 향후 대응 방안을 마련할 수 있게 되었다. 스페이스X의 팰컨9 로켓은 DART 미션에 안정적 발사 역량을 제공했다. 이는 우주 위협에서 인류를 보호하는 데 스페이스X의 중요한 역할을 보여준다.

머스크의 화성 탐사와 정착지 건설 비전은 지구 재앙 시 문명을 지속할 방안을 포함한다. 2021년 넷플릭스 영화 〈돈 룩 업〉은 인간의 인지적 게으름cognitive laziness이 외부 위협 대처를 방해해 치명적 결과를 초래하는 블랙 코미디다. 혜성 충돌 위협을 발견했음에도 정치적·경제적 이익이 위협을 왜곡시켜 파국에 이르는 모습을 그렸다. 머스크는 우주 탐험과 문명 지속의 중요성을 강조하며 소셜 미디어와 대중 출연으로 담론에 참여한다. 대중의 관심을 끌고 적극적 사고와 행동을 장려해 인지적 게으름을 낮추려는 것이다.

팰컨 시리즈와 스타십Starship 같은 재사용 로켓의 성공적 발사와 운영은 문명을 다른 행성으로 확장하려는 실행 단계를 보여준다. 이는 잠재적 우주 위협에 대응하는 가시적 진전이다. 머스크의 기업은 이상을 현재와 미래 위협을 해결하는 실행 가능한 계획으로 전환시킨다. 그는 실존적 위험을 강조하는 동시에 구체적 해결책을 제시하고 보이지 않는 위협에 맞서 행동할 영감을 준다.

머스크는 '충분히 수익이 되는가?'보다 '기업은 이런 일을 해야 하는가?'라는 관점에서 미션과 비전을 설정한다. 인류 멸종 위험에 대한 판단은 사람마다 다를 수 있다. 하지만 지구의 일상 문제 해결에 99퍼센트의 자원을 투입하더라도 최소 1퍼센트는 미래 대비에 써야 한다는 그의 논리는 설득력이 있다.

미래 세대 운명을 위해 우리는 오늘 무엇을 할 것인가? 연구에 따르면 리더가 강력한 비전을 제시하고 정서적 헌신을 제공하면 구성원과 외부 고객은 긍정적 영향을 받는다.[15] 리더가 직원의 몰입을 돕고, 비전을 공유하고, 함께 실현하자는 분위기를 조성하면 성과가 높아진다.[16] 첨단 기술 분야에서 경영진의 미래 중심적 전략적 지향성strategic orientation은 높은 비즈니스 성과로 이어진다.[17] 이는 혁신에도 많은 영향을 준다. 기업의 문화, 구조, 보상 절차 같은 내부 지원 메커니즘도 혁신을 촉진한다. 결국 미래지향적 리더십은 혁신을 긍정적인 것으로 만들고 내부 체제는 구성원 성과를 촉진해 기업 성공에 기여한다.[18]

머스크는 "사람들은 목표와 그 이유를 알면 더 잘 일합니다. 직원들이 아침 출근을 기대하며 즐겁게 일하도록 만드는 것이 중요합니다People work better when they know what the goal is and why. It is important that people look forward to coming to work in the morning and enjoy working"라고 말했다. 《어린 왕자》의 작가 생텍쥐페리Antoine De Saint Exupery는 "배를 만들고 싶다면 사람들에게 목재를 가져오게 하거나 일을 나눠주지 말고 넓고 끝없는 바다에 대한 동경을 키워주라"고 했다. 중요한 목표에 우선순위를 두는 것은 개인과 조직 모두에 핵심이다. 목표 설정은 개인 삶을 풍요롭게 하고, 지속 가능한 목표를 향한 인류의 집단적 노력을 이끈다.

심리학자 미하이 칙센트미하이Mihaly Csikszentmihalyi는 집중에 대한 에너지 최적화 과정을 설명하며 몰입flow의 중요성을 제시했다. 몰입은 도전적이지만 능력 범위 내의 활동에 깊이 빠져드는 상태로, 개인은 이 상태에서 가장 큰 행복감을 느낀다. 반복적 업무는 지적·창의적 영감을 저해하며, 이를 피할 때 몰입이 더 자주 달성된다. 인지 부하 이론CLT; Cognitive Load Theory에 따르면 사소한 작업에 지속적으로 관여하면 인지 자원이 고갈된다고 한다. 그러니 이러한 과정을 줄이면 복잡하고 의미 있는 작업에 에너지를 집중할 수 있고 인지 자원을 확보하면 혁신과 깊은 사고가 촉진된다. 1905년, 아인슈타인 Albert Einstein 이 특수 상대성 이론을 발표했을 때 그는 스위스 베른 특허청에서 심사관으로 안정적 수입을 얻으며 일하고 있었다. 하지만 그의 몰입은 뉴턴 이후 과학 질서와 세상에 대한 이해를 뒤집을 상대성 이론의 정리 과정에서 발현되었다.

머스크가 강조하는 전략적 집중은 비즈니스에 큰 영향을 미친다. 이는 경쟁 없는 새로운 시장에서 차별화와 저비용을 동시에 달성하는 블루오션 전략과 유사하다. 포화 시장의 점유율 확보에 얽매이기보다 크고 혁신적인 목표에 집중하는 것이 중요하다. 명확한 비전과 정서적 헌신을 주는 리더는 높은 직원 참여와 고객 만족도를 이끈다. 잘 정의된 미션은 직원들이 전략 목표를 향해 노력하게 하고 혁신을 촉진한다. 인류의 미래를 위한 이념적 사명은 직원과 고객의 참여를 유도한다. 사명은 업무 우선순위의 설정 기준을 제공하며, 긴급하고 중요한 업무를 구분해 혁신 활동에 더 많은 시간과 자원을 투입한다. 적절한 위임과 기술 중심 자동화는 반복적 업무를 줄여 리더가 전략적 사고와 창의적 프로세스에 집중하게 돕는다. 효율성은 창의성과 혁신을 가져온다.

문화적 변화도 중요하다. 바쁜 업무보다 깊이 있는 업무와 의미 있는 참여를 중시하는 문화를 만들면 조직이 변화한다. 비판적 사고와 문제 해결 능력을 중시하는 교육, 리더십 모범, 중요 업무를 우선시하는 조직 규범이 필요하다. 삶의 중요한 측면에 집중하면 개인은 의미 있는 존재가 되려 하며 인류는 혁신적이고 지속 가능한 미래로 나아갈 동력을 얻는다. 변화를 만들려면 대의에 집중하고 방해 요소를 최소화하며 큰 영향력을 창출해야 한다.

어떤 조직이
살아남는가

위대한 비전만으로 기업이 성공할 수는 없다. 비전을 현실로 만드는 과정에서 수많은 조직이 무너진다. 테슬라도 여러 번 파산 위기를 겪었다. 머스크는 "창업은 유리컵을 뜯어 먹으며 불붙은 석탄 위를 걷는 것"이라 표현했다. 꿈을 꾸는 것과 그 꿈을 지속 가능한 사업으로 만드는 것은 전혀 다른 차원의 문제다.

이번 벡터에서는 그의 비즈니스 운영에 대한 생각을 다룬다. 기업을 운영하는 사람은 다양한 경영 요소를 균형 있게 다루어야 한다. 동시에 바구니를 완벽히 통제할 수 있다면 한 바구니에 모든 달걀을 담겠다는 과감한 베팅도 필요하다. 그는 훌륭한 회사는 뛰어난 제품으로 성장하고, 제품 경쟁력을 잃은 기업은 반드시 쇠퇴한다고 경고한다. 이익 창출은 생존의 전제 조건이다. 진정한 경쟁은 남과의 비교가 아닌, 자기 자신과의 싸움이다. 규모의 경제를 달성하는 방법, 고통을 감내하는 리더의 자세, 남들이 후퇴할 때 전진해야 하는 이유까지 비즈니스 성공의 본질적 요소들을 살펴본다.

균형 감각을
갖출 것

"회사를 세우는 것은 케이크를 굽는 것과 같습니다. 필요한 모든 재료가 적절한 비율로 갖추어져야 합니다."
"If you're trying to create a company, it's like baking a cake. You have to have all the ingredients in the right proportion."

케이크를 구우려면 가장 먼저 재료가 균형 있게 쓰여야 한다. 기업 역시 성공적으로 키우려면 균형 잡힌 전략이 필수다. 핵심 요소가 빠지거나 한쪽으로 치우치면 실패로 이어질 수 있다. 연구개발, 마케팅, 재무, 세일즈, 인사, 리더십 등의 요소들이 조화를 이루어야 한다. 회사 미션, 비전, 전략을 명확히 세우고 구성원과 공유하는 것도 필수다. 사업 계획은 제빵 레시피처럼 목표까지의 단계를 분명하게 제시할 수 있어야 한다. 레시피가 설탕 100g, 밀가루 400g, 달걀 4개, 버터 50g이라는 재료가 180℃로 예열한 오븐에서 15분간 만들어지는 과정을 상세하게 설명하듯, 사업에서 필요한 작업은 구성원에게 최대한 구체적으로 세부 사항이 전달되어야 한다. 하지만 현실에서는 그러한 세부 사항이 자주 생략된다. "판매 만족도나 서비스 만족도를 높여라", "매출을 올려라" 같은 지시만 있고, 문제를 푸는 방법에 대한 설명은 부족하다. 명확한 지침 없이 성과를 기대하면 실패할 수밖에 없다.

계획이 없으면 조직은 혼란에 빠지거나 성공에 필요한 핵심 단계를 놓치기 쉽다. 머스크는 비유를 통해 성공적인 회사를 만들려면 신중한 계획과 실행이 중요하며 관련된 모든 요소가 조화롭게 협력해야 한다고 강조한다. 조직이 리더의 출신 배경이나 특정 전문성에 지나치게 의존해도 균형이 깨진다. 기술 개발에만 힘을 쏟고 마케팅이나 고객 서비스를 소홀히 하면 실패로 이어질 수 있다.

불균형 경영으로 실패한 대표 사례가 비디오 대여점 사업을 했던 블록버스터 Blockbuster 다. 업계에서 독보적이던 블록버스터는 2010년에 파산을 신청했다. 기존 사업이던 DVD와 비디오 렌탈 영역에서는 강했지만, 인터넷의 보급이 초래한 스트리밍 서비스로의 전환에 실패하며 몰락했다. 오프라인 매장에 과도하게 투자하고 새로운 기술의 잠재력을 무시한 것이 실패 요인이었다.

반면, 체급 차이 때문에 경쟁사라 부르기에도 민망했던 넷플릭스 Netflix 는 인터넷과 스마트폰 대중화에 베팅하며 OTT 미디어 서비스^{over-the-top media service} 시장으로 방향을 전환했다. 2000년대 초 블록버스터는 5000만 달러에 넷플릭스를 인수할 기회가 있었다. 넷플릭스 공동 창업자 리드 헤이스팅스^{Reed Hastings}가 회사 매각을 제안했지만, 블록버스터 CEO 존 안티오코^{John Antioco}는 이를 거절했다. 안티오코는 온라인 대여 시장을 틈새시장으로만 판단하고 오프라인에 집중했다. 결과적으로 넷플릭스는 IT 기술 발전과 함께 급성장했고, 뒤늦게 뛰어든 블록버스터는 파산했다. 안티오코의 인수 거부는 비즈니스 역사상 가장 유명한 실수 중 하나로 꼽힌다. 돈이 벌리는 기존 사업만 우선시하니 신기술의 가능성은 조직에서 진지하게 받아들여질 수 없었다.

균형 잡힌 비즈니스 운영은 기업의 자원과 역량을 지속 가능한 경쟁 우위^{sustained competitive advantage}의 핵심으로 보는 자원 기반 관점^{RBV; Resource-Based View}과 맞닿는다. 기업의 자원과 역량에는 재정 자원, 지적재산권, 숙련된 인재, 효율적 운영 프로세스, 고객이나 공급업체와의 끈끈한 관계 등이 포함된다.

균형 성과표^{BSC; Balanced Score Card}는 균형의 중요성을 강조하는 대표적인 프레임워크다. 이는 재무적 지표와 비재무적 지표 간 균형을 유지해 성과를 측정하고 관리하도록 돕는다. 재무 지표는 수익성과 재무 건전성을, 비재무 지표는 고객 만족도, 내부 프로세스 효율성, 조직 학습 및 성장의 가능성을 다룬다. 균형 성과표는 다음 네 가지 관점으로 구성된다.

1. 재무: 수익성, 비용 효율성 등

2. 고객: 고객 경험과 만족도

3. 내부 프로세스: 운영 효율성과 품질

4. 학습 및 성장: 인재 개발과 조직 혁신

이 네 영역의 지표들은 기업이 단기 재무 성과에만 의존하지 않고 지속 가능성을 고려한 균형 전략을 세우고 실행하도록 만든다. 성공적인 기업 운영에는 균형 감각과 정밀한 계획이 필수적이며 각 요소는 조화롭게 통합되어야 한다. 1990년대, 필립스 Philips 는 높은 제조 비용, 경쟁력 없는 가격, 아시아 경쟁업체의 부상으로 경영 위기에 처했다. 이를 해결하기 위해 필립스는 균형 성과표를 도입해 성과를 개선했는데 그 내용을 살펴보면 다음과 같다.

첫째, 재무관점. BSC로 명확한 재무 목표를 세우고 수익 증대와 비용 절감을 과제로 삼았다. 재무 상태를 체계적으로 모니터링하며 개선하여 수익성과 비용 효율성을 높였다. 둘째, 고객 관점. 고객 만족도 조사와 재구매율 분석으로 고객의 피드백을 수집하고, 제품과 고객 서비스를 개선했다. 고객 충성도가 높아지면서 시장 점유율은 확대되었다. 셋째, 내부 프로세스 관점. 운영 간소화와 프로세스 혁신을 목표로 제조 공정이 최적화되었고 제품 개발 주기가 줄어들었다. 비용 절감과 품질 향상이 이루어지고 높은 운영 표준을 유지했다. 넷째, 학습과 성장 관점. 직원 개발과 혁신 투자에 집중하며 장기적 성공 기반을 마련하고 인적 자원의 수준을 유지했다. BSC 도입 후 필립스는 각 영역에서 개선 효과를 누리며 균형 전략이 어떻게 성과와 경쟁력을 향상시킬 수 있는지 보여주었다.[19]

머스크가 강조하는 BSC적 균형 감각은 그의 회사 운영에서 뚜렷이 드러난다. 첫째, 재무 관점에서 그는 수익 창출과 이익 증대에 초점을 맞춘다. 테슬라와 스페이스X는 초기에 막대한 자본과 운전 자금을 필요로 했다. 그는 낮은 비용, 높은 수익성이라는 도전 과제를 내걸고 압도적인 원가 우위를 실현하며 전기자동차와 우주 탐사 분야에서 독보적인 존재로 자리 잡았다. 그의 비용 효율성에 대한 집착은 바보 지수 idiot index 라고 불리는 개념으로 표현한다.[20]

스페이스X 초기에 머스크는 부품 생산 비용 대비 원자재 비용 비율을 계산해 비효율을 측정했다. 생산 비용이 1,000달러인데 원자재 비용이 100달러면 바보 지수는 10으로 과도하게 높다. 이는 설계와 제조 공정이 복잡하거나 간접비가 지나치다는 신호다. 전통적인 로켓 제조는 부품 복잡성과 공급업체에 대한 의존성 때문에 비용이 높을 수밖에 없었다. 머스크는 바보 지수로 모든 부품 원가를 확인한 후, 부품의 80~90퍼센트를 내부 제조로 전환하기로 결정했다. 엔지니어들에게는 공정 단순화 혁신을 주문했다.

이렇게 부품 생산 비용을 크게 줄일 수 있어 항공우주 산업에서 전례 없는 경쟁력을 갖추었는데 예를 들어 랩터 Raptor 엔진의 생산 비용은 10배 절감되었다. 테슬라 역시 대량 생산을 위한 설비 확충 과정에서 비용 상승 압박과 재무 위험을 마주했다. 2018년 언론이 파산 가능성을 앞다투어 보도하는 가운데 테슬라는 규모의 경제를 달성했다. 지속적인 원가 절감 노력으로 대량 생산 노하우를 축적하며 후발주자가 따라잡기 힘든 재무적 경쟁 우위를 이룰 수 있었다.

둘째, 고객 관점에서 머스크는 시장의 니즈와 욕구에 기반한 혁신 제품 및 서비스 창출에 집중한다. 테슬라는 첨단 기술을 갖춘 뛰어난 전기자동차와 친환경 에너지 생태계로 수백만 고객의 변화 의지를 모아 충성도 높은 팬덤을 형성했다. 스페이스X는 민간 및 정부 고객에게 저렴하고 대체 불가능한 우주 접근성을 제공하며 스스로의 가치를 입증했다.

셋째, 내부 프로세스 관점에서 제품과 서비스의 엔지니어링과 디자인 우수성, 그리고 복잡한 기술 문제를 혁신으로 해결하는 능력을 조직 운영의 핵심으로 삼는다. 실행의 결과는 철저하게 측정되고 관리된다(자세한 사례는 이후의 논의에서 다룰 예정이다).

넷째, 학습 및 성장 관점에서 혁신, 학습, 환경 적응 능력에 집중하며 지속적인 조직의 성장을 추구한다. 중요한 점은 각 산업에서 기술 혁신을 주도하며 기존의 한계를 뛰어넘는 것이다. 자신을 경영자manager가 아닌 엔지니어engineer로 정의하고, 문제가 안 풀리면 직접 엔지니어와 논의한다. 학력보다 학습 능력을 우대하고 직원들과의 상호작용을 통해 끊임없이 배우고 성장하려는 모습을 보인다.

머스크의 회사들은 실리콘밸리에서 최고의 연봉과 복지를 제공하지 않지만, 매년 수십, 수백만의 엔지니어들이 입사하기 위해 줄을 선다. 2018년 테슬라는 2,500개 포지션을 오픈했는데 50만 장의 이력서가 접수되었다. 입사 가능성은 0.5퍼센트였다.[21] 2021년에는 전 세계에서 300만 명,[22] 2023년에 590만 명이 지원했다.[23] 2020년 미국 공과대학 졸업생을 대상으로 한 조사에서 가장 인기 있는 직장이 테슬라, 두 번째가 스페이스X였다.[24]

일론 머스크의 기업은 균형 성과표의 네 가지 관점의 중요성을 잘 보여준다. 각 관점의 목표와 측정 방식은 회사마다 다르다. 그러나 목적은 장기적 성공을 뒷받침하는 전략적 균형을 보장하는 것이다. 케이크가 잘 만들어지려면 모든 재료가 조화롭게 최적 상태로 준비되어야 한다. 각 사업의 구성 요소가 적절하게 균형을 이룰 때 기업은 복잡한 문제를 효과적으로 해결하고 지속 가능한 성장을 이룰 수 있다.

기업 통제의
중요성

"바구니에 일어날 일을 통제할 수 있다면 한 바구니에 담는 것은 별 문제가 되지 않습니다."

"It's OK to have your eggs in one basket as long as you control what happens to that basket."

"달걀을 한 바구니에 담지 말라." 분산 투자에 관한 잘 알려진 격언이다. 하지만 혁신과 대담함의 상징 일론 머스크는 상황을 완벽히 통제할 수 있다면 자원을 집중하는 것도 괜찮다고 한다.[25] 마크 트웨인 Mark Twain 이나 워런 버핏 Warren Buffet 같은 인물도 같은 이야기를 했다.

비즈니스에서 위험 관리 risk management, 집중 focus, 통제 control 의 중요성을 함께 강조하는 것이 머스크의 철학이다. 일반적으로 분산 투자는 위험을 줄이는 열쇠로 여겨진다. 하지만 그는 핵심 사업에 노력과 자원을 집중하는 것이 성과를 극대화하는 길이라고 믿는다. 단, 이 경우에는 자신이 선택한 바구니를 완전히 통제할 수 있어야 한다. 이 사고를 바탕으로 머스크는 놀라운 비즈니스 성과를 이룩했고, 자원을 효율적으로 집중하는 전략이 범상치 않은 성공으로 연결될 수 있다는 것을 보여주었다.

머스크는 남아프리카공화국의 행정수도 프리토리아에서 태어났다. 그는 어릴 때부터 컴퓨터와 프로그래밍에 푹 빠졌다. 캐나다에서 대학 생활을 시작한 후, 1992년 미국으로 건너가 펜실베이니아 대학교에서 경제학, 물리학 학위를 받았다. 이후 스탠퍼드 물리학 박사 과정에 진학했지만 곧 중퇴하고 사업가의 길을 선택했다.

그는 1995년 동생 킴벌 머스크 Kimbal Musk 와 함께 여행 가이드 서비스인 Zip2를 창업했다. 이 회사는 컴팩 Compag 에 약 3억 달러에 매각되며 그의 첫 번째 사업적 성공으로 기록되었다. 1999년 그는 온라인 결제 플랫폼을 지향하는 X.com을 설립했는데 이 회사는 나중에 페이팔 PayPal 로 발전했다. 머스크의 즉흥적 성격을 보여주는 유명한 일화가 있다. 그는 TV 생방송에서 전자상거래 사이트 이베이 eBay 의 모든 경매 거래를 보장하는 서비스를 도입하겠다고 선언했다. 사전 논의가 없던 갑작스러운 발표로 엔지니어들은 급하게 그 기능을 개발할 수밖에 없었다.

X.com 이사회 구성원이자 경영진 중 한 명이던 피터 틸과의 의견 충돌로 머스크는 자신이 세운 회사에서 쫓겨났다. 그는 이

에 굴하지 않고 2002년 우주 탐사 회사 스페이스X를 설립했다. 1억 달러 이상의 사재를 투자했고, 현재 지분의 절반 가까이를 보유하고 있다.[26] 2004년에는 신생 전기차 스타트업 테슬라에 투자하며 이사회에 합류, 2023년 기준 약 13퍼센트의 지분을 소유한다. 이 외에도 다양한 상장·비상장 기업, 부동산 관리를 담당하는 지주 회사를 포함해 최소 12개 회사에서 감독, 소유, 경영을 하고 있다.[27] 성공 가능성이 불확실한 스타트업에 재산 대부분을 투자하는 것에 대해서도 그는 상황을 통제할 수 있다면 문제가 없다고 말한다. "자신이 무엇을 하는지 알고 있다면" 자원을 집중하는 것이 더 낫다는 뜻이다. 그는 실리콘밸리의 자금 조달 모델에 비판적이었다. 창업자가 투자를 받을수록(시리즈 A, B, C라 불리는 주식 발행 과정) 통제력을 잃는 경우가 많다는 점을 지적한다.

머스크가 말하는 통제는 초기 회사 설립의 목적과 의도를 유지하는 것을 의미한다. 그는 창업자들이 자본의 지시를 따르면서 초심을 잃는 것을 비판했다. 창업자와 벤처 캐피털VC; Venture Capital 의 목적은 본질적으로 다르다. 창업자는 장기 성장과 지속 가능성을 목표로 하지만, VC는 투자금을 단기간에 높은 수익으로 회수하는 것을 우선시한다. 이런 가치 충돌은 스타트업 경영에서 주요 갈등 요소가 된다.

또한 머스크는 통제를 기업 내부에서 일상 의사결정을 관리하는 능력으로 정의한다. 2004년 테슬라 모터스에 합류했을 때 전기 자동차는 제한적인 시장의 틈새 제품으로 여겨졌다. 하지만 전기차의 미래 가능성을 본 그는 막대한 투자를 실행하며 모든 달걀을 전기차 바구니에 담았다. 테슬라는 몇 차례 파산 위기를 겪었고, 자동차업계의 강한 회의론에 부딪혔다. 그러나 머스크는 집착에 가까운 정도로 세부 사항을 철저하게 검증하고 혁신과 품질 관리에 집중하면서 테슬라를 성공으로 이끌었다. 그의 여정은 통제력을 유지하며 자원을 전략적으로 집중시키는 것이 성과로 이어질 수 있음을 보여준다.

2008년 테슬라가 자금 부족으로 붕괴 직전에 이른 순간은 중요한 분기점이었다. 머스크는 로드스터의 최종 개발 단계를 직접 감독하며 성능 기준을 충족시키기 위해 전념했다. 시트 쿠션, 헤드라이트 모양, 트렁크 스타일 등 세부적인 설계와 디자인까지 깊이 관여했다. 당시 창립자 겸 CEO였던 마틴 에버하드가 변속기에 대해 다른 의견을 고집하자 머스크는 그를 최고기술책임자 Chief Technology Officer 로 강등시키며 본인의 결정을 밀어붙였다.

머스크는 단기 목표 때문에 성능을 희생하지 않아 테슬라의 성공이 가능했다고 보며 가솔린 자동차와 본격적으로 경쟁할 수 있는 최초 전기자동차의 상품성과 매력을 강조했다. 비슷한 가격대의 가솔린 자동차보다 빠르고, 멋지며, 운전의 즐거움까지 갖춘 차라는 점을 어필할 수 있었다. 사전 계약을 통해 고가의 스포츠카를 구입할 수 있는 가망 고객 600명으로부터 약 3000만 달러를 유치했다. 이는 무이자로 사업 자금을 조달한 것과 같았다. 사전 계약으로 수요를 창출하고 운전 자본을 모으는 전략은 신모델 발표 시마다 반복되었고 성공적으로 정착되었다.

회사가 가장 어려운 시기를 겪는 동안 머스크의 통제력과 리더십은 빛을 발했다. 이제 테슬라는 자동차 제조회사가 아닌, 현실 세계 real-world AI 선도 기업으로 스스로를 정의할 만큼 성장했다. 2020년까지는 세계에서 가장 가치 있는 자동차 제조업체로 자리 잡으며 전기차의 새로운 기준을 세웠다. 이런 여정은 리더가 사업에 깊이 관여하고 변수를 철저히 통제하는 것이 성공의 핵심임을 보여준다.

회사에 대한 확신과 철저한 운영 통제로 성공을 이룬 또 다른 사례는 익일 배송으로 유명한 페덱스 FedEx 다. 창립자 프레데릭 스미스 Frederick Smith 는 신념과 통제가 비즈니스 성공에 어떻게 기여하는지 보여준다. 1970년대 초 그는 허브 앤 스포크 hub and spoke 라는 혁신적 물류 모델을 제안했다. 이는 자전거 바퀴처럼 생긴 물류망으로, 미국 내 모든 지역에 익일 배송을 보장하는 시스템이었다. 지역(스포크)에서 수집한 화물을 중앙 허브로 모은 뒤, 다시 최종 목적지인 개별 스포크로 운송한다. 이로 인해 효율성과 비용 절감을 극대화할 수 있었고 신규 스포크 추가를 통해 서비스 확장도 쉽게 할 수 있었다. 스미스는 이 단순하지만 야심찬 개념에 전 재산을 걸었고 막대한 차입을 더해 실행에 옮겼다.

그의 인생은 비행기와 깊이 관련이 있었다. 어릴 때부터 비행기를 조종했던 그는 예일대 경제학과 졸업 후 미 해병대 전투기 파일럿으로 4년간 베트남 전쟁에 참전했다. 이 경험은 항공 물류 사업으로 이어졌다. 제대 후 1971년, 20대 후반에 페덱스를 설립했다. 상속받은 재산 400만 달러와 투자금 9100만 달러로 8대의 비행기를 구입해 항공 물류를 시작했다.

하지만 사업은 순탄하지 않았다. 고객들은 높은 요금의 특급 배송을 잘 쓰지 않았다. 1973년에는 1차 오일쇼크로 유가가 급등해 회사가 큰 손실을 입었다. 결국 설립 2년 만에 막대한 부채로 파산 위기에 몰렸다. 회사 계좌에는 5,000달러가 남았고, 추가 투자 요청은 모두 거절당했다. 보통 사람이라면 파산을 선언했을 것이다. 하지만 그는 이 비즈니스 모델에 대한 확신을 버리지 않았다. 마지막 투자 미팅이 무산된 뒤 스미스는 본사가 있는 멤피스로 돌아가지 않고 라스베이거스로 향했다. 절박한 시도로 마지막 자금 5,000달러를 인출해 베팅했고, 2만 7,000달러를 따냈다. 그는 이 돈으로 직원 급여를 주고 비행기 연료를 구입한 후 다시 투자자를 찾아 나섰다.

대담하고 절박한 행동 덕에 페덱스는 며칠 더 운영을 할 수 있었다. 그는 자동차를 포함한 자신의 모든 자산을 처분해 회사에 넣었다. 가족 명의로도 돈을 빌려 운전 자금을 마련했다.[28] 어려움 속에서도 익일 배송overnight delivery의 핵심 가치는 지켜졌다. 그의 노력은 결실을 맺었다. 추가 투자가 이어져 성장의 발판이 마련되었다. 흔들림 없는 신념과 운영 전반의 통제가 페덱스를 성공으로 이끌었다.

물론 전략적 집중과 무모한 도박의 미묘한 경계는 신중히 구분

되어야 한다. '바구니 하나에 모든 달걀을 담을 수 있다'는 말은 그만큼 고도의 집중력과 통제가 중요하다는 뜻이다. 리더는 자신의 결정이 전략적 집중인지, 무책임한 도박인지 확인하기 위해 핵심 원칙을 가져야 한다. 집중 전략을 수행하려면 데이터 기반의 의사결정, 전략적 비전, 자원 할당, 통제와 적응력 등의 요소를 고려해야 한다.

데이터 기반 의사결정은 연구, 데이터 분석, 시장에 대한 깊은 이해를 통해 결정을 내리는 것이다. 모든 비즈니스 단계는 철저하게 시뮬레이션 되어야 하고 증거로 뒷받침되어야 한다. 전략적 비전은 명확한 장기 목표와 방향성으로 리더가 무엇을 이룰 것인지 이해하고 세부 계획을 갖추는 것을 가리킨다. 효과적인 리더는 자원을 효율적으로 낭비 없이 배분하며, 투자된 비용과 시간이 주요 목표에 기여할 수 있도록 보장한다. 통제와 적응력은 사업의 진행 상황을 모니터링하면서 필요에 따라 완급을 조정하는 조직 내부 메커니즘이다.

효과적 리더는 한 번 설정한 목표에 집착하지 않고 상황에 따라 유연하게 전환하되 궁극적 방향을 벗어나지 않는다. 예를 들면 테슬라는 전기자동차의 빠른 보급과 확산을 위해 2030년까지 저가 보급형 모델 양산을 포함해 연간 2000만 대 생산·판매 능력을 달성하겠다고 했다. 그러나 모빌리티 개념을 뒤집을 자율주행 기술 완성, 이에 기반한 로보택시 실현이라는 전략적 과제를 우선하며 하드웨어 중심 대량 생산 계획에 연기 가능성을 선언했다. 회사의 성장 과정에서 소프트웨어 우선 전략에 집중하며 과제 우선순위의 변화를 시사한 것이다.[29] 이것이 전략적 집중이다.

그렇다면 무엇이 무모한 도박일까? 데이터보다 리더의 추측에 의존하며, 불명확한 목표, 부적절한 자원 할당, 통제 부족의 특징을 보이는 것이 도박이다. 직감이나 투기적 베팅으로 데이터·연구 없이 내린 의사결정은 도박이다. 정보 부족 상태에서 충동적으로 의사결정이 이루어지고, 목표는 모호하며, 실행 계획이 뒷받침되지 않는다. 자원은 수익이나 위험에 대한 이해 없이 과도하게 투자되고, 전략을 모니터링·조정할 통제 메커니즘이 없다. 단기 성과에 과민 반응하며, 사업 방향을 급변경하는 일이 잦다.

2025년, OpenAI CEO인 샘 올트먼Sam Altman은 챗GPT ChatGPT의 전략 제품인 딥 리서치Deep Research 기능의 월 구독료 200달러 가격을 마케팅 조사나 소비자 조사 없이 임의 결정했다.[30] 그는 X를 통해 "이 가격이라면 수익을 낼 수 있을 것이라 생각하지만 예상보다 구독자가 많아 운영 비용이 수익을 초과해 오히려 돈을 까먹고 있다"고 토로했다. 예상치 못한 운영 비용 증가로 회사가 재무적으로 어려움을 겪고 있다는 점이 공개된 것이다. 그는 챗GPT에 유저들이 인사나 감사를 남기는 것이 다 비용이니 제발 자제해 달라는 메시지를 전하기도 했다.

반면, 2000년대 중반 닌텐도Nintendo의 가정용 게임기 위Wii 개발은 집중 전략의 좋은 예다. 경쟁자의 지속 투자로 시장 점유율이 줄어들자 닌텐도는 극적 변화가 필요하다고 보았다. 이에 새로운 콘솔 개발에 자원을 집중했다. 닌텐도의 리더들은 문제를 어떻게 풀어야 할지 잘 알고 있었다.

사장 이와타 사토루 Satoru Iwata 는 신제품 개발, 마케팅 및 사용자 경험에 대해 엄격한 통제를 유지했다. 소니 플레이스테이션 Play Station, 마이크로소프트 엑스박스 Xbox 의 강력한 경쟁 속에서 닌텐도는 경쟁자의 압도적 하드웨어 성능을 따라잡는 치킨게임에 동참하는 대신, 차별화 전략을 선택했다. 경쟁자들이 높은 그래픽과 데이터 처리 능력으로 하드코어 게이머를 겨냥했다면, 닌텐도는 모션 감지 컨트롤을 핵심으로 채택해 가족 구성원, 고령자 등 비전통적 게이머를 겨냥했다. 시장 조사를 통해 새로운 고객층에서 큰 기회를 발견했고, 독특한 컨트롤 시스템 개발과 마케팅에 집중했다.

초기 테스터 피드백을 반영하고 강력한 마케팅 캠페인을 펼친 결과 닌텐도는 경쟁자들과 차별화되는 포지션을 확보할 수 있었다. 위 콘솔은 전 세계에서 1억 5000만 대 이상 팔리며 게임 시장에 새로운 인구를 끌어들였다. 닌텐도가 통제된 비전 아래에서 보여준 혁신 능력은 회사의 운명을 변화시켰다. 새로운 아이디어에 집중하고 목표를 실현하는 힘을 입증했다.

비디오 대여업으로 시작한 넷플릭스가 인터넷 시대를 맞아 스트리밍 중심으로 전환했을 때 전문가와 경쟁사들은 무모하다고 비판했다. 그러나 이 결정은 인터넷 보급률 증가, 소비자 행동 변화, DVD 우편 서비스의 한계에 대한 철저한 분석을 기반으로 한 것이었다. 아마존 Amazon 도 압도적 고객 만족을 목표로 서비스의 이상적인 모습을 그려두고, 여기서 역산해 지금 투자해야 할 일을 정하고 실행했다. 그 결과 물류 기술 개발에 집중했고, 자원은 효과적으로 사용되었다.

"바구니 하나에 모든 달걀을 담되, 그 바구니를 확실히 통제하라"는 것은 집중과 위험 관리의 중요성을 강조하는 것이다. 머스크의 원칙으로부터 투기적 위험을 피하며 집중된 노력의 힘을 활용하는 방법을 배울 수 있다. 혁신 제품을 출시하고, 새로운 시장을 창조하고, 산업의 변곡점을 활용하는 과정에서 중요한 것은 선택 경로에 대한 통달, 그리고 철저한 통제다.

아무 결정도 하지 않으면 리스크를 질 필요가 없다. 반면, 결정에는 위험이 따른다. 하지만 정밀하고 통찰력 있게 실행된다면 큰 성공의 잠재력을 확인할 수 있다. 인시아드 INSEAD 경영대학원의 김위찬 W Chan Kim 과 르네 마보안 Renée Mauborgne 은 블루오션 Blue Ocean 전략을 제시했다. 기존 포화 시장(레드 오션)에서 벗어나 경쟁 없는 새로운 시장 공간(블루 오션)을 창출하는 것은 중요하다. 이 전략을 성공시킨 기업들은 하나의 혁신적 아이디어에 집중하고 개발과 실행을 철저히 통제해 그 시장을 지배했다. 위험 분산을 위한 다양화 및 다각화가 가장 안전한 길로 여겨지는 비즈니스 환경에서도 머스크의 철학과 성공의 사례들은 집중과 철저한 관리로 계산된 위험을 감수하라고 독려한다.

여러 개의 바구니도 좋다. 하지만 한 바구니를 철저하게 관리하면 훨씬 더 큰 성공을 이룰 가능성이 있다.

기업가정신에
필요한 것

"기업가정신은 유리컵을 뜯어 먹으며 뜨거운 석탄 위를 걷는 것과
같습니다."

"Entrepreneurship is like eating glass and walking on hot
coals at the same time."

"공동 창업자나 CEO는 하기 싫은 모든 일을 해야 합니다. 허드
렛일을 하지 않으면 회사는 성공할 수 없습니다. 어떤 일도 하찮은
건 없습니다 If you're co-founder or CEO, you have to do all kinds of tasks you might
not want to do If you don't do your chores, the company won't succeed No task is too
menial."

초기 기업의 리더는 무엇이든 해야 한다. 품위 있게 컴퓨터 앞
에 앉아 이메일 보내는 것이 창업자의 일이라고 생각하면 착각이

다. 작은 기업일수록 리더가 할 일이 많다. 새로 개원한 피부과 의사는 경영전략, 마케팅, 영업, HR, 회계까지 모든 업무를 이해하고 처리할 수 있어야 한다. 레스토랑 사장이나 1인 기업 대표도 마찬가지다. 모든 업무를 책임지는 창업자가 어떻게 성공적인 기업가가 될 수 있는지에 대한 질문은 오랫동안 제기되어 왔다. 한 스타트업 양성 기관은 성공적 기업가정신이 발현되기 위한 세 가지 요인, 리더의 유전적 특성, 상황적 맥락, 끈기가 핵심이라고 분석했다.[31]

우선 유전적 특성이 성공에 미치는 영향을 알아보기 위해 1만 명 이상의 예비 창업자를 대상으로 IQ, 유동지능fluid intelligence, 성격 5요인The big five personality traits 등을 조사했다. 지능은 최대 80퍼센트까지 유전의 영향을 받는 것으로 알려져 있다.[32] 나이를 먹을수록 유전 영향이 증가한다.[33]

IQ는 일반지능general intelligence을 나타내는 지표로, G팩터G factor 라고도 불린다. 이는 다양한 인지 문제 해결 능력 사이의 상관성을 측정한다. 예를 들어 어휘 문제를 잘 푸는 사람은 독해 문제에서도 좋은 성과를 낼 가능성이 크다. 한 분야에서 입증된 인지 능력은 다른 분야에서도 잘 활용될 확률이 높다. 따라서 지적 능력이 높은 창업자는 일반적으로 좋은 성과를 낸다.

일반지능은 유동지능과 결정지능crystallized intelligence으로 나뉘는데 이는 1963년 심리학자 레이몬드 카텔Raymond Cattell이 제안했다. 유동지능은 기존의 지식이나 경험 없이 새 문제를 해결하는 능력이다. 이것이 높으면 사전 학습 없이도 추상적이고 새로운 문제를 해결할 가능성이 크다. 이해력과 새로운 학습 기술과 연관이 있으며 통상 40대에 정점을 찍는다.

결정지능은 기존 지식과 경험을 활용하여 비슷한 유형의 문제를 해결하는 능력인데 경험에서 축적된 침전물로 비유되며 60~70대에 최고치를 보인다. 유동지능은 유전에 크게 좌우되지만 결정지능은 경험으로 쌓인 지혜로 간주하는데 업무 능력이 낮아도 반복 학습과 경험으로 어느 정도 나아질 수 있기 때문이다. 창업자의 성과에는 일반적으로 유동지능이 더 큰 영향을 미치는 것으로 보인다.

성격 5요인은 1980년대 이후 등장한 성격 분류법으로, 인간 성격을 설명하는 데 가장 널리 사용된다. 주요 요인의 이름을 따서 OCEAN이라 부르기도 한다. 각 요인은 경험에 대한 개방성 Openness to experience, 성실성 Conscientiousness, 외향성 Extraversion, 친화성 Agreeableness, 신경성 Neuroticism 이다.

유전 요인 중 유동지능과 성격 5요인의 경험에 대한 개방성이 기업 성과에 의미 있는 영향을 준다는 연구가 있다. 전자는 겪어보지 않은 새 문제를 푸는 능력과 관계가 있다. 개방성이 높은 사람은 예술, 감정, 모험, 특이한 아이디어, 상상력, 호기심 등 다양한 경험에 열려 있다. 지적 호기심이 높고 감정에 개방적이며 새로운 것을 기꺼이 시도한다. 예측 불가능한 성격, 집중력 부족 등 단점도 있지만 강렬한 새로운 경험을 통한 자아실현 추구가 공통점이다.[34]

물론 유전적 특성만으로 성공이 보장되지는 않는다. 키가 크다고 농구를 잘하거나 외모가 뛰어나다고 연애를 잘하는 것이 아니듯, 유전은 성공의 필요조건일 뿐, 충분조건은 아니다. 지능 연구는 유전의 중요성을 강조하지만, 환경 요인도 성공에 큰 역할을 한다. 유전적 특성에만 초점을 맞추는 것은 편협한 접근이다. 창업자의 성과를 이해하려면 유전과 환경을 모두 고려해야 한다.

다음으로 창업자 성공에 큰 영향을 주는 것이 상황적 요인이다. 타이밍은 창업자에게 절대적으로 중요하다. 때를 잘 만나는 것 혹은 때를 잘 맞추는 것이 창업의 전부라는 주장도 있다. 시대를 잘못 만난 비운의 제품과 서비스는 셀 수 없이 많다.

페이스북 창업자 마크 주커버그 Mark Zuckerberg 는 메타버스 시대를 예고하며 2021년 10월 사명을 메타 Meta 로 변경했다.[35] 하지만 시장을 너무 앞서간 탓인지 2년간 성과를 내지 못했고, 실적 개선을 위해 1만 명 이상의 직원을 내보내야 했으며,[36] 주가는 3분의 1 수준으로 떨어졌다. 메타는 다시 SNS 기반 광고회사로 돌아왔다. 입체 영상을 내세운 3D TV도 한때 가정용 엔터테인먼트 시장을 지배할 것 같았지만 소리 없이 사라졌다. 대한민국 최초의 사이버 가수 아담도 1998년 데뷔했는데 시대를 너무 앞서간 사례로 평가된다.

2020년 4월, 디즈니 Disney 야심작이었던 숏폼 short form 플랫폼 퀴비 Quibi 도 비슷한 실패를 겪었다. 월트 디즈니 스튜디오 회장 출신 제프리 카첸버그 Jeffrey Katzenberg , 이베이 CEO 출신 메그 휘트먼 Meg Whitman 같은 거물들이 참여한 초대형 프로젝트였지만 6개월 만에 서비스 종료되었다. 콘텐츠 부족, 틱톡·유튜브 같은 경쟁자의 압박, 불확실한 사업 모델, 세계적 코로나19 팬데믹 창궐 시점의 출시라는 나쁜 타이밍도 실패 요인으로 꼽힌다. 사업 성공에 운이라는 외부 요인의 중요성은 부정할 수 없다. 시장 타이밍은 통제 불가능의 영역이므로 창업자가 아무리 노력해도 환경에 의해 성과는 제한될 수 있다.

창업자의 세 번째 성공 요인은 끈기 perseverance 다. 일론 머스크는 2010년 실리콘밸리 강연 Founders Showcase 에서 "비즈니스는 포기할 때만 실패하며, 인내하면 어떤 사업도 실패하지 않을 것"이라고 말했다. 그리고 창업의 어려움을 "유리컵을 뜯어 먹으며 불붙은 석탄 위를 걷는 것"에 비유했다. 극한의 집중력과 인내심이 필요하다는 뜻이다.

성공적인 기술 기업의 창업자들은 높은 스트레스와 믿기 힘든 문제들 속에서 버텼기 때문에 살아남았다. 한정된 자본, 부족한 자원, 촉박한 일정, 규제기관 압박, 빠르게 변화하는 기술 등 불확실성은 늘 존재한다. 그럼에도 머스크는 내재된 위험을 통제하고 최대한 인내하라고 조언한다.

1985년 스티브 잡스는 자신이 세운 애플에서 쫓겨났지만 굴하지 않았다. 3년 뒤 넥스트 NeXT 컴퓨터를 창업했고, 픽사 Pixar 스튜디오로 애니메이션 산업에 새로운 바람을 일으켰다. 잡스의 회복력과 좌절을 견디는 능력은 애플 복귀 후에 아이폰과 아이패드로 상징되는 전성기를 이끄는 원동력이 됐다. 작가 JK 롤링 Joan K. Rowling 도 《해리 포터》 시리즈를 출판하기까지 수많은 거절을 당했다. 그는

끈질긴 노력으로 결국 출판에 성공했고, 해리 포터는 세계적 현상
이 되었다.

끈기는 고난을 견디는 것 이상을 의미한다. 문제 해결 능력과
창의성을 키우고, 실패를 학습의 기회로 바꾸는 데 끈기가 중요한
역할을 한다. 이는 조직의 긍정적 문화 형성에도 필수다. 창업 초기
리더의 태도와 행동은 구성원에게 영향을 미친다. 리더가 어려움에
굴하지 않고 도전하면 구성원도 같은 태도로 문제를 대한다. 사기
와 생산성이 높아지면 높은 성과를 낼 수 있다.

포기하지 않고 끝까지 밀어붙이는 능력은 창업자가 갖추어야
할 덕목이다. 성공적인 창업자는 유전 특성이라는 개인 능력을 바
탕으로 적절한 상황적 요인을 활용하며 끈기와 인내로 난관을 극
복한다. 그중에서도 지속하는 능력은 매우 중요하다. 이는 뛰어난
아이디어나 일시적 운에 대한 의존이 아니라, 꾸준한 노력과 학습,
변화를 두려워하지 않는 도전을 포함한다. 이런 요소들이 모여 성
공의 여정을 만들어낸다.

규모의 경제와
변곡점

"새 기술을 대중 시장에 합리적 가격으로 공급하려면 두 가지 조건이 필요합니다. 첫째, 규모의 경제입니다. 둘째, 반복적 설계 개선입니다."
"There are really two things that have to occur in order for a new technology to be affordable to the mass market. One is you need economies of scale. The other is you need to iterate on the design."

일론 머스크는 규모의 경제를 강조한다. 제품을 대량 생산하면 평균 비용이 낮아진다. 이미 투자한 고정비용은 불변이므로 생산량이 늘면 단위당 고정비가 줄어든다. 머스크는 테슬라의 첫 마스터플랜에서 이를 명확히 했다. 우선 고급 시장에서 소수 고객에게 전기자동차를 판매해 초기 수익을 확보한다. 여기서 얻은 이익으로 더 저렴한 자동차를 만들어 규모의 경제를 빠르게 키운다.

2020년, 그는 테슬라의 2030년 연간 판매 목표를 2000만 대로 제시했다.[37] 지금까지 어떤 제조업체도 이 정도의 판매 계획을 제시한 적이 없다. 세계 최대 제조업체 토요타의 연간 판매량이 약 1000만 대 수준이다. 세계 자동차 시장 규모는 상용차를 포함해 연간 8000~9000만 대 정도다.[38]

2023년 4월 테슬라 1분기 실적 발표에서 그는 높은 금리로 인해 차량 판매가 어려워졌다고 말했다. 미국에서는 매년 약 1500~2000만 대의 신차가 판매되는데, 80퍼센트의 고객이 금융 상품을 이용한다.[39] 높은 금리는 소비자의 구매 의욕을 떨어뜨린다. 머스크는 어려운 경제 환경에도 불구하고 규모의 경제 실현을 위해 차량 가격을 내리기로 결정했다고 밝혔다. 단순 출혈 경쟁이 아니라, 넓은 고객 기반을 이용해 비즈니스 모델을 다변화하는 전략이라는 것이다.

2022년 4분기부터 시작한 가격 인하는 회사 수익에 부정적 영향을 주었다. 주당 순이익은 2022년 1.07달러에서 2023년 1분기 0.85달러로 떨어졌고, 영업 마진은 19퍼센트에서 11퍼센트로 줄었다.[40] 대당 총이익도 이전 분기 1만 5,000달러에서 1만 달러 미만으로 내려갔다. 업계 최고 수익성을 자랑하는 토요타의 이익률이 통상 8퍼센트 수준이다.

테슬라는 전통 제조업체보다 높은 마진으로 상대적으로 높은 주가를 정당화해 왔다. 하지만 가격 인하로 마진이 낮아지자 주주와 이해관계자들은 우려를 표했다. 전기자동차의 대당 수익은 전통 제조업체보다 여전히 높았지만 의도적 할인으로 수익성을 약화시킨 것은 문제로 지적되었다. 월스트리트 분석가들은 프리미엄 가격대를 유지하고 대규모 광고로 브랜드 인지도를 강화해 매출을 늘리라고 조언했다.

수익성 악화 우려가 커지자 머스크는 두 가지를 내세웠다. 가격 인하로 수요를 만들어 규모의 경제를 달성하는 것, 그리고 비즈니스 모델 전환을 선언하는 것이었다. 그러면서 "낮은 마진으로 많은 차를 팔고, 자율주행을 완성해 마진을 확보하는 게 낫다"고 주장했다. 이 전략적인 발언은 테슬라가 지향할 미래를 함축한다.

이 가격 인하 시도는 규모의 경제가 없어 적자의 늪에 빠진 신생 전기차 업체들을 원가 우위로 압박하고, 모델3 같은 볼륨 모델의 가격을 미국 내 판매 중인 내연기관차의 평균 판매 가격 이하로 내려 소비자 진입장벽^{barrier to entry}을 줄인다는 의지로 해석되었다. 내연기관차에서 전기차로 전환 수요를 창출하겠다는 것이다.[41] 2023년 1분기 테슬라 평균 판매 가격은 4만 7,000달러로, 전 분기 5만 2,000달러보다 5,000달러 낮아졌다. 동 기간 생산 비용은 3만 9,000달러에서 3만 7,000달러로 줄었다.

수익 감소와 가격 경쟁 우려라는 이중고 속에서 머스크는 큰 그림을 제시했다. 차량 판매 이익에서 자율주행 소프트웨어로의 이행이다. 그는 인간 개입이 없는 완전한 자율주행이 곧 실현될 거라 확신하며, 소프트웨어 중심 수익화 전략이 한 자릿수에 불과한 전통 제조업체의 하드웨어 수익보다 훨씬 큰 잠재력을 가진다고 했다. 소프트웨어는 한 번 개발되면 거의 원가 없이 전 세계에 배포 가능하다. 그러나 신차나 저비용 전기차에 집착하면 또 다른 폭스바겐이 될 뿐이다.

그는 테슬라가 "제로 수준 이익으로 차를 팔고, 자율주행 기술로 엄청난 경제적 효과를 낼 수 있는 유일한 회사"라고 주장했다. 이 전략이 성공하면 100년 이상 하드웨어에 집중해 온 전통적인 자동차 비즈니스 모델, 즉 신차 판매, 점검·서비스, 부품 판매로 수익을 낸다는 공식을 벗어날 수 있다.

인간 개입이 전혀 필요 없는 자율주행 수준에 대한 전문가 의견은 갈린다. 하지만 자율주행 상용화가 이루어지면 소프트웨어는 큰 수익을 낼 것이다. 2010년대에 휴대전화에서 유료 앱 결제가 일반화될 것으로 예상한 사람은 거의 없었다. 자동차 산업의 소프트웨어 중심 전환은 큰 변곡점을 만들 파괴력이 있다.

규모의 경제를 가능하게 하는 라이트의 법칙

과거에는 전기차로의 전환이 높은 비용 때문에 불가능하다는 주장이 많았다. 하지만 테슬라는 이에 아랑곳하지 않고 변화의 발판을 마련했다. 이를 설명하는 것이 라이트의 법칙 Wright's Law 으로 설명되는 학습 곡선 프레임워크다.[42] 이는 누적 생산량이 두 배로 증가할 때마다 평균 비용이 일정하게 줄어든다는 것을 보여준다.

미국의 항공 엔지니어였던 시어도어 라이트 Theodore Wright 는 비행기 생산이 두 배로 늘 때마다 필요한 노동력이 10~15퍼센트씩 줄어든다는 것을 자신의 1936년 연구 논문에서 밝혔다.[43] 2,000번째 비행기 생산 비용은 1,000번째 비행기 생산 비용보다 15퍼센트 낮았다. 4,000번째 생산도 마찬가지로 비용이 15퍼센트 줄었다.

이것은 경험 곡선 효과 Experience Curve Effects 다. 생산 과정에서 조직이 학습한 결과로 효율성이 높아지면 제조 단위당 비용이 줄어든다. 공식으로 나타내면 $Y=ax^b$ 다. Y는 단위당 누적 평균 시간(또는 비용), x는 누적 생산 단위 수, a는 첫 번째 생산 단위를 만드는 데 필요한 시간(또는 비용), b는 학습률을 결정하는 지수다.

이와 비슷한 것이 인텔 Intel 의 공동 창립자였던 고든 무어 Gordon Moore 가 제시한 무어의 법칙 Moore's Law 이다. 1965년 무어는 반도체에 저장가능한 데이터(트랜지스터 수)가 18~24개월마다 두 배로 늘어난다고 했다. 이 법칙은 반도체 기술 발전 속도를 설명하며 업계의 상식으로 받아들여졌다. 무어의 법칙을 따른다면 컴퓨터의 성능은 5년에 10배, 10년에 100배 가까이 향상된다.

무어의 법칙이 시간 경과에 따른 반도체 집적도의 증가를 강조한 것이라면, 라이트의 법칙은 생산량(축적된 경험)에 따라 비용이 줄어든다고 보는 데서 차이가 있다. 무어의 법칙은 오랜 기간 동안 법칙처럼 여겨졌지만 기술 비용의 감소를 단순히 시간 경과로 설명하여 현상을 명확히 설명하는 데 한계가 있었다.

예를 들어 반도체 트랜지스터 집적도가 두 배 증가하면 컴퓨팅 연산 비용이 절반으로 줄어든다. 줄어든 비용은 암묵적으로 소비자 수요 증가를 유발해야 한다. 그런데 반도체 출하량이 늘어도 소비자 수요가 증가하지 않으면 무어의 법칙은 설명력을 잃는다. 수요 부족으로 기업이 연구개발 투자를 줄이면 기술 발전이 멈추고 비용 하락도 중단된다.

라이트의 법칙은 시간이 아닌 생산량을 비용 감소 메커니즘의 핵심으로 본다. 2012년 미국 산타페 리스크 연구소 Santa Fe Risk Institute 는[44] TV, 전기 오븐, 원자력 등 62개 기술 영역에 이 법칙을 적용해 비용 감소를 성공적으로 예측했다. 여기에 필요한 두 가지 변수는 오랜 기간 축적된 데이터와 그 기술에 대한 수요 예측이다. 분석가는 생산량이 두 배 늘 때마다 비용이 얼마나 줄어드는지 학습 속도를 계산하고, 다음 생산량 두 배까지의 속도를 결정한다. 기술이 대중 시장으로 급속히 확산하는 티핑포인트 tipping point 에 도달하면 수요 증가 속도가 더 빨라진다.

리튬 이온 배터리의 사례는 이를 잘 보여준다. 대량 생산이 진행될수록 단가가 하락해 전기차의 생산 확장이 가능하게 되었다. 200마일(약 320km) 이상 주행 가능한 전기자동차 한 대에 필요한 배터리는 아이폰 5,000대 분량이다.[45] 전 세계 자동차의 1퍼센트가 전기차로 전환되면 스마트폰 배터리 사용량 두 배에 해당하는 수요가 생겨난다. 그래서 전기차 판매가 늘면 배터리 생산이 두 배로 늘어나기까지의 주기가 짧아지고, 비용 하락은 더 빨라진다. 전기차 수요가 급격하게 늘어날수록 규모의 경제는 더 빨리 실현된다. 누가 가장 빠른 속도록 전기차 생산을 늘릴 수 있을 것인가는 매우 중요한 질문이 된다.

머스크가 2020년에 2000만 대라는 전기차 생산 목표를 제시한 것은 규모의 경제가 가져올 효과를 염두에 둔 것이었다. 전략적 전환점이라는 시험대에 선 오늘, 이 숫자는 당장은 실현이 어려워 보인다. 하지만 당시 머스크의 전략적 발언은 장기적 수요에 대한 이미지를 공공연하게 제시해 부품 제조업체의 빠른 투자를 압박했다. 규모의 경제가 배터리 가격 하락을 앞당기면 가장 큰 이익을 보는 것이 선두주자인 테슬라라는 사실은 자명하다.

이익은
사업의 엔진

"궁극적으로 프리메이슨의 몰락은 서비스를 공짜로 제공한 데서 비롯된 것이죠."

"Ultimately, the downfall of the Freemasons was giving away their stonecutting services for nothing."

기업의 이익 창출 능력은 생존에 필수적이다. 외부 자금에 의존하는 사회단체나 정부 기관과 달리, 기업은 지속적으로 수익을 내야 한다. 일론 머스크는 2022년 10월, 현재 X로 이름이 바뀐 트위터를 440억 달러(2024년 기준 약 60조 원)에 인수했다. 그는 오랜 기간 적자를 기록한 트위터를 자생 가능한 흑자 기업으로 변화시키기 위해 비용 절감과 수익 창출 강화에 팔을 걷었다. 사실 프리메이슨의 무료 서비스에 관한 머스크의 농담은 트위터의 사업 모델 변화와 수익성 강화를 암시한 것이었다. 그가 2022년 5월 트위터에 남긴 이 발언에 대해 영국의 프리메이슨 연합 그랜드 롯지 지부 United Grand Lodge of England 는 "머스크 때문에 음모론자들이 신났다"는 재치 있는 트윗으로 회답했다.[46]

프리메이슨 Freemasons 은 음모론의 중심에 자주 등장한다. 하지만 그들은 16세기 말 지역 길드에서 시작한 이익 및 사교 단체다. 초창기에는 석공 자격 발급을 감독하고 고객과의 거래를 규제했다. 21세기에 들어서며 자선, 우애, 도덕을 기반으로 한 인도주의적 형제애 조직 fraternity 으로 발전했다. 그들은 유럽과 미국의 역사적 사건에 자주 나타나며 세계에서 가장 오래되고 영향력 있는 사교 단체 중 하나로 자리 잡았다.

역사적으로 정치인, 기업인, 미국 대통령 같은 저명 인물이 프리메이슨의 멤버였다. 그들은 대성당이나 사회적으로 의미를 가지는 대규모 건축물의 건설에도 기여하며 영향력을 발휘했다. 이런 건축물 축조에는 많은 석공이 필요했고 프리메이슨 네트워크는 그 과정에 핵심 역할을 했다.

그들은 도덕, 자선, 형제애 원칙을 바탕으로 개인 성장과 인성 개발을 촉진하려 노력했다. 회원들은 윤리적이고 도덕적인 삶을 살며 타인에게 자선을 베풀도록 권장받았다. 이런 활동이 사회 각 영역을 개선한다고 믿었다. 하지만 프리메이슨에 대한 비판도 있다. 비밀스러운 운영 구조와 숨겨진 의도, 예를 들어 엘리트주의 기반 세계 통치 같은 오해는 음모론의 단골 소재가 됐다. 석공 조합으로 시작한 프리메이슨은 사회적, 경제적, 정치적 변화 속에서 점차 쇠퇴했다. 시대적 요구의 변화와 역할의 감소가 원인이다.

결국 "프리메이슨이 석공 서비스 stone-cutting service 를 공짜 free 로 제공하며 몰락했다"는 머스크의 발언은 이익이 없으면 기업이 생존할 수 없다는 메시지로 이해하는 것이 적당하다. 고객에게 가치를 제공하고 지속 가능한 비즈니스 모델을 만드는 것은 사업의 주요 과제다. 많은 스타트업이 초기 사용자 기반을 확보하기 위해 무료로 서비스를 제공한다. 사용자가 늘어나고 그들이 서비스에 익숙해지면 유료화로 수익 모델을 전환한다.

이런 전략은 2000년대 초반부터 활성화되었다. 흔히 프리미엄 (Freemium, 공짜 free와 프리미엄 premium의 합성어) 또는 부분 유료화 모델로 불린다.[47] 소위 맛보기다. 기본 버전은 무료로 제공해 많은 사용자를 끌어모으고, 추가 기능이나 고급 서비스를 더해 고객의 일부를 유료로 전환한다. 전환율은 보통 3~5퍼센트 수준이다. 이렇게 스타트업은 빠르게 사용자 기반을 넓히고 충성도 높은 고객층을 만들어 추가로 돈을 낼 의향이 있는 사용자로부터 안정된 수익을 얻는다.

유튜브 YouTube, 링크드인 LinkedIn, 스포티파이 Spotify 같은 플랫폼이 이런 전략을 사용했다. 하지만 서비스를 무료로 계속 제공하면 재무적으로 불안정해진다. 비용을 충당할 방법을 찾지 못하면 사업은 계속할 수 없다. 투자에도 한계가 있으니 장기적 수익 기반을 반드시 구축해야 한다. 이를 위해 기업은 고객에게 제공하는 고유의 가치, 가치 제안 value proposition 중심으로 비즈니스 모델을 개발해야 한다. 그것은 고객의 문제를 해결하고 경쟁사와 차별화된 경험을 제공하는 제품이나 서비스다.

기업의 재무적 성공과 지속 가능성을 설명하는 주요 이론 중 하나가 자원 기반 관점이다. 이에 따르면 기업의 성공은 내부 자원과 역량에 의해 결정된다. 예를 들어 트위터의 플랫폼은 사업 모델의 핵심 자원 key resources 이다. 사용자 데이터를 활용한 타겟팅 광고 제공 능력은 핵심 활동 key activities 으로 간주한다. 또한 트위터의 주요 가치는 실시간성이다. 짧은 메시지로 어떤 플랫폼보다 빠르게 정보를 전한다. 사용자는 이를 팔로워와 실시간으로 공유한다. 주요 수익원은 사용자 데이터 기반 타깃 광고다.

트위터는 누구보다 빠르게 메시지를 전파하는 언론 매체 역할을 한다. 유력 언론사도 트위터에서 속보를 내거나 정보를 수집한다. 인수 전후 머스크는 이 플랫폼이 좌파, 우파를 가리지 않고 발언의 자유를 보장해야 한다고 강조했다. 편견 없이 메시지를 사회에 빠르게 공유하는 플랫폼으로 개선할 것도 공언했다.

하지만 아무리 좋은 서비스라도 수익을 내야 한다. 머스크 인수전 트위터는 지속 적자 구조였다. 머스크는 프리메이슨 발언을 통해 트위터 인수 후 최우선 과제는 수익 모델로의 전환임을 암시했다. 2022년 5월, 그는 일반 사용자는 무료로 사용하도록 하되, 상업적 사용자나 정부 사용자에겐 비용을 부과할 수 있다고 밝혔다. 이 발언 이후 사용자의 니즈에 맞춘 다양한 요금제가 출시되었다.

인수 자금을 마련하기 위해 머스크는 은행에 트위터 수익 창출 가능성에 대한 다양한 아이디어를 제출했다. 인수 후 빠른 속도로 사용자를 늘린 후 지불, 송금, 결제와 결합한 금융 서비스를 출시하는 것도 고려 사항의 일부였다. 알려진 대로 머스크는 페이팔의 공동 창립자로, 금융 시스템에 대한 높은 이해를 가졌다. 그가 언급한 대로 X 플랫폼은 발언의 자유라는 핵심 가치를 유지하면서 광고 외 다양한 유료 서비스로 사업 모델을 혁신해 나갈 것이다.

트위터라는 이름을 버리고 X라는 새로운 이름을 얻은 플랫폼은 2024년 도널드 트럼프Donald Trump를 미국 47대 대통령으로 만드는 데 많은 역할을 했다. 머스크는 트럼프 지지 발언과 함께 X를 통해 그의 메시지를 빠르게 확산시켰고 수많은 사용자가 실시간으로 반응하며 지지층을 결집시켰다. X는 트럼프의 대선 캠페인을 통해 기존 매체를 뛰어넘는 영향력을 입증했다. 하지만 수익이 뒷받침되지 않으면 이런 사회적 영향력도 지속될 수 없다.

자기 자본 활용과
기업의 성장

"저는 항상 회사에 개인 자금을 투자합니다. 다른 사람의 돈으로만 사업을 하는 것은 옳지 않아요. 잘못된 일입니다. 자신은 투자하지 않으면서 남들에게 하라고 하지 않을 겁니다."

"I always invest my own money in the companies that I create. I don't believe in the whole thing of just using other people's money. I don't think that's right. I'm not going to ask other people to invest in something if I'm not prepared to do so myself."

회사 내부자가 주식을 매각하면 안 좋은 소식으로 간주된다. 많은 경우 주주나 이해관계자들은 회사에 대한 신뢰를 잃는다. 미래 성장 가치가 충분하다면 내부자는 주식을 팔지 않을 것이다. 마찬가지로 경영진이 사업에 자기 자금을 넣기 꺼린다면? 자신은 투자하지 않으면서 남들에게 투자하라는 것은 이상해 보인다. 창업자가 자기 자본을 집어넣는 행동의 효과는 세 가지 관점에서 생각해 볼 수 있다. 첫째, 신호이론 Signaling Theory, 둘째, 몰입이론 Theory of Commitment, 셋째, 자기 효능감 self-efficacy 이다.

창업자의 경험, 학력, 사회적 자본(인적 네트워킹 등)은 기업 가치 평가와 자금 조달에 영향을 미친다. 연구에 따르면 기술 스타트업이 창업 경험, 특히 재정적 성공을 거둔 경험이 많은 경영진을 보유하면 벤처 캐피털로부터 자금 조달 가능성과 기업 가치 평가가 높아졌다. 창업자가 자신의 사회적 네트워크를 이용해 주요 임원을 뽑고 경영진을 꾸리는 능력도 회사 가치와 긍정적으로 연결된다. 특히 경영진에 박사 학위 소지자가 있으면 자금 조달이 더 쉬워지고 높은 밸류에이션을 받을 가능성이 크다.[48]

높은 기업 가치 평가와 쉬운 자금 조달은 특정 요인이 시장(벤처 캐피털)에 긍정적 신호를 보낸 결과다. 신호이론은 사람들이 자신의 의도와 능력을 특정 행동을 통해 시장에 전달한다고 가정하는 것으로, 경제학자 마이클 스펜스 Michael Spence 가 제시했다.[49] 스타트업이 성과 창출 능력, 우수한 인적 자원, 경영진의 학력 등으로 유능함을 보여주면 자본 유치가 훨씬 쉬워진다.

창업자가 자기 자본을 사업에 넣는 것도 경영진의 확신을 보여주는 긍정적 신호로 작용한다. 일론 머스크는 여러 비즈니스를 창업하며 자기 자본을 투자한 경험에 대해 이렇게 말했다.

"페이팔 매각으로 얻은 수익은 1억 8000만 달러였습니다. 저는 스페이스X에 1억 달러, 테슬라에 7000만 달러, 솔라시티에 1000만 달러를 투자했습니다. 그리고 집세를 내기 위해 돈을 빌려야 했죠My proceeds from the PayPal acquisition were $180 million. I put $100 million in SpaceX, $70m in Tesla, and $10m in SolarCity. I had to borrow money for rent."

머스크는 회사를 세우며 가진 재산 대부분을 투자했다. 그는 페이팔에서 쫓겨난 아픈 기억 때문에 안정적 경영권 유지를 위한 지분 확보를 중시하게 되었다. 또한 자기 자본 투자가 창업자의 헌신을 보여주고 투자자와 신뢰를 쌓는 데 효과적이라고 믿는다.

그는 야심찬 목표를 세우고 높은 사업 위험을 감수한다. 위험이 크면 벤처 캐피털은 투자를 꺼린다. 이때 창업자가 자기 자본을 투자한다는 것은 사업 성공 가능성에 대한 자신감과 의지를 나타내는 신호로 보인다. 또한 창업자도 함께 리스크를 진다는 신호가 된다. 망하면 벤처 캐피털 뿐 아니라 창업자 자본도 함께 위험에 처하는 것이다. 경영진이 리스크를 함께 부담하면 외부 이해관계자는 회사를 더 신뢰한다.

자기 돈을 투자한 경우 사업이 성공하면 창업자나 경영자는 더 큰 이익을 얻는다. 이는 매니지먼트 팀이 열심히 일할 동기가 된다. 기업가가 회사에 돈을 넣는 행동을 설명하는 주요 이론 중 하나가 몰입이론이다. 이 이론은 개인(직원)이 조직에 특정 방식으로 행동할수록 조직에 더 큰 매력을 느낀다고 가정한다.[50]

여기서 특정 방식은 돈 같은 가치 있는 자원을 조직에 넣는 행동이다. 자원을 투자한 구성원은 조직에 대한 의무를 지킬 가능성이 커진다. 머스크는 자기 자본을 투자하며 회사에 대한 몰입을 보여주었다. 실리콘밸리의 신생 기술기업들은 주로 스톡옵션(일정 기간 후 정해진 가격에 주식을 살 수 있는 권리)으로 직원 몰입과 동기를 끌어내려 노력한다.

마지막은 자기 효능감이다. 자신의 능력에 강한 믿음을 가질수록 성공 가능성은 커진다. 기업가가 회사에 자본을 넣고 성공한다면 자기 능력에 대한 믿음, 즉 효능감이 더 강해진다. 판단이 옳았다는 확신이 생기고 스스로의 능력을 믿으면 또 다른 성공으로 이어질 가능성이 커진다. 성과 기대는 더 커지고, 다시 자본을 투자할 동기를 얻는다.

기대-가치 이론Expectation-Value Theory은 사람들이 목표를 선택하고 행동하는 이유를 설명한다. 동기는 성공 가능성(기대)과 목표 중요성(가치)의 곱으로 결정된다. 두 요소의 값이 커질수록 목표 달성 동기는 강해진다. 예를 들어 학생의 기대expectation는 시험 합격에 대한 믿음이고, 가치value는 합격에 대한 중요성 인식이다. 합격 가능성이 크고, 합격이 중요하다고 믿으면 공부에 대한 동기가 커진다. 기업가도 성과를 낼 자신이 있고 그 성취가 중요하다고 판단하면 자원을 적극 투입한다. 남들에게는 어려운 미션이지만 머스크는 높은 가치를 부여하고 가능성을 조금씩 높여간다.

창업자가 자기 자본을 투자하면 외부 이해관계자의 신뢰가 높아진다. 목표 달성 가능성도 커진다. 자본 투자는 헌신과 성공 자신감을 시장에 보여주고 사업 성공에 개인적 이해가 있음을 증명한다. 거래 당사자 간 정보 불균형, 정보 비대칭 information asymmetry 문제도 줄어든다. 정보 비대칭 상황에서는 한쪽이 많은 정보를 가지고 거래에서 유리해진다. 이는 시장 실패나 불공정 거래로 이어진다. 창업자 자본 투하로 투명성이 강화되고 이해관계 조정 여지가 커진다. 머스크는 스페이스X 초창기 "(로켓 발사에) 연달아 세 번 실패하고도 버틸 체력을 갖추는 것"의 중요성을 강조했다. 초기 자본 형성으로 실패를 견딜 체력을 마련하는 것도 장기 성공의 기반이 된다.

매각이 아닌 성장에 집중할 것

가수 케니 로저스 Kenny Rogers 의 명곡 〈도박사 The Gambler 〉에 이런 가사가 있다.

언제 버텨야 할지, 언제 접어야 할지 알아야 해요.

물러날 때를 알고 도망칠 때를 알아야 해요.

테이블에 앉았을 때는 절대 돈을 세지 마세요.

게임 후 셀 시간이 충분할 테니까요.

You got to know when to hold em, know when to fold em,

Know when to walk away and know when to run.

You never count your money when you're sitting at the table.

There'll be time enough for counting when the dealing done.

가사는 경영에도 많은 교훈을 준다. 기업도 언제 버티고 언제 접을지 알아야 한다. 테이블에 앉으면 게임에 몰입해야 한다. 돈 세는 데 정신 팔리지 말아야 한다. 돈에 집중하면 이길 수 없다. 게임이 끝난 뒤 승리의 결과로 부와 명성이 따라온다. 머스크는 비즈니스에 동일한 원칙이 적용된다고 조언한다.

"회사 매각을 계획하는 건 좋은 생각이 아닙니다I don't think it's a good idea to plan to sell a company."

기업가는 사업에 헌신해야 한다. 회사 매각으로 돈 벌 계획만 세우면 조직의 성과 동기가 약화된다. 리더가 돈에 집중한다고 느끼면 구성원은 열심히 일하려 하지 않는다. 창업자가 주식공개IPO; Initial Public Offering나 인수합병 매각에 신경 쓴다면 조직의 위험 감수 의지도 줄어든다. 리스크 있는 결정, 실패 가능성 있는 시도는 피하고 안전한 선택만 추구하게 된다.

매각을 계획하면 장기 성공에 필요한 요인에 투자하지 않을 가능성도 커진다. 장기 성장 대신 가치 평가를 높일 단기 이익에 치중한다. 장기적으로 회사에 해로운 의사결정을 할 위험이 있다. 리더가 매각 기회를 찾는 동안 직원에 대한 헌신도 낮아진다. 경영 지표를 높이려 인적 자원에 대한 투자를 줄이거나 정리해고를 함으로써 부정적 영향을 주기도 한다.

국내 새벽 신선 배송의 선두주자였던 한 기업은 2015년 창립 후 온라인 식료품 배송으로 빠르게 성장한 후, 투입 자금을 회수하려 덩치를 키우는 데 집중했다. 2022년에는 브랜딩을 위해 사명을 짧게 바꾸고, 화장품 사업을 새로운 비즈니스 축으로 삼아 다각화를 추구했다. 아직 오프라인 중심인 화장품을 자사 강점인 온라인으로 확대한다는 전략이었다.

외연 확장 전략을 세울 땐 몇 가지를 고려해야 한다. 첫째, 해당 영역의 경쟁 우위 확보 가능성. 회사는 화장품 분야의 전문성, 개발·제조·마케팅 경험이 부족했다. 둘째, 블루오션, 레드오션의 확인. 모바일을 통한 사업 기회가 커지고 있지만 화장품 산업은 경쟁이 매우 치열하다. 기존 화장품업체 외에도 검색엔진, 전자상거래, 온·오프라인 강점을 겸비한 기업들이 경쟁자다. 셋째, 새로운 사업의 기여도에 대한 충분한 확인. 화장품 매출은 계절의 영향을 받는다. 동절기 매출이 높고 하절기에 줄어드는 계절성을 보인다.

화장품 사업으로의 확장은 신선 식품 배송의 핵심 가치를 약화시킬 수 있다. 공급업체와의 이해 상충, 인프라 및 마케팅 투자로 인한 비용 증가는 장기 수익성에 부정적 영향을 줄 수 있다. 이런 선택이 단기적 매각이나 상장을 위한 외연 확장 valuation 에는 기여할 수 있겠지만, 본질적 성장 목표에 기여할지는 의문이다.

구글 Google 의 사례는 창업자가 당장의 매각 요청을 거부하고 더 큰 성공을 거둔 예로 언급된다. 1998년 창립자 래리 페이지 Larry Page 와 세르게이 브린 Sergey Brin 은 이해관계자들의 제안을 받아들여 검색 시장의 2인자였던 익사이트 Excite 와 인수 협상을 시도했다. 하지만 논의는 철회되었고 이후 마이크로소프트 Microsoft , 야후 Yahoo 등 여러 회사가 인수를 제안했지만 모두 거절했다.

2004년 구글은 나스닥 ^{NASDAQ}에 상장되며 이전보다 더 빠른 성장세로 높은 기업 가치를 인정받았다. 창업자가 매각을 결정했다면 큰 재산을 얻고 빠르게 은퇴할 수 있었겠지만, 역사상 가장 성공적인 기술 회사를 세울 기회는 잃었을 것이다. 리더가 사업 본질에 집중하면 매각에 집중하는 것보다 훨씬 큰 성과를 낼 수 있다. 리더는 스스로의 비전을 구현할 유일한 도구이며 이를 통해 장기 성공을 끌어낼 수 있다.

비전가 vs 상인

실리콘밸리에는 회사를 설립하고 확장하는 기업가정신에 대한 상반된 관점이 공존한다. 대표적인 두 대조적 인물이 일론 머스크와 챗GPT로 유명한 샘 올트먼이다.

머스크는 "회사 매각을 계획하는 건 좋은 생각이 아니다"라는 철학으로 장기 혁신, 가치 창출에 대한 헌신을 강조한다. 반면 올트먼은 빠른 확장과 매각을 위한 가치 상승 전략에 치중해 비판을 받기도 했다. 그는 실리콘밸리 최고의 스타트업 액셀러레이터 와이콤비네이터 ^{Y Combinator}를 이끌며 이 방식을 실천했다. 2005년 설립한 와이콤비네이터는 초기 기업에 초기 자금, 멘토링, 리소스를 제공하며 에어비앤비 ^{Airbnb}, 드롭박스 ^{Dropbox}, 레딧 ^{Reddit} 같은 성공적인 스타트업을 배출했다. 올트먼은 2014년부터 2019년까지 와이콤비네이터를 대표하며 외연적인 성장을 이끌었다.

머스크의 사업에 대한 관점은 인류 삶에 큰 영향을 줄 변화와 혁신을 중요시하는 철학에 기반한다. 화성 식민지 개척, 지속 가능 에너지, 뇌-컴퓨터 인터페이스 개발 등 그의 장기 비전은 인류의 삶을 개선하는 데 초점을 맞춘다. 머스크의 회사들은 수익 추구 조직이 아니라, 세상을 바꾸는 야심찬 프로젝트 플랫폼이다.

이를 지속하기 위해서는 인내심, 회복 탄력성, 그리고 장기적 관점에 대한 집중이 필요하다. 그는 종종 대의를 위해 단기 수익성을 희생한다. 단기 이익보다는 지속적인 혁신과 인류 발전에 대한 공헌이 더 중요하다. 이는 회사를 빠른 자본 회수의 도구로 보는 벤처 캐피털이나 액셀러레이터의 관점과 충돌한다.

대조적으로 올트먼은 가장 영향력 있는 스타트업 액셀러레이터를 이끌며 빠른 성장을 중시해 왔다. 와이콤비네이터는 가능성 있는 초기 스타트업에 투자한 후 곧바로 후속 펀딩이나 매각을 준비시킨다. 비평가들은 이 접근이 지속 성장보다 빠른 수익과 높은 가치 평가만 우선시한다고 지적한다. 일부는 그가 영속적 비즈니스 추구가 아닌, 매각을 목표로 하는 문화를 만들었다고 비판한다.

그에 대한 비판은 이렇게 요약된다. 첫째, 단기 성과주의 short-termism. 빠른 확장과 높은 가치 평가에 집중하면 창업자는 근본적 비즈니스 모델 구축보다 현재의 성장 지표와 화려한 가치를 우선시하게 된다. 제품-시장 적합성 product-market fit, 고객 만족, 운영 체계 수립 등 핵심 요소를 소홀히 할 위험이 있다.

둘째, 시장 포화 market saturation 문제. 급격한 확장은 많은 자본 투입을 요구한다. 이는 공격적 자금 조달과 주주 지분 희석으로 이어진다. 감당하지 못할 속도로 시장에 진입하면 관리와 지원 능력 이상의 빠른 포화 상태가 생길 수 있다.

셋째, 경영진 번아웃burnout. 빠른 확장과 높은 가치 평가에 대한 부담은 과도한 압박으로 돌아와 건전한 의사결정을 방해할 수 있으며 이는 조직 문화와 장기 전망에 나쁜 영향을 준다.

넷째, 혁신이 아닌 인수합병 중시focus on acquisition over innovation. 매각이 목표가 되면 창업자가 고객 문제를 해결하거나 고유 가치를 개발하기보다 미래 경쟁자를 인수하는 데 치중한다. 이는 조직의 창의성을 떨어뜨리고 경쟁력을 약화시킨다.

다섯째, 버블 형성 위험bubble risk. 부풀려진 가치 평가와 빠른 확장은 문제다. 내재 가치보다 과대 평가된 밸류에이션은 증권 상장 후 기업 가치 폭락 위험을 초래한다. 이는 기술 생태계와 투자자 신뢰에도 악영향을 준다.

올트먼의 접근 방식에 대한 비판에도 불구하고 와이콤비네이터가 스타트업 생태계에 기여한 공헌은 인정받아야 한다. 그들은 실리콘밸리의 스타트업 신화가 자리 잡는 과정에 중요한 역할을 했다. 와이콤비네이터의 기업들은 주요 기업으로 성장하며 빠른 성장이 실제 세계에 의미 있는 영향을 줄 수 있음을 보여주었다.

모든 스타트업이 머스크처럼 장기적인 미션을 추구할 수 있는 것은 아니다. 자본 집약적 산업에는 초기 스타트업이 넘을 수 없는 진입장벽이 있다. 기업가들에게 빠른 확장과 투자금 확보는 사업 추진력을 확보하고 경쟁을 압도할 시장 포지션을 창출하는 데 도움이 된다.

머스크와 올트먼의 대조적 철학은 기업가정신의 다양한 모습을 보여준다. 머스크의 장기적 비전은 변혁적 혁신과 지속 가능한 가치 창출을 중요시하며, 오랜 집중과 헌신을 필요로 한다. 반면 올트먼의 접근은 단기주의를 조장한다는 비판에도 불구하고 빠른 성장을 통해 기술이 단기간에 경제에 미치는 영향을 극대화하고 대중의 삶을 변화시키는 데 기여했다. 기업가는 빠른 확장 압박과 지속 성장의 필요성 사이에서 균형을 잡아야 한다.

초기 기업에 통용되는 보편적인 해답지는 없다. 하지만 기업의 성장과 가치 창출에 초점을 맞추라는 머스크의 조언은 미래 혁신가들에게 귀중한 통찰을 준다.

자신과
경쟁하라

"경쟁을 의식하는 것이 정말 도움이 되는지 모르겠네요. 달리기의 오랜 격언처럼, 다른 주자를 쳐다보기 시작하면 결과가 좋을 리 없죠."
"I'm not sure looking at competitors really helps. It's sort of like the old adage of running. If you start looking at the other runners, it's not good, you know."

기업들은 경쟁 기업의 동향에 집착한다. 하지만 일론 머스크는 경쟁자에 대한 과도한 관심이 유익한 것인지 의문을 던진다. 경쟁자에 너무 집중하면 오히려 자기 발전과 성공을 방해하기 때문이다. 그보다는 기업가적 사고가 중요하며, 전통 산업의 경계를 깨고 파괴적 혁신을 현실로 만드는 것이 더 중요하다.

성공적인 비즈니스를 만들려면 경쟁자의 움직임에 집중할 것이 아니라, 스스로의 혁신, 추진력, 결단력에 집중해야 한다. 중요한 건 남들이 하는 일을 하는 것이 아니라, 남들이 안 하는 일을 하는 것이다. 머스크는 자동차업계의 경쟁사나 라이벌을 언급하지 않는다고 여러 번 밝혔다. 시장 동향 대신 스스로의 방향성과 목표에 신경을 쓴다. 테슬라는 경쟁사 제품이나 서비스를 거의 언급하지 않고 '업계 최초' 같은 표현도 잘 쓰지 않는다.

머스크는 테슬라를 자동차 회사가 아닌 지속 가능 에너지 전환을 가속화하는 조직으로 정의하면서 전통 자동차 산업과 차별화를 꾀했다. 기존 산업의 한계를 무시하고 불가능해 보이던 전기차 상용화에 매진했다. 전문가와 업계의 비판에도 불구하고 딜러 없이 고객에 대한 직접 판매망을 갖추고 소매 가격을 통제했다. 광고, 홍보, 마케팅에 비용을 쓰지 않는 정책은 미디어 산업의 강한 반발을 샀다. 의미 있는 차별화를 추구하는 것은 쉽지 않다. 테슬라는 기존 관행과 다른 접근으로 관련 산업의 비판을 받았지만 독자적인 장기 목표를 향해 나아간다.

2019년 자동차 전문 매체 〈모터 트렌드 Motor Trend〉와의 인터뷰에서 머스크는 다른 자동차 제조업체가 테슬라를 따라잡지 못하는 이유를 묻는 질문에 "경쟁사들은 테슬라의 성공을 믿지 않아 경쟁조차 하려 하지 않았다"고 답했다.[51] 기존 업계는 테슬라가 망할 것으로 믿으며 전기차 혁명의 태동에 진지하게 임하지 않았다. 테슬라가 실제로 차량을 인도하고, 규제 당국의 승인을 받고, 모든 안전 요건을 충족하고, 모델S가 도로교통안전국 NHTSA; National Highway Traffic

Safety Administration 테스트에서 최고 안전 등급을 받은 후에도 경쟁사들은 테슬라의 경쟁 우위가 3년을 가지 못할 것으로 예상했다.

그는 자동차 산업의 오랜 관성과 느린 진화 속도가 이런 반응의 주요인이라고 지적했다. 업계는 2015년까지도 전기자동차를 진지하게 받아들이지 않았고 내연기관 차량 생산에 집중했다. 머스크가 "전기 파워트레인 제조 비용을 낮추고 자율주행 기술에 집중해야 한다"고 여러 차례 강조했지만 주요 제조업체들은 그 발언을 무시했다.

자동차 산업은 특히 경쟁업체 동향에 민감하다. 상대와의 비교를 통해 경쟁에서 앞서려 한다. 제조업체들은 첫째, 경쟁사 제품을 꼼꼼히 분석한다. 제품이 어떤 기능을 갖추었고, 가격은 어떤 위치에 있는가? 이 정보는 자사의 가격 결정에 중요한 역할을 한다. 딜러 네트워크로 판매를 촉진하는 기존 제조업체는 경쟁사 가격 할인이나 판촉 활동 정보도 중시한다.

둘째, 경쟁사의 마케팅 활동. 마케팅 전략은 무엇인가? 광고는 어떤 메시지를 전달하고 어떤 채널에 돈을 쓰는가? 이를 통해 자사 마케팅 활동을 신속히 조정한다. 세계 최대 단일 스포츠 이벤트인 미국의 수퍼볼 Super Bowl 에서는 글로벌 자동차 기업들이 치열한 마케팅 전쟁을 벌인다. 이는 경쟁사의 광고 전략과 메시지를 한눈에 파악할 기회다.

셋째, 상대의 제조 프로세스. 타사가 제품을 어떻게 만들고 원가를 관리하는지에 대한 정보는 자사 제조 공정을 개선하고 효율성을 높이는 데 필요하다. 경쟁사 판매 수치, 시장 점유율, 연구개발 지출도 참고 자료다. 누가 어떤 기술에 투자하고, 미래에 어떤 기술이 표준으로 채택될지 알아야 한다. 공급망 파트너십도 파악해 누가 누구와 손잡는지 이해해야 한다.

하지만 경쟁사의 행동에 치중하면 창의력을 잃고 혁신 기회를 놓친다. 지속적인 경쟁 우위는 기업의 고유 자원과 역량에서 나온다. 역설적으로 경쟁에서 앞서려면 경쟁사에 매달리지 말고 기술 발전, 뛰어난 인재 확보, 강한 조직 문화 등 내부 강점을 키워 활용해야 한다.

기업의 독특한 자원과 능력에서 오는 경쟁 우위가 핵심 역량 core competence 이다. 이것은 가치 있고, 희귀하며, 모방이 어렵고, 대체 불가능한 자질이다. 핵심 역량에 집중하면(예: 테슬라의 압도적인 제조 능력), 기존 산업에 없던 새로운 비즈니스 모델 창출의 기회를 찾고, 아직 경쟁이 덜 치열한 시장에 진입해 선도적 위치를 잡을 수 있다.

산업이 성숙해지면 기업 간 차별화가 줄고 제품이나 서비스가 비슷해지는 경향이 있다. 성숙 시장에서는 경쟁이 치열하므로 기업이 독창적인 고유 가치 제안 value proposition 을 개발하지 않고 경쟁을 모방하거나 따라 하는 미투 me too 전략을 택하는 경향이 있다.

제도적 동형화 institutional isomorphism 는 시간이 지날수록 기업들이 특징을 잃고 닮아가는 현상이다. 이는 몇 가지 이유로 발생한다.

- 강압적 동형화[coercive isomorphism]: 정부 규제나 업계 표준 같은 외부 압력으로 조직은 강제적인 변화를 겪는다. 자동차 제조업체는 국가나 지역 안전 규정을 따라야 하므로 제품은 안전 기능 측면에서 비슷해진다.
- 규범적 동형화[normative isomorphism]: 기업은 산업 내 경쟁자 규범이나 관행을 채택한다. 협회 교류, 무역 관행 적응, 업계 리더의 업무 방식 등이다. 제조업체는 업계 틀 안에서 마케팅을 실시하고 비슷한 광고 전략을 사용한다.
- 모방 동형화[mimetic isomorphism]: 기업은 성공적인 다른 조직의 관행을 모방한다. 경영 불확실성을 줄이기 위해 성공한 조직의 방식이 더 낫다고 믿는다.

모범 사례를 따르면 효율성을 얻을 수 있지만 기업이 서로 비슷해지면 위험 감수 의지가 줄어들고 혁신과 창의성 수준이 낮아질 수 있다. "그들도 이렇게 하니 괜찮아." 머스크의 조언처럼 경쟁사 동향 파악에 집중하고 그 정보에 의존해 경영 판단을 내리는 일은 신중해야 한다.

테슬라가 본격적으로 전기차 양산에 성공하며 혁신 기업으로 존재감을 드러내자 전통 제조업체들은 두 가지 동형화의 모습을 보였다.

첫째, 전기자동차 모델의 잇따른 출시. 200마일(약 320km) 이상의 주행 거리를 가진 최초 양산형 전기차 모델S가 출시되자 다른 제조업체들도 주목했다. 몇 년 지나지 않아 다른 메이커들도 배터리로 운행하는 순수 전기자동차를 출시하기 시작했다. 그 결과 닛산[Nissan]은 리프[Leaf], GM은 쉐보레[Chevrolet] 볼트[Volt], BMW는 i3 등을 선보이며 시장에 진입했다.

둘째, 주행 보조 소프트웨어 출시. 2015년 10월 테슬라가 주행 보조 소프트웨어 오토파일럿Autopilot을 내놓자 경쟁사도 앞다투어 관련 소프트웨어 개발 소식을 알렸다. 오토파일럿은 특정 조건(고속도로 주행 등)에서 인간의 잦은 개입 없이 차량이 혼자 주행하도록 했다. 이 혁신적 제안 이후 다른 제조업체들은 자체 운전자 지원 시스템 개발에 뛰어들었다. "완전 자율주행은 영원히 불가능하다"던 대형 제조업체들도 반자율이나 보조 기능 정도로 여기던 자율주행 관련 기술에 투자하기 시작했다. 메르세데스 벤츠Mercedes Benz 드라이브 파일럿Drive pilot, 캐딜락Cadillac 슈퍼 크루즈Super Cruise 같은 조건부 운전자동화 등의 기술이 도입되기 시작했다.

머스크는 기존 제조업체를 의식하지 않고 장거리 주행 능력, 세련된 디자인을 갖춘 첨단 전기자동차를 최초로 개발했다. 자동차 제조업체들은 과거 100년간 완전변경모델full model change이나 부분변경모델facelift 등의 이름으로 기존 모델을 구식으로 만드는 마케팅 방식을 활용해 소비자의 구매를 유도했다. 반면 테슬라는 배터리 기술, 충전 인프라, 자율주행 시스템에 집중해 차별화에 성공했고, 강력한 전기차 브랜드를 통해 전통 제조업체 대비 경쟁 우위를 확보했다.

경쟁사에 지나치게 집중하지 말라는 조언은 차별화의 중요성, 혁신의 필요성, 리더의 추진력과 결단력에 대한 신념을 반영한다. 기업가는 고유한 역량을 키우고 스스로의 한계를 넘는 데 초점을 맞춰야 한다. 물론 경쟁사의 성공과 실패에서 교훈을 얻어야 한다. 하지만 머스크는 그보다 큰 목표에 집중해야 더 나은 제품과 서비스로 이어질 수 있다고 믿는다. 이런 생각이 혁신의 속도를 만들어 내는 원동력이라는 사실은 의심할 여지가 없다.

회사는
제품으로 성장한다

"훌륭한 회사는 뛰어난 제품으로 성장합니다. 제품이 조잡하고 경쟁력이 떨어지면 회사도 뒤처집니다."

"Great companies are built on great products. When the product starts to become shoddy and uncompetitive, so does the company."

일론 머스크의 전기를 쓴 애슐리 반스는 "위대한 기업은 위대한 제품을 기반으로 한다"는 머스크의 말을 인용한다.[52] 경쟁력을 잃고 몰락한 기업의 사례는 많다. 1888년 설립해 20세기 사진 시장을 지배했던 코닥 Kodak 은 디지털 사진 기술에 밀려 시장 점유율과 제품 경쟁력을 잃었다. 그들은 기술 발전과 고객 요구 변화에 적응하지 못했다. 필름 시장을 지배하는 혁신의 상징이었지만 자신이 개발한 디지털 사진을 받아들이기 주저했고 결국 쇠퇴했다.

1975년 코닥의 엔지니어 스티브 새슨 Steve Sasson은 세계 최초의 디지털 카메라를 설계했다. 하지만 경영진은 이 기술이 수익성 높은 필름 사업을 망칠까 우려해 상용화를 막았다. 디지털의 산업 혁신 가능성을 과소평가하며 필름에 대한 막대한 투자를 계속했다. 1990년대 후반 디지털 카메라의 인기가 급격히 높아지기 시작했지만 이미 때는 늦었다. 캐논 Canon, 소니 Sony, 니콘 Nikon 같은 일본 경쟁사는 디지털 기술을 빠르게 도입해 시장 지배력을 강화했다. 코닥은 뒤늦게 뛰어들었지만 점유율을 회복할 수는 없었다. 결국 필름 시장 규모는 급격히 줄었고 2012년 코닥은 파산을 신청했다.

코닥은 왜 쇠퇴했을까? 첫 번째 이유는 혁신 실패다. 경영진은 디지털 사진 기술을 적극 수용하지 않았다. 1978년에 디지털 카메라 특허를 등록했지만 시장이 열릴 때 적극적으로 움직이지 않았다. 두 번째, 과거 지향. 그들은 필름 사업으로 성공했기 때문에 시장 변화에 적응하지 못했다. 과거의 영광이 새로운 기술 도입 결정과 시장 적응의 걸림돌이 되었다. 세 번째, 관료주의. 조직 문화의 속도가 경쟁의 속도를 따라잡지 못했다. 복잡한 조직 구조 탓에 빠른 대응이 어려웠고 유능한 직원을 선발하고 유지하는 것이 점점 힘들어졌다. 네 번째, 리더십 부재. 경영진은 산업 전환기에 비대한 조직을 효과적으로 이끌지 못했다. 외부 전문가의 투입은 너무 늦었고 내부 정상화 역량도 부족했다.

디지털 기술 경쟁력과 시장 점유율을 잃은 코닥은 2012년 파산 신청과 함께 역사 속으로 사라졌다. 이 사례로부터 현실 안주의 위험성과 지속 혁신의 필요성을 깨닫게 된다. 큰 조직도 제품 경쟁력을 잃으면 흔들리기 시작하는 것은 순식간이다. 기업은 파괴적인 기술을 빠르게 알아채고 받아들이려는 노력을 해야 한다.

"GM에 좋은 것은 미국에 좋다 What's good for GM is good for America" 는 말처럼,* 한때 세계 최대 제조업체로 미국을 대표하던 GM은 소형차 시장에서 일본 토요타에 추월당하는 아픔을 겪었다. 혁신 부족이 주요인이었다. 석유 파동 후 소비자의 선호가 빠르게 소형차로 옮겨갔는데도 GM은 기존 제품에 안주하며 점유율을 잃었다. 그들은 하이브리드와 전기차 같은 신기술 개발에도 소극적이었고 새로운 시장의 리더가 될 기회를 놓쳤다.

과거 지향적 태도로 GM은 내연기관과 가솔린 차량에 안주했다. 소비자가 연비 좋고 환경 친화적인 차를 원할 때 대응하지 않았다. 관료주의도 침체를 가속했다. 임원들은 전용기, 엘리베이터, 주차장 등 다양한 특권을 누렸다. 의사결정은 느렸고, 토요타처럼 제조 혁신을 일으키거나 카이젠 문화를 퍼뜨리지 못했다. 전문 경영인 체제의 리더십 문제도 있었다. 일본 내 부품 제조사의 전폭적 지지를 받으며 책임 경영을 이어온 토요타 가문의 리더십이나 토

---

* 1953년 아이젠하워 대통령은 GM 사장 찰스 윌슨(Charles Wilson)을 국방장관으로 지명했다. 청문회에서 주식을 많이 가지고 있어 이해상충 가능성이 있다는 질문에 윌슨은 "미국에 좋은 것은 GM에도 좋고, 반대도 마찬가지다(What was good for our country was good for General Motors, and vice versa)"라고 답변했다.

요타 웨이The Toyota Way 같은 강력한 조직 문화를 만들지 못했다.

시대를 대표하던 기업의 쇠퇴는 주로 혁신 실패와 변화하는 고객 요구에 대한 대응 부족에서 비롯된다. 위대한 기업은 지속적으로 제품을 개선하며 경쟁에서 앞서 나간다. 훌륭한 제품은 훌륭한 기업을 만든다. 뛰어난 제품은 비즈니스 성공의 핵심 원동력이다.

나이키Nike는 스포츠업계의 상징이다. 글로벌 브랜드로 성장한 배경엔 혁신 제품이 있다. 1982년 출시한 에어 포스 원Air Force One은 나이키 에어Air 기술로 탁월한 쿠셔닝과 지지력을 제공한 최초의 농구화였다. 세련된 디자인과 강력한 마케팅 캠페인으로 나이키 브랜드의 정체성을 강화시켰다. 특히 유명인을 활용한 마케팅 전략은 탁월했다. 농구화는 대중적인 패션 아이템이 되었다. 에어 포스 원은 스니커즈 마니아부터 패셔니스타를 비롯해 다양한 연령대의 소비자에게 사랑받으며 세대를 넘는 상징적 신발이 되었다.

일본 소니의 워크맨Walkman도 마찬가지다. 1979년 출시된 이 휴대용 카세트 플레이어는 단순한 음악 재생 기기가 아니었다. 워크맨은 사람들이 이동 중에도 음악을 들을 수 있게 해 음악의 소비 패턴을 바꿨다. 이전까지 음악은 실내에서 감상하는 것이 상식이었다. 워크맨은 개인 일상과 음악을 결합해 전 세계의 젊은이에게 인기를 끌었다. 영어 문법상 어색한 네이밍에도 불구하고 워크맨은 소니를 세계 최고의 전자 기업으로 만든 일등 공신이 되었다.

2009년, 머스크는 펜실베이니아 대학교 와튼 스쿨Wharton School 인터뷰에서 "위대한 기업은 훌륭한 제품 위에 세워진다"고 강조했다. 성공적인 비즈니스에는 제품 설계와 엔지니어링이 중요한 역할을 한다. 빠른 성장으로 회사를 이끄는 일은 어렵다. 따라서 장기 비전에 집중해야 한다. 그 과정에 제품은 모든 것이며 훌륭한 제품 없이는 좋은 결과를 낼 수 없다.

뛰어난 제품을 만들려면 열정적이고 재능 있는 인재로 조직을 꾸려야 한다. 엔지니어링은 작동하는 것을 만드는 기술이고, 훌륭한 제품을 목표로 하는 모든 회사에 필수 역량이다. 그리고 최고의 엔지니어는 창의적이고 혁신적이며 항상 개선 방법을 모색하는 사람이다.

구성원이 일상 업무에 얽매여 장기 비전에서 멀어지면 기업은 성장하지 못한다. 그러니 리더는 늘 장기 관점에 집중하고 회사가 올바른 방향으로 가고 있는지 점검해야 한다. 머스크의 통찰력은 비즈니스를 시작하거나 운영하려는 모든 이에게 유용하다. 지속적으로 우수한 제품 개발에 매진하면 장기적으로 성공할 것이다.

성공을
분석하라

"왜 남들이 실패하고 우리는 성공했는지 질문해야 합니다."

"You have to say, 'Well, why did it succeed where others did not?'"

누군가는 성공하고 누군가는 실패한다. 기업마다 보유한 자원과 역량은 다르다. 더 많은 자원, 우수 역량을 갖추고 경쟁 우위를 확보하면 성공 확률을 높일 수 있다.[53] 하지만 그것이 전부는 아니다. 자원이 많아도 실패하는 기업이 있고, 적은 자원으로 성공하는 기업도 있다. 동적역량 이론 Dynamic Capabilities Theory 에 따르면 기업이 변화하는 환경에서 생존하고 번영하려면 기존의 것을 버리고 새로운 자원과 역량을 개발하거나 재구성해야 한다. 현재의 자원으로 미래 성공이 보장되지 않는다. 변화를 만들어내는 능력이 그 핵심이다.[54] 비즈니스는 복잡한 현상이다. 한두 가지 요인으로 성공을 단정하기 어렵다. 하지만 다른 기업이 실패하고 우리는 성공한 이유를 설명할 수 있다면 성공의 방정식을 만들 수 있다. 성공을 비판적으로 분석하고 주요 요인을 파악하는 노력이 중요하다.

2025년 6월, X에서 머스크는 "저는 우리가 이기는 것 같더라도 항상 지고 있다고 가정합니다I always assume we're losing even if it looks like we might win"라고 말했다. 그는 오래전부터 이런 생각을 공개적으로 밝혔는데 이는 과신overconfidence에 의한 확증 편향confirmation bias을 피하고, 객관적으로 경쟁을 바라보려는 노력의 일환이다. 성공이 임박해 보이는 순간에 패배까지도 고려하는 전략적 사고방식이다. 그는 반 더닝 크루거 효과Dunnung-Kruger Effect의 중요성을 강조한다. 지식이 부족한 사람들이 객관화 과정 없이 자신의 능력을 과대평가한다는 것이다. 진짜 전문가는 자신의 능력을 과소평가하고, 지속적인 개선을 위해 비판적인 자기 평가를 유지하며, 유연한 사고를 추구한다.

머스크는 자신의 혁신 기업들에서 기술, 운영 효율성, 전략적 의사결정, 리더십, 비즈니스 모델 등의 요소를 분석하고 공통의 핵심 성공 요소를 반복적으로 적용한다. 조직 내에서 성공 사례 분석을 통해 통찰을 얻는 훈련을 장려하는 것도 중요하다. 이는 지속적 학습을 정착시키고, 성공·실패로부터의 교훈을 독려하며, 개선과 혁신 문화로 이어진다. 머스크의 기업가정신 핵심은 성공을 비판적으로 분석하는 능력이다. 성공은 기업이 처한 상황의 근본적 역학관계를 이해하고 활용하는 데서 온다. 그렇기 때문에 정보에 기반해 의사결정을 내리고, 계산된 위험을 감수하며, 산업의 경계를 확장하는 획기적 프로젝트를 추진할 수 있다.

미지의 영역에 도전하며 남들이 시도한 적 없는 혁신을 추구하는 경우라면 성공 레시피를 어떻게 만들까? 마케팅 거장 세스 고딘 Seth Godin 은 이에 대한 답으로 "아티스트 artist 가 되라"고 강조한다.[55] 혁신에 휩쓸려 사라지는 조직이 아닌, 혁신을 이끄는 조직을 만들기 위해 기존 질서에 도전하고, 용기와 통찰, 그리고 창조성과 결단력을 가진 인재가 필요하다.

산업화 시대의 대량 생산-대량 소비 문법은 이제 통하지 않는다. 사람과 사람, 가치와 가치의 연결이 중요해지는 연결경제 connection economy 에서는 최고의 제품과 서비스만 살아남는다. 인테리어 업자가 화장실에 놓은 변기는 그저 용변을 위한 도구다. 하지만 마르셀 뒤샹 Marcel Duchamp*이 갤러리에 설치한 변기는 예술 작품이다. 이 차이를 만든 건 맥락과 의미를 부여할 줄 아는 능력이다. 이를 이해하고 새롭게 정의하는 사람이 아티스트, 혁신을 이끄는 리더다.

혁신 리더는 끈질긴 관찰을 통해 "이건 왜 이런가"라는 질문을

---

* 마르셀 뒤샹: 프랑스의 초현실주의 예술가. 작품 〈샘(Fountain), 1917〉은 일상 사물을 예술로 변환하는 레디 메이드 개념을 제시했다. 예술에서 중요한 건 대상이 아니라 개념을 만드는 것이라 주장했다.

던지고 기존 틀을 깨는 새로운 답을 찾아낸다. 혁신을 위해서는 기존의 성공 사례를 모방하는 데 그치지 않고 미지의 영역을 탐구해 고유한 가치를 만들어야 한다. 완벽을 추구하는 것이 준비ready라면, 실패를 기꺼이 받아들이는 자세는 대비prepared다. 혁신은 목표를 이루기까지 수많은 실패를 겪는 과정이고, 그 실패를 극복한 순간 성공 요인을 알 수 있다.

그러나 고딘은 연결경제 시대의 인재에게 "자신의 일에 지나칠 정도로over-confident 자부심을 가지라be hubris"고 조언한다. 오만으로 보이는 기질이 혁신의 성공 요인이 될 수 있다고 강조한다. 이는 단순한 자부심이 아니다. 남들이 도전하지 않은 미지의 영역을 개척하려면 꼭 필요한 마음가짐이다. 혁신적 아이디어는 한동안 비판과 회의에 부딪힌다. 모든 혁신은 누군가 해내기 전까지는 불가능한 것으로 여겨진다. 실패를 두려워하지 않고 비판을 감수하며 전진하는 태도는 성공을 가능하게 한다.

끊임없이 관찰하고 생각하면 성공의 레시피, 그리고 보랏빛 소Purple Cow가 탄생한다. 고딘의 저서 《보랏빛 소가 온다》는 이를 고객 눈에 띄는 특별한 제품이나 서비스로 경쟁 우위를 점하는 기업으로 정의한다. 보랏빛 소가 되려면 경쟁 우위의 핵심 요소를 갖춰야 한다. 타깃 고객을 명확히 정의하고, 니즈를 채우는 제품과 서비스를 제공하며, 차별화된 마케팅을 펼쳐야 한다.

세상에서는 누런 소가 상식이다. 그러니 처음 보랏빛 소를 마주한 사람들은 충격을 받을 것이다. 그러나 사람들의 시선은 곧 보랏빛 소를 향한다. 이제는 안전한 길을 택하는 것이 오히려 위험하다. 변화의 시기에는 리마커블remarkable, 즉 뛰어난 존재가 되어야 한다. 그래야 경쟁이 치열한 세상에서 살아남고, 극도로 연결된 소비자 중심 시장에서 이길 수 있다.

사고방식은 자신을 바라보는 관점에 따라 성장 마인드셋growth mindset과 고정 마인드셋fixed mindset으로 나뉜다. 성장 마인드셋은 자신의 재능과 능력, 지성을 변화시키고 발전할 수 있다고 믿는 사고방식이다. 반면 고정 마인드셋은 주어진 능력은 이미 결정된 것이라 바꾸기 어렵다고 본다. 성장 마인드셋이 지배하는 조직은 가능성을 중시하며 호기심을 바탕으로 새로운 지식과 정보를 적극적으로 받아들인다. 현재 부족한 자원, 역량, 지식, 기술 등을 걸림돌이 아니라 디딤돌로 여긴다.

반대로 고정 마인드셋이 조직을 지배하면 성장보다 환경을 탓하는 문화가 뿌리내리기 쉽다. 혁신보다 현실에 안주하며 발전을 위한 도전에 소극적이다. 그러니 성공하려면 성장 마인드셋이 필수적이다. 성장하는 조직은 지금 할 수 없는 것에 치중하기보다 지금 할 수 있는 것을 탐구하고 실행해야 한다. 이런 사고가 뿌리내리고 성공 원인을 이해하려는 노력이 뒷받침되면 혁신과 탁월함의 길이 열릴 것이다.

남들이 후퇴할 때
전진하라

"창업을 할 때, 경기 저점에 진입해 정점으로 향하는 것이 반대의 경우보다 낫습니다. 진부한 표현이지만 우주는 장기적인 미래가 있는 분야입니다."

"When thinking about starting a business, I think it's actually better to start in a trough and come to market in a peak, than the other way around. Frankly, if anything does, and it's almost cliché, space has a long-term future."

창업은 저점에서 시작해 정점으로 나아가는 여정이다. 로켓 발사와 우주 탐사 산업은 신생 벤처가 뛰어들기 힘든 분야다. 과거에 산업 노하우는 NASA 같은 정부 주도의 조직에 집중되었고, 민간 기업의 역할은 제한적이었다. 우주 탐사의 가장 큰 장벽은 높은 로

킷 발사 비용이다. 로켓은 복잡성이 무척이나 크기 때문에 비용 절감이 불가능하다는 인식도 강했다. 스페이스X를 창립한 일론 머스크는 이런 비용 장벽을 허물면서 혁신을 이끌었다.

우주 산업에는 상당한 진입장벽이 존재한다. 우선 첫 번째, 높은 자본 요구. 로켓 발사에는 너무 많은 돈이 든다. 연구개발, 제조 시설, 발사 인프라, 규제 승인 등에 자본이 필요하다. 장벽은 자금이 빈약한 신규 벤처의 진입을 막는다. 머스크는 과거 공공 주도로 진행되던 로켓 산업에 민간의 투자를 끌어내고, 파트너십을 활용하며, 운영 비용 절감을 위한 혁신으로 문제를 해결했다.

두 번째, 기술적 복잡성. 복잡한 엔지니어링 과제도 많이 따른다. 추진 시스템, 재료 공학, 공기 역학, 유도 시스템 등 여러 분야의 전문 지식이 필요하다. 안정적이고 효율적인 로켓을 개발하려면 오랜 기술과 경험이 필수다. 스페이스X는 팰컨9, 팰컨 헤비 같은 재사용 로켓을 만들면서 축적한 기술력으로 혁신의 한계를 넓혔다.

세 번째, 규제와 안전 표준. 우주 기술은 국가 안보와 직결되어 있어 정부의 엄격한 규제를 받는다. 신생 벤처는 국내외 표준을 지키고, 라이선스를 획득하고, 발사체에 적용되는 까다로운 요구 사항을 만족시켜야 한다. 로켓은 손쉽게 대륙 간 탄도 미사일로 변형되어 무기화될 수 있다. 요구 사항 준수에는 시간과 비용이 든다. 머스크는 규제 기관과 협력하며 상업적 우주 활동을 위한 절차를 간소화하려 노력했다. 스페이스X는 NASA와 손잡고 신뢰와 안전성을 입증해 평판을 쌓았다.

네 번째, 제한된 발사 기회. 로켓 발사에는 장소, 시점, 환경의 제약이 따른다. 발사 장소와 궤도 진입을 위한 입지 선택은 제한적이다. 후발주자는 더 적은 선택지를 갖는다. 기존 기업은 NASA 같은 핵심 기관과 장기 계약으로 리소스를 선점했다. 신규 벤처는 발사 기회를 얻기 어렵고, 이는 효과적 자유 경쟁의 저해 요소가 된다. 머스크는 스페이스X를 통해 로켓 발사로 유명한 플로리다의 케이프 커내버럴Cape Canaveral에 최초의 민간 발사 단지를 개발하며 발사 능력을 확충했다. 우주 개척의 역사적 장소에서 계약을 따낸 것만으로도 상당한 평판을 얻을 수 있었다. 아폴로 계획과 많은 역사적 프로젝트가 진행되었던 LC-39A 발사장은 팰컨 로켓 전용 발사장으로 변모했다.

다섯 번째, 규모의 경제. 기존 사업자는 대량 생산과 운영 효율성으로 비용 이점을 누린다. 반면 신규 진입자는 규모의 경제 달성이 어렵고 초기 경쟁에서 압박을 받는다. 머스크는 로켓 부품을 개조하거나 자체 제작하면서 복잡성을 낮추었다. 복잡성은 비용이다. 재사용 로켓 기술은 단순화 전략의 결과물로, 스페이스X가 규모의 경제를 이룰 수 있었던 주요 요인이었다.

제약이 많고 진입이 어려운 산업에서 기술 혁신으로 비전을 실현하는 것은 쉽지 않다. 경기 사이클 특성을 활용한 진입 전략은 리더의 역할이다. 신생 기업은 보통 경기 확장기에 시장에 진입하려고 한다. 1972년부터 2007년까지 22개 OECD 국가를 대상으로 한 연구에서 신생 기업의 활동이 경기 확장기에 늘어나고, 침체기에 줄어든다는 사실이 확인되었다. 확장기에는 비즈니스에 대한 수요가 높아지며 기업가정신 촉진 정책이 유효하다. 침체기에는 시장이 위축되며 정책 효과도 줄어든다.[56]

경기 사이클은 경영의 주요 변수다. 확장기에는 시장 기회가 많다. 자원 확보가 용이하고 벤처 캐피털 유치가 상대적으로 쉽다. 이는 고객 기반 확대, 빠른 성장의 발판이 된다. 침체기에는 금융에 대한 접근성이 낮아지고 시장 불확실성이 커진다. 혁신 제품에 대한 수요도 줄어든다. 따라서 시장 진입이 어려워진다. 때문에 신생 기업이 확장기에 시장 진입을 고려하거나 활동을 집중하는 것은 자연스러운 일이다. 경기의 흐름을 파악하고 적절한 시점에 전략적으로 뛰어드는 것은 성공의 가능성을 높인다.

하지만 머스크는 경쟁이 적은 침체기에 진입하는 것이 더 유리하다고 말한다. 침체기는 존재하지 않던 시장의 틈새, 혁신의 기회를 제공한다. 기존 기업들이 움츠러드는 동안 새로운 접근 방식과 아이디어로 진입할 여지가 생긴다. 비즈니스 사이클과 기술 기업의 생존 성과를 조사한 연구에 따르면 혁신 기술 기업은 일반 기업보다 도산의 위험이 낮았다.[57]

침체기에는 제품과 서비스에 대한 수요가 줄어든다. 따라서 생존 가능성을 높이려면 강력한 리더십, 확실한 전략, 충분한 재정 자원이 있어야 한다. 철저한 준비로 지속 성장을 꾀해야 한다. 고성장 섹터야말로 혁신 기술 기업이 유리하다. 실리콘밸리 같은 혁신

생태계나 산업 클러스터에 위치하면 벤처 캐피털 유치 가능성이 커지고 장기 생존을 꾀할 수 있다. 스페이스X도 이렇게 성장했다.

경제 확장과 수축 사이클은 신생 기업의 진입 시점에 시사점을 제공한다. 혁신 기업은 저점인 침체기에 큰 사업 기회를 잡는다. 고점에서는 비용 상승과 경쟁 심화라는 요인이 기다린다. 기업가는 경기 저점의 낮은 경쟁, 저비용이라는 긍정적 요인을 활용해 성장과 시장 회복 가능성을 극대화하며 침체기를 진입의 적기로 유효하게 활용할 수 있다.

경기 저점에서 역량이 부족한 회사는 재정적, 운영적 어려움에 직면한다. 따라서 잠재적 경쟁자가 도태된다. 저효율 기업의 퇴장은 혁신 기업의 진입·성장 기회가 되고, 도태된 기업의 공백을 채우면 시장 점유율을 늘릴 수 있다. 2025년의 전기차 시장은 이 상황에 해당한다. 기하급수적으로 생산량 확충에 목숨을 걸던 많은 전기차 제조업체들이 운영 측면의 부실을 드러내며 도산 위기에 처해 있다. 이는 테슬라 같은 강자에게 더 확고한 시장 위치를 제공한다.

경기 사이클의 특성을 이해하면 경쟁 우위를 향한 전략적 경로를 설계할 수 있다. 침체기의 유리한 조건을 활용하고 확장기의 성장 환경에 올라탄다면 장기적으로 이익을 얻는다. 시장 진입 시점, 즉 빨리 들어갈 것인지, 늦게 들어갈 것인지를 결정하는 것도 성공 여부를 좌우한다. 신기술을 가지고 있는 기업은 기술 불확실성, 시장 불확실성, 경쟁 수준, 투자 필요성을 체계적으로 분석할 필요가 있다.[58]

기술 변화가 빠르고 시장 불확실성이 낮은 산업에서는 조기 진입이 유리할 수 있다. TV 같은 백색 가전은 기술이 지속적으로 적용되어 빠르게 발전한다. 수요는 점진적으로 증가하거나 제한적이다. 시장 선도자가 되면 경쟁자가 진입하기 전에 시장 점유율을 극대화할 수 있다.

기술 변화가 느리고 시장 불확실성이 높은 산업에선 진입 유보가 나을 수 있다. 진보가 느린 항공기 산업은 기술 혁신보다 환경 요인에 좌우된다. 늦게 진입하면 시장 상황, 소비자 선호, 경쟁 구도를 관찰하고 분석할 시간을 가질 수 있다. 초기 진입자의 실패에서 교훈을 얻어 더 경쟁력을 갖춘 전략을 세우는 것도 효과적이다.

선도자 우위first-mover advantage는 산업의 초기에 강력한 시장 지위를 만드는 기업의 능력이다.[59] 이는 빠른 학습 곡선, 브랜드 구축, 진입장벽 같은 요인에서 비롯된다. 학습 곡선은 생산의 효율을 높인다. 이는 배터리나 반도체 같은 자본 집약적 산업에서 중요하다. 학습 곡선 유지에는 많은 노력이 필요하다. 또한 선도 기업은 강력한 브랜드로 소비자 인식 속에 자리 잡는다. 형성된 이미지는 후발주자가 바꾸기 어렵기 때문에 중요하다.

마지막으로 후발주자의 진입을 막는 진입장벽을 만들 수 있다. 모방이 어려운 제품을 제공하거나, 빠른 성장을 하거나, 강력한 브랜드를 만들면 된다. 그러나 선도자 우위는 항상 지속되지 않는다. 더 낮은 가격, 더 나은 제품, 더 혁신적인 기능을 제공하며 선도자를 추월한 후발주자가 많이 있다.

신생 기술 기업의 시장 진입에서 리더의 산업 경험과 배경은 기회를 식별하는 데 중요하다. 여기에는 자기 효능감과 제도적 규제 인지 능력이 핵심이다.[60] 리더가 자신의 능력에 확신을 가지면 주어진 규제 환경 내에서 위험을 줄이며 성장 기회를 찾는 데 집중한다. 리스크만 의식하며 예방적 조치에 치중하면 성장 기회를 놓친다. 효과적인 리더는 자신의 경험과 지식으로 사전 지식 통로 prior knowledge corridor 를 형성하며 기회를 효과적으로 찾아낸다.

리더의 사회적 연결망도 역할을 한다. 폭넓고 다양한 네트워크를 가진 기업가는 정보 공유와 협업으로 새로운 기회에 쉽게 접근한다. 네트워크를 통해 잠재적 기회를 발견하고 기존 전략을 조정한다. 신생 기업가는 사전 지식, 인지적 요인, 소셜 네트워크 역량을 통해 사업 기회를 찾아낸다. 이는 기술 기업이 경쟁 우위를 확보하고 성공적으로 시장에 진입하는 데 필수적이다.

전략적 선택 능력도 창업자에게 필수다. 시장 기회는 리더의 기술적 전문성과 경험에 따라 다르게 보인다. 머스크는 세계 최고의 엔지니어 중 한 명이다. 그는 세상을 물리 원칙으로 바라본다. 자신의 산업 경험과 엔지니어링 지식으로 사업 기회를 포착했다. 우주 산업의 잠재 수요와 장기적 생존 가능성을 확신한 후 스페이스 X를 세웠다. 색다른 사고와 시장 통찰력을 반영한 결과다.

머스크의 통찰은 시사점을 제공한다. 첫째, 타이밍의 중요성. 시장 진입 시점은 벤처의 성공과 실패를 좌우한다. 남들과 같아지려고 해서는 성공하기 어렵다. 침체기에 시작하고 확장기에 성장하려는 전략적 타이밍이 중요하다. 침체기의 진입은 비용 절감, 경쟁 감소, 공급자와의 협상력 강화 등 이점을 제공한다. 이는 반등기에 선도 기업이 될 가능성을 높인다. 타이밍은 성공의 충분조건은 아니다. 하지만 전략 수립의 필수 고려 요소다.

둘째, 파괴적 혁신과 위험 감수 능력. 혁신이 산업 변화를 이끈다. 파괴적 혁신은 초기에 틈새시장, 저비용 시장low-cost market 에서 시작한다. 하지만 장기적으로 산업 전체를 변형시키는 기술이나 사업 모델로 발전한다. 우주 탐사 등 미래 성장 산업에서 기회를 찾으려면 불확실성을 탐색하고 신중히 계산된 위험을 감수하는 기업가적 능력이 중요하다.

셋째, 장기적 통찰과 기술 기반 전략. 우주 산업이 수익을 낼 거라 생각한 민간 기업은 거의 없었다. 머스크는 재사용 로켓 개발이라는 장기 목표에 확신을 가졌다. 저비용 로켓은 글로벌 인터넷 서비스 스타링크 같은 혁신적 아이디어의 밑바탕이 되었고 우주 산업 생태계의 확장에도 기여했다.

창업과 시장 진입 시점에 대한 발언은 머스크의 사업 전략과 철학, 고정관념에 얽매이지 않는 사고, 장기적 미래 관점에 대한 확신을 보여준다. 이는 그의 벤처가 기존 산업의 장벽을 넘어서는 데 핵심적 요인이었다. 업계의 판도를 바꾸려면 남들이 하지 않을 때 과감히 시도하라.

인퇴아진 인취아기人退我進 人取我替 라는 짧은 문장은 홍콩의 대표적 기업가 리카싱李嘉誠이 평생 강조한 사업 철학이다. 남이 물러나면 내가 나아가고, 남이 차지하면 나는 물러난다. 어려운 시기, 경쟁자가 주저하거나 후퇴할 때 오히려 용기 있게 앞으로 나아가 기회를 잡아야 한다는 뜻이다. 이미 누군가가 차지한 시장이라면 새로운 방식이나 더 나은 전략으로 그 자리를 대신해야 한다.

주변이 움츠러들 때 과감히 움직여라. 단기 변동에 흔들리지 말고 미래를 내다보라. 누군가가 그곳에 있다면 더 나은 방식으로 도전하라. 위기에서 기회를 찾고 미래를 준비하는 용기가 필요하다. 창업을 고민하거나 새로운 도전에 나설 때 이 정신을 기억한다면 힘든 시기도 성장의 발판으로 삼을 수 있을 것이다. 어디가 최고인지를 찾지 마라. 어디가 최악인지를 확인하라.

AI 시대에도
대체되지 않는 인재

기업의 성패는 결국 사람에게 달려 있다. 아무리 혁신적인 기술과 비전이 있어도, 그것을 실현할 조직이 제대로 작동하지 않으면 모든 것은 공허한 구호에 그친다. 일론 머스크는 이 사실을 누구보다 잘 이해하는 리더다.

그의 리더십은 단순히 조직을 관리하는 데 머물지 않는다. 그는 미래를 예측하는 대신 직접 창조한다. 그 과정에 구성원들을 포함시키고, 능력을 발휘할 수 있도록 돕는다. 세계 최고의 인재들을 모으고, 그들이 스스로 일하도록 만든다.

이렇게 그의 리더십은 조직이 100년 된 자동차 제조 패러다임에 도전하도록 만들었다. 스페이스X의 화성 탐사 프로젝트를 통해 인류 문명의 지속이라는 거대한 사명을 구성원들이 실천하도록 만든다. 그는 조직의 효과성을 갉아먹는 유해한 구성원을 단호하게 제거하면서도, 동시에 상호 존중과 협업의 문화를 구축한다. 많은 인원을 투입하는 대신 소수 정예의 인재가 중요한 해법에 집중하도록 한다. 전통적인 경영 관행에 의문을 제기하며, 현장 경험과 엔지니어링 중심의 리더십을 강조한다.

변혁적 리더는 구성원에게 영감을 주고, 기존의 한계를 넘어서도록 독려한다. 동시에 성과에 대한 냉정한 기준을 유지한다. 이번 벡터에서는 머스크가 어떻게 이런 균형을 잡을 수 있는지, 그의 조직 철학이 왜 파괴적 혁신의 토대가 되는지 탐구한다.

또라이를
제거하라

"스페이스X에는 엄격한 '또라이 금지 정책'이 있습니다. 그런 사람들은 해고됩니다. 약간의 경고를 주고, 계속 나쁜 태도를 보이면 해고합니다."

"We have a strict 'no a-hole policy' at SpaceX. And we fire people that are. I mean, we give them a little bit of warning. But if they continue to be an a-hole, then they're fired."

스탠퍼드 경영대학원의 로버트 서튼 Robert Sutton 은 직장 내 또라이들 workplace assholes 이 저지르는 갑질을 다룬 책으로 반향을 일으켰다.[61] 조직에 심각한 피해를 주는 나쁜 구성원을 독재자, 깡패, 꼰대, 잔인한 사람, 파괴적 나르시시스트로 표현하기에는 부족하다며, 강렬한 용어인 Asshole을 써야 한다고 주장했다. 그의 과감한 제안은 2004년 하버드 비즈니스 리뷰에 소개되며 그해의 획기적 아이디어breakthrough ideas로 선정되었다. 그는 회사가 또라이 금지 규칙no asshole rules을 철저히 실행해야 한다고 강조했다.

아이디어는 간단하다. 채용과 승진에서 또라이를 걸러내고, 그들이 퍼뜨리는 두려움과 혐오를 용납하지 않아야 한다. 또라이는 공포와 불편함을 조성하며 동료들에게 지속적으로 피해를 준다. 2000년대, 조직은 개인 능력의 탁월성에 집중하기보다, 조직 효과성을 해치는 구성원을 배제하려 노력하기 시작했다. 하지만 빠른 성장 추구, 성과에 대한 집착이 이런 관리를 소홀하게 만들었다.

조직은 성과를 내거나 높은 지위를 가진 스타 플레이어들에게 관대한 경향이 있다. 이들이 동료를 학대해도 묵인하거나 나쁜 행동 후 책임 없이 빠져나가도록 허용하기도 한다. 일탈과 규범 위반에 대한 연구에 따르면 잘못된 행동이 공개적으로 처벌되면 직원들은 행동 규칙을 더 잘 따른다.[62] 직장 내 괴롭힘은 구성원의 사기와 생산성을 떨어뜨린다. 유해한 직원을 걸러내면 심리적 안전감을 조성하고 성과를 낼 수 있는 건강한 업무 환경을 만들 수 있다.

직장 내 또라이는 약자를 표적으로 삼는다. 피해자는 억압, 굴욕, 부정적인 자아상 체험이라는 피해를 입는다. 이들의 전형적인 행동 패턴은 모욕insults, 개인공간 침해violation of personal space, 원치 않는 접촉unsolicited touching, 위협threats, 비꼬기sarcasm, 모멸감 주기humiliation, 말 자르기interruption, 뒷담화backbiting, 잘난 척snubbing 등이다. 또라이가 되려면 무례하게 행동하고, 동료를 비하하며, 타인의 기여를 깎아내리고, 실수를 인정하지 않고, 적대적이고 유해한 분위기를 만들면 된다. 권력을 남용하고 무감각한 행동을 반복하는 것도 포함된다.

2005년 방영된 미국 드라마 〈오피스 The Office〉는 서튼의 또라이 개념을 반영하며 직장 내 역학을 유머러스하고 통찰력 있게 그렸다. 드라마엔 갑질 행동이 가득하다. 권력을 가진 캐릭터들은 이를 무한 반복한다. 제지 회사 지점장인 마이클 스콧 Michael Scott 은 자기 객관화 self-awareness 가 부족하다. 부적절하고 모욕적인 발언은 일상이다. 동료를 무시하고, 권력에 집착하며, 인정 욕구가 넘친다. 회사 위기 상황을 논의할 때도 부적절한 농담을 던진다. 문제 해결에 대한 의지는 부족하다. 유치한 유머는 전문성과 책임감 부족을 드러낸다. 동료보다 자신의 발언을 중시하며 말을 끊는다.

드라마는 직장 내 또라이의 잘못된 행동과 이들이 조직보다 자신을 우선시할 때 직원들이 겪는 어려움을 보여준다. 스콧의 행동은 겉으로는 분위기를 좋게 만들려는 긍정적 행동처럼 보이지만, 실제로는 스트레스와 불편을 초래한다.

미국의 연예 기획자 스콧 루딘 Scott Rudin 은 텔레비전의 에미상 Emmy Awards, 음악 산업의 그래미상 Gramophone Awards, 영화 분야의 오스카상 Academy Awards, 연극과 뮤지컬 분야의 토니상 Tony Awards 을 모두 수상한 최초의 인물이다. 하지만 그는 또라이의 전형, 갑질의 대표 인물로 낙인 찍히며 화려한 커리어에 종지부를 찍었다. 사람들은 그의 괴롭힘에 대해 증언했다. 분노를 참지 못해 사무실 벽에 주먹질을 해 구멍을 내거나, 배우들의 뒷담화를 하며 욕을 퍼붓고, 비서에게 전화기를 던져 박살 냈다. 이름을 제대로 발음하지 못하는 직원을 해고하는가 하면, 하루 300번 전화를 강요하기도 했다. 면전에서 모멸적인 욕설은 기본이었다.[63]

712명의 직장인을 대상으로 한 연구에서 대부분의 참여자는 자신들을 억압하거나 얕잡아 보는 상사를 경험했다. 6개월 후 이들의 일과 삶의 만족도가 하락했고, 고용주에 대한 헌신은 줄어들었다. 우울증, 불안, 직무 소진 수준은 높아졌다. 일부는 퇴사를 결정했다. 사소한 부정적 행동도 반복되면 타인의 정신건강에 심각한 영향을 준다. 간접적 해악도 있다. 갑질 목격자의 73퍼센트는 스트레스 수준이 증가했고, 44퍼센트는 자신이 표적이 될까 걱정했다. 즉, 또라이는 직접 피해자를 양산기도 하지만, 모두의 생산성을 떨어뜨린다.[64]

또라이 총 비용 TCA; Total Cost of Assholes 개념은 흥미롭다. 이는 회사가 얼마나 비용을 지출해야 하는지를 추정한다. 인사조직 전문가들이 조직 관리에 쓰는 시간, 고객 이탈로 인한 매출 감소, 소송 및 법적 비용, 신규 채용 및 교육 비용이 포함된다. 영국에서의 연구에 따르면 갑질 피해자의 25퍼센트, 목격자의 20퍼센트가 퇴사한다. 전체 갑질 피해율은 약 15퍼센트, 직원 대체 비용은 약 2만 달러다. 조직이 커지면 비용은 더 늘어난다. 따라서 기업은 관련 정책을 도입하고, 다면 평가를 실시해 무능한 상사가 자신과 유사한 직원을 채용하거나 승진시키는 것을 막아야 한다.

또라이 방지 규칙이 있어도 지켜지지 않는 경우가 많다. 회사 홈페이지에 존중, 팀워크, 성실성을 강조하지만 실상은 다른 것이다. 소수의 갑질이 처벌받지 않으면 모방자가 생긴다. 심리학 실험 결과 지저분한 주차장에서는 사람들이 쓰레기(차에 놓인 전단지)를 바닥에 버릴 확률이 높았다. 반면 깨끗한 주차장에서는 주저했다. 누군가는 규칙 위반을 따라 할 가능성이 있다. 규칙 준수가 표준이 되면 준수율은 올라간다.[65] 과거 뉴욕시가 범죄율을 낮추기 위해 환경을 정비하고 깨진 유리창을 고친 데서 유래한 깨진 유리창 이론도 마찬가지다.[66] 작은 규칙 위반을 방치하면 더 큰 문제로 이어진다. 사소한 관리가 전체 시스템의 질서를 유지하는 데 기여한다.

조지타운 대학교 크리스틴 포래스Christine Porath 교수는 직장 내 정중함workplace civility 효과를 연구했다. 상호 존중의 문화가 조직 효과성에 어떤 영향을 미치는지 살폈다. 정중함은 공손, 존중, 친절로 특징지어진다. 정중한 조직은 그렇지 않은 조직에 비해 21퍼센트 높은 이익, 20퍼센트 높은 매출, 17퍼센트 높은 생산성을 보였다.[67] 존중 문화는 사기, 만족도, 전반적인 조직 효과성에 영향을 주었다. 동료 간 존중과 사려 깊은 행동은 생산적이고 긍정적인 업무 환경에 기여한다. 협업 개선, 열린 의사소통, 문제 해결 능력 강화로 이어지는 실무적 이점이 있다.

직장에서 예의를 갖추는 것이 윤리 문제를 넘어선 성과 문제라는 주장은 기업의 신속한 행동을 촉발했다. 정중함이 변화를 일으키면 개인은 효과적으로 협력하고, 공개적으로 의사소통하며, 건설적인 문제 해결에 참여한다. 상호 작용은 팀워크와 협업을 촉진하고, 직원은 공통의 목표를 위해 일한다. 아이디어, 피드백, 정보는 개방적이고 정직한 방식으로 공유된다. 갈등은 건설적으로 다루어지며 우호적으로 해결된다. 문제는 창의성과 효율성으로 해결된다. 결국 만족도가 높아지고, 퇴사율은 낮아진다.

반면 무례함은 개인과 집단 생산성에 악영향을 준다는 주장이 제기되었다. 무례함을 경험한 직원은 업무에서 낮은 성과를 보이며 동료를 도우려는 의지가 감소했다. 협업 체계는 약화되고, 부정적 행동과 태도는 연쇄 반응을 일으켰다.[68] 이는 부정적 행동의 순환을 의미한다. 상대는 보복 행위를 한다. 최초 행위자는 다시 무례한 태도를 취한다. 이런 행동은 심각하게 발전한다. 이는 즉각 해결해야 한다. 방치하면 표준이 되어 조직 문화를 침식한다.[69]

이를 해결하려면 적극적인 개입이 필요하다. 관련 연구들을 시작으로 기업이 또라이 방지 정책을 채택하는 것은 트렌드가 되었다. 존중과 배려의 효과에 대한 깨달음은 기업이 이를 전략적 선택지로 받아들이게 만들었다.

온라인 신발 및 의류 소매업체 자포스Zappos 는 개방되고 정직한 관계형성building open and honest relationships 의 핵심 가치로 기업 문화를 형성했다. 사우스웨스트 에어라인Southwest Airlines 은 사람 중심 문화를 배양해 높은 고객 만족과 충성도를 얻었다. 구글은 포용적 업무 환경으로 다양성과 존중 행동을 장려하며 혁신과 직원 참여를 유도한다. 물론 그런 노력에도 불구하고 임직원 성추문, 일방적 경영 결정 등 윤리 문제가 없었던 것은 아니다. 그러나 조직 문화 형성을 위한 노력은 이벤트가 아니라 방향임을 인식해야 한다.

넷플릭스의 최고 인재 책임자Chief Talent Officer였던 패티 맥코드Patty McCord는 창립자 리드 헤이스팅스와 함께 〈넷플릭스 문화 설명서Netflix culture deck〉를 만들었다. 이 짧은 파워포인트 문서는 고성과 문화를 강조하면서도 무례한 행동을 지양하도록 한다. 갑질에는 무관용 정책을 적용하며 건설적 피드백과 협업을 장려한다. 2009년 공개된 이 문서는 주기적으로 업데이트되고 온라인에 공개되며 수백만 조회를 기록했다. 많은 조직이 넷플릭스의 문화 및 인재 관리에 대한 접근 방법을 참고했다.[70]

페이스북의 고속 성장 주역으로 최고 운영 책임자Chief Operating Officer를 지낸 셰릴 샌드버그Sheryl Sandberg는 이를 실리콘밸리에서 가장 중요한 문서 중 하나로 평가했다.[71] 당시로서는 파격적인 내용도 있다. 직원은 적절하다고 생각되면 자유롭게 휴가를 쓸 수 있다. 물론 파격적인 복지가 넷플릭스를 세계 최대 스트리밍 서비스 기업으로 만든 건 아니다. 회사가 인재를 유치하고, 유지하고, 관리하는 방식이 핵심이다. 맥코드는 넷플릭스가 7년 만에 190개국에 서비스를 제공하는 글로벌 기업으로 성장한 과정의 통찰을 다음과 같이 공유했다.

1. A급 인재만 채용: 그저 괜찮은 인재를 뽑고, A급 인재가 그들의 실수를 바로잡는 비용과 시간은 너무 크다. 최고의 인재는 수준 이하의 동료와 일하느니 오히려 혼자 일하기를 택한다. 그들은 뛰어난 직원과 일하고자 한다. 한때 기여도가 높았지만 더 성장하지 않는 사람은 놓아줘야 한다. 대신 공정하고 풍성한 퇴직 보상을 제공한다. 뛰어난 인재가 최우선 순위다.

2. 완전한 성인을 고용하고 보상한다: 직원이 논리와 상식에 기반해 판단하도록 하면 더 나은 결과를 더 적은 비용으로 얻는다. 기업은 3퍼센트 이내 소수의 직원이 일으키는 문제를 처리하려고 인사 정책을 만들고 시행하는 데 시간과 비용을 쓴다. 넷플릭스는 문제가 될 사람을 고용하지 않으려 노력한다. 잘못된 채용의 경우, 내보낸다. 어른스러운 행동의 예는 경비 규정이다. 한 문장으로 매우 간결하다. "회사에 최선의 이익이 되는 쪽으로 행동한다 All employees must act in the company's best interest." 어른스러운 조직은 규정 없이도 높은 성과를 얻는다.

3. 직원 성과에 대한 진솔한 대화: 공식 평가, 리뷰, 복잡한 체계는 폐지한다. 저성과자에 대한 문서 기록을 통한 리스크 회피, 성과 개선 프로그램 대신 진솔한 이별을 택한다. 넷플릭스는 공식 성과 평가를 없애고 간단한 360° 다면 평가를 도입했다.

4. 우수성 문화 구축: 훌륭한 팀을 만드는 건 관리자의 몫이다. 올바른 인재를 채용하면 성과 보너스가 필요 없다. 회사에 헌신하는 어른스러운 직원은 보너스 때문에 더 열심히 일하지 않는다. 보상은 스톡옵션 혹은 급여 중 선택한다. 중요한 건 보상에 의존하지 않는 훌륭한 팀을 유지하는 것이다.

5. 고성과 조직 유지는 리더의 역할: 리더는 HR 담당자가 아니다. 비즈니스를

우선시하고 혁신가처럼 생각하며 인사 정책을 운영해야 한다. 회사를 일하기 좋은 직장 목록에 올리는 게 목적이 아니다. 비즈니스 성장을 추구하면 구성원은 따라온다.

〈넷플릭스 문화 설명서〉는 이 통찰을 바탕으로 다음 원칙을 제시한다. 첫째, 규칙보다 가치. 규정보다 책임감 있는 행동을 강조한다. 둘째, 자유와 책임. 회사는 직원이 중요한 결정을 내리도록 신뢰하며 직원은 자신의 행동에 책임을 진다. 셋째, 고성과 문화. 회사는 최고의 인재를 고용하고 평범함은 배제한다. 최고의 동료란 재능이 있고, 협업을 통해 동기 부여되는 효과적인 팀 플레이어다. 넷째, 키퍼 테스트^{keeper test}. 관리자는 특정 직원을 팀에 남기기 위해 싸울 의향이 있는지 자문한다. 그렇지 않다면 해당 직원은 조직에 적합하지 않다. 다섯째, 똑똑한 또라이에 대한 무관용. 실력이 뛰어나도 무례하고 부정적인 직원에게는 용서가 없다. 여섯째, 채용 및 인재 관리. 회사는 최고 인재를 유치하고, 최고 급여를 지급하며, 솔직한 피드백과 토론을 강조한다. 일곱째, 적절한 보상. 회사는 고성과 문화를 모든 사람이 선호하지 않음을 인정하고, 직원이 자기 가치관과 커리어 포부를 고려하도록 장려하며, 필요하면 퇴사를 권한다. 여덟째, 글로벌 관점. 회사는 전 세계의 다양한 관점과 배경을 수용하는 문화를 조성한다.

이 원칙들이 효과를 발휘하려면 상호 존중과 배려 문화가 필수다. 넷플릭스는 자신만의 독특한 문화를 규정해 인재의 유치와 유

지, 그리고 동기 부여를 위한 전략적 도구로 활용했다. 일론 머스크
는 사업 초기에 또라이의 해악을 인지했다. 혁신 제품과 서비스를
내놓기 위해서는 협업과 상호 간 의사소통이 무엇보다 중요하다.

그는 "인류가 발명한 것 중 가장 놀라운 것이 바로 '회사'"라고
말한다. 효과성 향상은 그의 경영 주안점이다. 비전 제시형 리더십
을 발휘하는 그는 상호 존중과 포용적 직장 문화의 중요성을 십분
이해했다. 무례한 분위기는 혁신의 훼방꾼이다. 극도의 정교함이
요구되고 높은 리스크가 존재하는 우주 탐사 산업에서는 특히 빠
른 유해 요인 제거가 중요하다.

머스크의 선견성은 기술·엔지니어링 뿐만 아니라 인사와 같
은 경영 문제에서도 잘 드러난다. 스페이스X는 또라이 금지 정책
No A-hole Policy을 엄격히 시행하며 긍정적 태도와 협업을 강조한다.
포래스의 직장 내 정중함 개념을 반영한 사례다. 그는 동료를 선
택하는 데 확고한 철학을 가졌다. 채용, 승진, 해고의 결정에도 일
관성을 유지한다. 스페이스X 최고 운영 책임자인 그윈 샷웰 Gwynne
Shotwell도 그의 생각에 동의한다. 이 정책은 회사의 고성장을 지탱
하는 핵심 원칙이자 기본 정신이라며, 혁신을 촉진하기 위해 모든
직원의 목소리를 소중히 여기는 공간을 조성하는 데 무엇보다 중
요하다고 주장했다.

스페이스X는 적극적 경청과 상호 존중의 중요성을 강조하고, 협
업과 문제 해결 문화에 대한 청사진을 제시한다.[72] 조화로운 직장
을 유지하기 위해 유해 행동의 신호를 조기에 포착해야 한다. 이를

위한 질문은 다음과 같다.

1. 책임을 회피하고 타인을 비난하는 개인이 증가하는가? 이는 또라이의 핵심 특징이다. 그들은 자신의 실수를 인정하지 않고 동료를 비난한다.
2. 만성적으로 일정이 지연되는가? 또라이는 책임 회피를 위해 전체 프로젝트 일정을 지연시킨다. 이는 팀 전체에 불신과 혼란을 초래한다.
3. 악의적인 가십이 돌고 있는가? 직장 내 잡담은 일반적이다. 하지만 해로운 소문을 퍼뜨리고 정보를 부정적으로 왜곡하는 사람은 경계해야 한다.
4. 부적절한 행동이 확산하는가? 모멸감을 주거나, 빈정거리고, 욕설하거나 삿대질하는 행위는 적대적인 환경을 조성한다. 초기에 규제해야 한다.

샷웰은 대화를 방해하거나 아이디어를 가로채는 적대적 환경을 억제하기 위해 관련 정책을 도입했다고 밝혔다. 간단하지만 심오한 메시지는 건강한 관계가 성공적이고 조화로운 업무 환경의 핵심이라는 것이다. 혁신은 "혁신하라"는 외침으로 만들어지는 것이 아니다.

이솝 우화에서 북풍과 태양은 나그네의 옷을 벗기기 위해 경쟁한다. 바람이 세게 불수록 나그네는 옷깃을 더 단단하게 여민다. 하지만 태양이 햇살을 비추자 스스로 옷을 벗는다. 강압이 아닌 긍정적이고 자율적인 환경이 변화와 혁신의 촉진제다.

또라이 제거는 필수지만 순진하고 착한 예스맨만 채용해서도 안 된다. 강력하되 건설적인 주장은 모두에게 이익이 된다. 인텔의

앤디 그로브 Andy Grove는 직원이 서로의 생각에 도전해야 한다고 믿었다. 그는 직원들에게 건설적으로 싸우는 법을 정식으로 가르쳤다. 새로 입사하는 직원들은 모두 건설적 대립constructive confrontation 과정을 이수해야 했다.

유해 직원의 징후를 인식하고 사전 조치를 취하는 것은 존중과 생산성 문화의 조성에 필수적이다. 머스크는 리더십은 선택이라고 말했다. 리더는 "성공을 지켜볼 수도, 성공의 일부가 될 수도 있다I could either watch it happen or be a part of it."

인재의 질과 해법에 집중할 것

"복잡한 과제를 해결하기 위해 많은 인원을 고용하는 건 실수입니다. 인원은 재능을 보충하지 못하며(모르는 둘이 아는 한 명보다 낫지 않습니다), 진행은 느려지고, 해결 비용만 늘어납니다."

"It is a mistake to hire huge numbers of people to get a complicated job done. Numbers will never compensate for talent in getting the right answer (two people who don't know something are no better than one), will tend to slow down progress, and will make the task incredibly expensive."

시너지 효과는 '함께 일한다'는 그리스어에서 유래했다. 두 개 이상의 주체가 협력해 개별 성과의 합보다 큰 결과를 내는 것이다. 이질적인 요소의 통합으로 효율성, 효과, 가치가 창출된다. 다음은 기업이 활용할 수 있는 시너지의 유형이다.

- 운영 시너지operational synergy : 비용 절감과 효율성 개선을 위해 운영을 결합한다. 경쟁업체 인수 후 브랜드는 유지하되 생산, 유통, 마케팅을 통합해 비용을 절감한다.
- 재정 시너지financial synergy : 합병·인수로 재정 자원을 결합해 위험을 줄이고 자본 접근성을 높인다. 1999년 엑슨Exxon과 모빌Mobil의 합병은 재무 안정성, 글로벌 접근성을 강화했다.
- 시장 시너지market synergy : 상호 보완적인 제품·서비스를 가진 기업이 협력해 시장을 확장한다. 애플과 나이키의 Nike+ 앱은 건강 중시형 소비자를 함께 공략했다.
- 기술 시너지technological synergy : 기업 간 기술의 결합으로 혼자서는 불가능한 혁신 솔루션을 만든다. 삼성과 구글은 하드웨어·소프트웨어 협력으로 스마트폰 플랫폼을 구축했다.
- 경영 시너지managerial synergy : 서로 다른 경영진의 전문성과 리더십으로 의사결정 및 운영 효율을 높인다. 2006년 디즈니의 픽사 인수는 창의력 자원의 결합으로 성공작을 탄생시켰다.

다른 분야의 아이디어와 인재가 협업하면 획기적인 변화와 혁신이 일어난다. 새로운 가치를 창출하고 시장을 형성할 수 있다. 하지만 자원을 합친다고 무조건 효과가 커지는 건 아니다. 대표적인 현상이 링겔만 효과Ringelmann Effect다. 프랑스의 농업 기술 교수 링겔만 Maximilien Ringelmann은 줄다리기 실험에서 참여자가 많을수록 비례해 힘이 늘어난다는 가설을 세웠지만 결과는 그렇지 않았다. 인원이 늘어날수록 개인이 발휘하는 힘은 오히려 줄었다. 한 명은 100퍼센트의 힘을 발휘했지만, 두 명은 93퍼센트, 세 명은 85퍼센트의 힘만 발휘했다. 네 명일 때는 49퍼센트로 감소했다. 이는 참가자가 증가하면 개인의 공헌도가 줄어든다는 사실을 보여준다.

링겔만 효과는 조직이 커질수록 뚜렷해진다. 인원 증가로 개인의 능력 발휘와 공헌도가 줄어드는 현상은 경제학의 규모의 불경제 diseconomies of scale 와 유사하다. 규모의 경제와 반대다. 시설, 투자, 인원, 조직 규모가 커질수록 단위 투입당 편익이 줄거나 단위당 장기 평균 비용이 늘어난다. 공장 생산량의 증가로 생산성이 떨어지고 평균 생산비가 상승하는 식이다.

링겔만 효과의 다음과 같은 원인으로 일어난다. 첫째, 구성원 동기 문제 motivation problem . 개인은 대규모 그룹에서 자신의 기여가 덜 중요하다고 느껴 투입 노력을 줄인다. 둘째, 조직 내 역할의 효과적 조율 문제 coordination problem . 조직이 커지면 과업의 조정 관련 통제와 소통이 줄어들고 비효율과 중복이 발생한다. 셋째, 책임의 확산 문제. 그룹이 커질수록 개인은 노력이 희석된다고 느끼며 책임감이 약해진다. 넷째, 사회적 비교. 개인은 성과를 다른 사람들과 비교한다. 동료의 기여도가 낮으면 자신의 노력을 하향 조정한다.

이런 현상은 학교의 그룹 프로젝트, 팀 기반 인센티브, 브레인스토밍, 개방형 오피스, 원격 업무 환경(가상 환경) 등에서도 발생한다. 일론 머스크의 발언은 복잡한 프로젝트에 맹목적으로 많은 인력을 투입하는 것이 초래할 잠재적 함정에 대한 경고다. 그는 혁신은 규모나 숫자가 아닌 질에서 나온다고 믿는다. 이는 그의 혁신 기업 경험에서 비롯된다. 머스크는 혁신 창출을 위한 조직 구성에서 다음 네 가지를 강조한다.

- 인재의 질: 직원 수보다 인재의 질을 우선한다. 전문 지식과 문제 해결 능력을 가진 소규모 팀이 경험이 일천한 대규모 그룹보다 좋은 솔루션을 만들어낸다.
- 해결책 중심: 정보가 부족한 의사결정은 비효율, 실수, 지연을 낳는다. 팀 내의 지식 격차가 크면 업무가 진전되지 않는다. 즉, 팀장이 업무 지식 없이 관리에만 집중하면 팀원은 상사를 이해시키는 데 대부분의 시간을 써야 한다. 상사가 없는 것이 낫다는 것이다. 인원은 투입input이지, 결과output가 아니다. 리더는 산출에 더 신경 써야 한다.
- 효율성: 팀 규모가 커지면 조정과 커뮤니케이션 비용이 증가하고, 잠재적 비효율이 발생해 속도가 느려진다. 대규모 팀은 관리가 어렵고, 노력을 조율하는 데 많은 에너지가 필요하다. 반면, 소규모 팀은 효과적으로 빠르게 의사결정을 하며 높은 민첩성을 유지한다.
- 비용: 머스크는 업무가 '비싸진다'고 표현한다. 인력 과잉에 따른 재정 부담이다. 직원이 많아지면 급여, 복리후생, 사무실 공간 등 관리비가 늘어난다. 자원이 제한된 초기 기업에선 관리 비용이 전략적 프로젝트에 사용될 자원을 갉아먹는다.

머스크는 비용 효율성을 중시한다. 그는 빠르고 효율적이며 엔지니어링 능력이 뛰어난 즉시 활용 가능한 인재를 선호한다. 자사의 간결하고 유능한 팀은 대규모 팀과 관료적 구조에 의존하는 경쟁사의 천적이다. 인재에 대한 철학과 전문성 없는 과도한 고용은 혁신을 저해한다. 소통 공백, 업무 중복, 조율의 어려움은 프로젝트의 발전을 막고 비용만 증가시킨다.

복잡한 대규모 프로젝트일수록, 성공은 인재의 질과 해법 중심 사고에 달려 있다. 머스크의 효율적인 의사결정, 최적화된 팀 규모에 대한 인사 철학은 그의 기업에 공통적으로 적용된다. 파괴적 혁신을 추구하는 그에게 이런 조직 전략은 효과적이었다. 이는 복잡한 문제를 빠르게 해결하고 비용을 관리 가능한 수준으로 유지하기 위한 실용적 접근이다.

반대로 대기업의 경영진은 종종 조직 확대와 관료 구조 강화를 추구한다. 경영 효용 극대화 이론 Managerial Utility Maximization Theory 은 경영자가 자신의 효용을 극대화하는 결정을 내릴 것으로 가정한다. 경영자 효용은 직원S staff expenditure, 경영자 보상M management emoluments, 재량적인 투자권한D discretionary investments 의 함수다. 경영자는 스스로의 안위와 이익을 위해 가능한 조직 규모를 늘리고, 경영진 보상을 최대화하고, 재량 투자를 극대화하는 판단을 내릴 가능성이 있다는 것이다.

아마존의 제프 베조스는 효과적인 팀의 최대 규모를 피자 두 판으로 먹일 수 있는 그룹으로 정했다. 교육학 연구는 교사가 효율적으로 지도하고 소통할 수 있는 학급의 인원을 통상 6~13명으로 본다. 링겔만 효과를 줄이고 그룹 성과를 높이려면 개인의 역할과 책임을 명확히 하고, 책임감을 장려하며, 효과적인 소통을 촉진해야 한다. 개인 기여를 인정하고 보상하는 전략도 필수다.

자원 의존 이론 Resource Dependence Theory은 조직이 생존과 번영을 위해 외부 자원에 의존하는 방식을 설명한다. 외부 자원 의존성은 취약성을 키운다. 환경이 변화하면 무너질 수 있다. 때문에 조직은 의존성을 통제하고, 줄이며, 경쟁 우위를 확보하려 노력해야 한다.

언더독 underdog의 승리에는 공통점이 있다. 팀 응집력 강화, 자원 확보·대체 고민, 강한 신념(믿음) 체계의 확립, 인적 자원 최적화 등이다. 머스크도 자원 부족 시절을 겪었다. 그는 원대한 미션을 향한 성과를 낼 것을 독려하며 직원들을 이끌었다. 핵심 인재의 성장을 지원하기 위해 소규모로 빠르게 움직이는 팀에 많은 권한을 부여했고 역량을 발휘할 기회를 제공했다.

말콤 글래드웰 Malcolm Gladwell은 다윗이 골리앗을 이기는 방법을 설명한다. 다윗은 전통적인 갑옷과 무기를 포기했기에 민첩하게 움직일 수 있었고, 골리앗이 예상하지 못한 방식(투석기)을 이용해 승리했다. 약점처럼 보이는 조건도 상황에 따라 유리한 요소로 작동한다. 비대칭적 전략도 중요하다. 강자는 기존의 규칙과 자신이 유리한 조건을 고집한다. 약자는 다른 규칙, 새로운 방식을 선택해야 이길 수 있다. 어려움 속에서의 결핍은 집단에 강인함, 창의성, 인내심을 길러준다. 새로운 방식으로 문제를 해결할 기회가 생긴다.

크고 강한 집단은 복잡성과 비효율성도 동반한다. 작은 조직은 민첩성, 유연성, 신속한 의사결정으로 경쟁력을 확보할 수 있다. 강자는 자신이 가진 힘에 의존하므로 상대의 접근을 과소평가한다. 약자는 제한된 조건 때문에 더 치밀하게 전략을 고민한다. 강자의 조건이 항상 이롭지 않고, 약자의 조건이 항상 불리한 것이 아니다. 불리해 보이는 상황에서도 전략과 관점을 바꾸면 충분히 승리할 수 있다.

혁신의
리더십

"직함을 '테크노 킹'으로 바꿨습니다. '최고 ○○ 책임자'란 다 지어낸 직함입니다. 재미있는 게, 이런 직함은 기술적으로 다 동일하게 만들어진 겁니다. CEO도, CFO도 그런 타이틀일 뿐 의미 없죠."

"I changed the title to Technoking Chief whatever officer are basically just made up I mean, it's interesting, these titles they are technically all the same and made up, CEO is a made-up title, CFO is a made-up title, don't mean anything."

2021년 3월, 일론 머스크는 자신을 테슬라 테크노 킹technoking 으로, 최고재무책임자CFO 재커리 커크혼Zachary Kirkhorn 을 마스터 오브 코인master of coin 으로 명명했다. 이 파격적 직함은 미국 증권거

래위원회 SEC; Securities and Exchange Commission 서류에 등재되었다. 이는 블록체인과 탈중앙화 decentralized 금융 기술이 부상하던 시점이었다. 당시 테슬라는 15억 달러 상당 비트코인을 구매하고 장기 결제 수단으로 수용하겠다고 밝혔다.[73]

머스크는 전통적인 기업 내 역할이 재정의되어야 한다며, 기존 질서와 규범 파괴의 중요성을 강조했다. 암호화폐 영역으로 비즈니스를 확장할 것을 시사하며, 테크노 킹 직함으로 기술 혁신의 중요성을, 마스터 오브 코인으로 금융 혁신의 의지를 내비쳤다. 이는 테슬라가 디지털 기술을 적극적으로 수용하고, 재무 전략에서 미래 지향적 스탠스를 취할 것이라는 신호를 보내는 것이었다. 암호화폐 커뮤니티는 환호했다. 회사의 잠재적 지지 기반과 투자자 관계가 강화되었다.

유료 광고 집행을 싫어하는 머스크는 이 이벤트로 언론의 관심을 끌었다. 혁신적이고 역동적인 이미지는 덤이다. 그는 전통적인 가치와 질서에 얽매이지 않는 대담한 행동과 발언으로 대중문화에 영향을 미친다. 기업 문화, 리더십, 혁신에 대한 새로운 논의도 촉발시킨다. 그는 기업에서 미래 업무의 본질과 기술 진보에 맞춰 진화할 정체성 논의를 불러 일으켰다. 이는 비즈니스와 혁신에 대한 상징적 접근이었다. 동시에 기존 규범에 도전하는 그의 선구적 의지를 보여준 사건이자 전략적 커뮤니케이션 과정이었다.

이 결정은 머스크를 비즈니스 세계의 성상파괴자 iconoclast 로 각인시켰다. 비잔틴 제국에서는 726년부터 842년 사이 성상을 둘러

싼 옹호자와 반대자의 대립으로 성상 파괴 운동이 일어났다. 성상 파괴주의iconoclasm는 기존 질서를 지탱하는 특정 아이콘·이미지·상징물을 부정하고 파괴해야 한다는 믿음에서 비롯되며 종교적·정치적 이유로 전개된다. 이는 잘못된 신념이나 제도를 향한 도전이며, 프랑스 혁명 당시 군주제 상징물이 파괴된 것도 같은 맥락이다. 반대로 기존 가치와 상징을 존중하는 이들은 성상숭배자iconolater라 불린다. 머스크는 기술 비즈니스 분야에서 파격적인 접근으로 명성을 쌓아왔으며, 직함 변경 사건은 그의 성상파괴적 페르소나를 더욱 공고히 했다.

클레이튼 크리스텐슨은 혁신가의 딜레마innovator's dilemma에서 한 번의 혁신으로 성공한 기업이 기존 제품·프로세스에 집착해 파괴적 혁신을 소홀히 하며 실패하는 현상을 설명했다. 선도 기업은 기술적 우위를 통해 성장하지만, 현실에 안주하며 후발 기업 혁신에 시장을 빼앗긴다. 기득권 기업은 현재의 기술 향상에 투자하며 현상 유지status quo를 시도한다. 지금 고객의 기대를 맞추는 데 급급하다. 자사 기술을 잠식해야만 할 차세대 기술 개발에 소극적이다. 투자할 자원이 충분한데도 혁신하지 않고 몰락한다는 것이다.

머스크는 여러 산업에서 파괴적 혁신 행보를 보여왔다. 기존 규범에 도전하고 기술 진보를 실현한다. 권위에 도전하는 행동은 블루오션 전략 관점에서 이해가 가능하다. 경쟁이 치열한 기존 시장(레드오션)에서 벗어나 혁신과 고유 가치로 경쟁 없는 시장을 창출하는 것이다. 그는 내연기관에 집중하던 선도 기업들을 제치고 지

속 가능한 에너지와 자율주행으로 새로운 가치를 제공할 미래 모
빌리티 시장의 포문을 열었다.

20세기 후반, 기업은 급변하는 환경 속에서 구성원의 일체
감, 적극적인 참여engagement를 요구하기 시작했다. 변혁적 리더십
transformational leadership은 영감을 주고 동기를 부여해 탁월한 성과를
이끄는 리더 역할에 집중한다. 사람들이 현상 유지에 머물지 않도
록 도전과 혁신을 장려하는 것이다.[74] 조직은 높은 동기를 통해 빠
르게 성장한다. 리더는 구성원의 인식, 기대, 동기를 변화시켜 공통
된 목표를 추구하는 과정에서 자신의 가치, 성격, 능력을 십분 활
용한다.

변혁적 리더는 다섯 가지 특징으로 정의된다.[75] 첫째, 이상적
영향력idealized influence. 성취 가능한 비전과 미션을 제시한다. 구성
원은 그의 능력과 행동을 존경하고 따른다. 둘째, 영감적 동기부
여inspirational motivation. 사람들이 목표를 이해하고 공유할 수 있도
록 상징, 비유, 감정적 요소를 활용한다. 셋째, 지적 자극intellectual
stimulation. 과거의 관행을 넘어 창의적 사고와 행동을 장려한다. 넷
째, 개별적 배려individualized consideration. 개인의 관심과 욕구를 개별
적으로 고려해 보상한다. 다섯째, 폭포 효과Cascading Effect. 영향력은
조직에 전달되어 차세대 변혁적 리더가 성장하는 데 기여한다.

머스크는 비전과 사명으로 조직이 자부심과 성취감을 느끼도
록 유도하며 존경과 신뢰를 얻는다. 그는 세상에서 가장 바쁜 사람
중 한 명이지만 유능한 구성원에게는 개별적인 관심을 보이고, 독

립적으로 대우하며, 권한을 즉각 부여해 변화를 주도하도록 한다. 자율주행 개발 프로젝트에서 발굴한 안드레이 카파시 Andrej Karpathy, 아쇽 일루스와미 Ashok Elluswamy 같은 인물이 대표적이다. 그가 선택한 부하들은 기존 관성에 과감히 도전하고 새로운 것을 창조하는 데 주저하지 않았다. 그 결과가 모두 불가능이라고 여겼던 엔드 투 엔드 end-to-end 방식*의 카메라 비전만으로 구성된 자율주행 소프트웨어로의 대전환이다. 머스크는 온전히 책임을 지고 부하들의 의견을 반영해 이런 과감한 결단을 내렸다. 어려운 과제에 도전하도록 독려하고, 문제 해결 방법이 항상 존재한다는 신념을 심어 새로운 가치관을 형성한다. 하지만 기대 미달의 성과를 낸 사람은 가차 없이 교체하는 냉정함으로 성과를 유지한다.

머스크의 공식 자서전을 펴낸 월터 아이작슨 Walter Isaacson 은 그의 삶의 동기를 웅대한 미션과 비전이라고 설명한다. 직원들에게 사명을 위해 모든 걸 바치라고 요구하고, 일·삶의 조화를 원한다면 즉시 떠나도 좋다고 말한다.

머스크가 경영자가 아닌 투자자 역할을 하던 시절의 일이다. 초창기 테슬라의 전문 경영인은 직원들을 하드코어하게 몰아붙이지 않았다. 그들은 시스템과 관성에 의해 운영되는 대기업의 경험으로 운영하려고 했다. 머스크는 이런 식으로는 테슬라가 인류적 사명을

---

* 엔드 투 엔드 방식: 사람이 프로그래밍한 규칙 기반 소프트웨어에 의존하지 않고 인공지능이 인지부터 판단, 행동까지 모든 것을 스스로 처리하는 방식.

추구하는 기업이 될 수 없다고 판단했다. 화성 식민지 개척, 지속 가능 에너지로의 전환 같은 거대 비전의 침투를 외부인에게 맡길 수 없다고 판단한 그는 스스로 변화의 촉매제가 되기로 결정했다.

그는 높은 위험 감수 성향으로 유명하다. 이는 기업가정신의 기본 전제다. 사업은 불확실성을 동반하며, 기업가는 보장 없는 사업에 시간, 돈, 노력을 투자한다. 제프 베조스가 말하듯 사업은 100배 성장 가능성이 있는 10퍼센트의 가능성에 도전하는 것이다. 위험 감수 없이 시장을 탐색하고, 산업을 파괴하고, 새로운 질서를 세우는 건 가능하지 않다. 개인 자산을 실패 가능성이 높은 프로젝트에 투자하는 것은 기업가정신의 발현이다.

모든 기업이 높은 위험 감수성을 가진 것은 아니다. 기업은 태어나고, 성장하고, 성숙하고, 쇠퇴하며, 언젠가 죽는다. 성숙기 기업의 경영자는 리스크를 줄이려 한다. 대기업 경험이 많은 CEO는 위험 회피적이다. 실리콘밸리의 테크 기업도 일정 규모 이상으로 성장하면 기술 투자보다는 인수합병으로 문제를 해결하려 한다. 큰 사명을 달성하려면 남다른 혁신이 필요하다. 직원의 지속적인 헌신도 필요하다. 리더의 위험 감수는 직원 동기 부여의 핵심이다.

머스크의 성상파괴적 접근은 많은 추종자를 낳았지만 동시에 비판과 도전도 받는다. 혁신을 가속화하는 촉매가 되기도, 논란이 되기도 한다. 기존 권위에 대한 부정은 반발을 일으킬 수 있다. 직함이 형식일 뿐이며, 기술 환경이나 역할 변화에 따라 언제든 달라질 수 있다고 보는 관점은 전통적인 계층 구조나 형식주의와 충돌

한다. 상징보다 본질에 집중하는 실용적 사고가 반영된 것이다.

실리콘밸리의 실용주의는 기업에 많은 변화를 일으키는 중이다. 그는 MBA 출신 간부들이 회사를 망친다고 공개 비판했다. "MBA 출신은 가능한 채용하지 마십시오. MBA 프로그램은 어떻게 회사를 만드는지를 가르치지 않습니다As much as possible, avoid hiring MBAs. MBA programs don't teach people how to create companies." 학위로 간부직, 빠른 승진, 자리보전을 원하는 사람은 뽑지 말라는 것이다. 혁신 기업을 세우고 시장을 창출하고 파괴하는 방법은 전통 비즈니스 교육에서 배우기 어렵다는 관점이다.[76]

혁신은 기업 성장의 핵심 동력이다. 그러나 미국 기업의 리더들은 이를 충분히 우선시하지 않는다. 리더는 제품 개선과 기술 개발에 집중해야 한다. 회의, 재무 관리, 파워포인트 작성에 시간을 낭비해서는 안 된다. 그런데 이런 임원들이 너무 많다. 이사회와 주주는 단기 수익에 몰두한다. 장기 경쟁력을 결정하는 핵심 기술·제품 개발에는 소홀하다. 머스크에 따르면 이런 문제의 원인 중 하나가 과도한 MBA 간부 비율이다.

전통 MBA 경영은 재무, 특히 당장의 현금흐름에 집착한다. 하지만 재무적 성공은 뛰어난 제품과 서비스의 결과다. 그 반대는 성립하지 않는다. 기업은 숫자 관리 조직이 아니라 제품·서비스를 만들고 출시하는 집단이다. 내재적인 기업의 가치는 투입 비용보다 높은 가치의 상품과 서비스 창출을 위해 자원을 효과적으로 배분하는 능력이다. 이익은 목표가 아니라 결과여야 한다. 인센티브와 보상은 재무 성과가 아닌 혁신 성과, 제품 품질에 집중되어야 한다. 회의 자료나 스프레드시트를 작성하는 대신, 생산 현장이나 고객과의 소통에 시간을 투자하라. 제품 혁신이야말로 경영자가 주목해야 할 영역이다.

리더십은 경영대학원에서 배운 과거 지식에서 생기지 않는다. 유명 MBA 과정을 수료했다는 이유만으로 현장 경험 없이 낙하산 관리자가 될 수 있다고 믿는 사람들은 파워포인트는 잘 만들지 몰라도 실제 제품의 작동에 대한 이해와 통찰은 부족하다.[77] 견습 과정 없이 간부로 입사하면 진정 뛰어난 제품을 만드는 데 필요한 요소를 이해할 가능성을 박탈당하는 것이다. MBA를 누군가의 상사가 되는 지름길로 보는 관점도 문제다.

그렇다고 해서 머스크가 MBA의 가치를 완전히 부정하는 것은 아니다. 펜실베이니아 대학교에서 물리학과 경제학을 복수 전공한 그는 "경영을 공부하지 않으면 언젠가 전문 경영인에게 '경영당할' 수 있다"는 두려움을 가졌다.[78] 그는 와튼 경영대학원에서 배운 이론적 토대가 경영 기초를 다지는 데 도움을 주었다고 인정했다.[79] 이론은 경험 없이도 개념 이해를 가능하게 한다. 교육은 개인 학습을 촉진해 시행착오 없이 빠르게 통찰력을 기르도록 해준다. 그러나 개념은 경험과 접목될 때 진정한 가치를 지닌다.

경영대학원은 배출된 졸업생 중 CEO 숫자를 강조한다. 그러나 그들이 이룬 성과는 다루지 않는다. MBA 과정은 사례 연구를 통해 문제 해결 방법을 익히게 한다. 경험 없이도 분석 기법으로 현명한 결정을 내릴 수 있다는 자신감을 준다. 분명 명문 대학의 네트워크는 CEO가 되는 여정에 도움을 주기도 한다. 하지만 경영 저술가 톰 피터스^{Tom Peters}는 MBA 과정이 숫자에 치중하며 사람에 대한 이해는 소홀히 한다고 비판했다.[80] 헨리 민츠버그^{Henry Mintzberg}도 부정적 견해를 피력했다. 일반화하기 어려운 사례 연구^{case study}에 지나치게 의존해서는 안 되며, 경영은 현장에서 배워야 한다는 주장이다.[81]

그는 하버드 경영대학원 출신 CEO 19명을 추적 연구해 흥미로운 사실을 발견했다. 10명은 회사 파산, 해임, 인수합병 실패를 겪었다. 4명은 미미한 성과를 냈다. 일부는 자산 매각으로 단기 수익을 올렸지만, 사업적 역효과와 의심스러운 회계 관행으로 장부상 높은 수익을 기록했다. 세계적 평판의 MBA가 저성과 CEO를 배출했다는 사실은 교육 과정의 효과성에 의문을 불러일으킨다.[82] 학제 간 분열도 비판했다. 경제학, 사회과학 기반의 학문이 분리되어 장기 경영 성과에 대한 통합적인 시각 형성이 어렵다는 것이다. 전략 경영은 분석 기법에 과도하게 의존한다. 이는 경영 현상을 지나치게 단순화할 우려가 있다.[83]

1970~2008년 주요 비즈니스 매거진 표지를 장식한 미국 CEO 444명을 분석한 연구는 MBA 출신 그룹과 비 MBA 그룹의 표지 등장 후 성과를 비교했다.[84] MBA 비율은 4명 중 1명 꼴이었다. 커버스토리에 등장한 기업들은 시간에 따라 실적이 하락했다. MBA 출신 리더들이 속한 그룹의 감소 속도가 더 빨랐다. 그들은 인수합

병을 통한 성장을 추구했지만 현금흐름과 자산 수익률은 하락했다. 반면, 이 그룹의 보수는 실적과 무관하게 15퍼센트 더 빠르게 증가했다. 기업의 성과보다 개인의 이익에 집중하는 경향이 발견된 것이다.

2003~2013년 미국 주요 공기업의 CEO 5,004명을 대상으로 한 연구도 유사했다. MBA 출신 경영진은 단기적인 수익 관리 기법을 선호했는데 이는 장기적인 기업 가치의 하락을 초래했다. 그들은 단기 성과에 대한 보상을 받았다.[85] 새롭게 CEO에 취임한 MBA 출신 경영진은 단기 성과의 개선에 기여했지만 장기 성장에는 유의미한 영향을 주지 못했다.[86]

단기 목표와 가시적 성과에 집착하는 경영진의 행동을 설명하는 것이 대리인 이론 Agency Theory 이다. 대리인 문제 agency problem 는 소유자(주주)와 관리자 간의 이해 충돌을 의미한다. 주주 대신 운영하는 관리자는 주주 이익에 반하는 결정을 내린다. 자신의 보수를 높이거나 권력을 확장하는 개인 목표를 우선시하는 것이다. 이는 비효율, 잘못된 결정, 기업 가치의 감소로 연결된다. 이 때문에 성과 기반 보상 체계, 독립적 이사회 감독, 정기 성과 보고 등의 장치가 활용된다.[87]

과거에 MBA는 인수합병 전문가의 이미지, 빠른 승진, 높은 급여, 네트워킹, 투자자 확보의 기회를 제공했다. 그러나 혁신 기업에는 전통적 경영 사고가 맞지 않을 수 있다. 대기업과 혁신 기업이 필요로 하는 역량은 다음과 같이 서로 다르다.

- 비정형 문제: 스타트업과 혁신 기업은 정형화된 문제를 풀지 않는다. 분석보다 실행력이 중요하다. 대기업은 풍부한 정보 속에서 최적화된 판단을 내리는 데 익숙하다. 신생 기업은 시간, 돈, 정보 부족 상태에서 빠른 결정을 요구받는다. 경영학 학위는 엔지니어링, 과학 학위에 비해 기술적 창의성이 부족할 수 있다.

- 과거 지향: MBA는 과거 데이터와 분석 도구에 집중한다. 경영대학원은 데이터를 기반으로 미래 결과를 예측하도록 가르친다. 데이터는 과거의 것이다. 새로운 시장 창출 과정에 기존 분석이 작동하지 않는다.

- 속도의 차이: 속도가 다르다. 혁신 기업은 빠른 실패로 학습하고, 경쟁자를 파괴하며, 새로운 비즈니스 모델을 만든다. 전통 경영 기법은 상자 밖 out-of-the-box 사고를 자유롭게 적용하는 데 한계가 있다.

머스크가 학계에 반감을 가진 것은 아니다. 단지 학위가 리더십 효과성을 보장하지 않는다는 것이다.[88] 그에게는 몸으로 현장에서 배우는 실무적이고 경험적인 접근, 엔지니어링 중심 사고가 중요하다. 그러하다면 사람들은 현장을 통해 어떻게 성장하는가? 데이빗 콜브 David Colb 의 경험학습 이론 Experiential Learning Theory 은 지식 습득의 네 단계를 설명한다. 머스크를 대입해 보면 다음과 같다.

첫째, 구체적 경험 concrete experience. 개인은 특정한 경험에 참여한다. 머스크는 테슬라 모델3의 100퍼센트 무인 생산에 도전했지만 현장의 실체적인 문제에 부딪혔다. 둘째, 반성적 관찰 reflective observation. 개인은 구체적 경험을 통해 스스로를 성찰한다. 머스크는 자신이 주도한 무인화 생산 한계를 인정했다. 바로 받아들일 것과 버릴 것을 구분했다. 셋째, 추상적 개념화abstract conceptualization. 개인은 관찰된 패턴에서 이론이나 개념을 끌어낸다. 그는 생산 라인에 이미 투입한 로봇을 최대한 살리는 쪽으로 방향을 정하고, 가능한 최적 조립 라인을 그려냈다. 넷째, 능동적 실험active experimentation. 새로운 개념이나 이론을 실제 상황에 적용한다. 이런 과정을 통해 머스크는 생산 지옥을 해결할 새로운 가설을 테스트하고 관계자들의 피드백을 종합하여 최종 공정의 모습을 완성했다.

경험적 지식의 적용, 현장 중심의 관점은 상황적 리더십 이론Situational Leadership Theory과 연결된다.[89] 리더는 맞닥뜨린 상황과 구성원에 맞추어 리더십을 조정한다. 머스크는 생산 지옥 해결 과정의 초창기에는 직접 지휘directing 했다. 그 과정에서 자신이 습득한 전문적인 지식을 현장에 전파하며 사람들을 코칭coaching 했다. 상황이 나아지자 팀의 자발적인 노력을 지지supporting 하며 공장 바닥에서 잠을 잤다. 해결책이 확정되자 팀에 빠른 개선 권한을 위임delegation 했다. 이것이 학교에서 배울 수 없는 혁신 과정의 도전과 성취 경험이다.

경영대학원 프로그램은 비즈니스를 시작하고 성장시키는 동력인 기업가지향성entrepreneurial orientation을 길러주는 데 한계가 있다. 여기서 배우는 재무, 마케팅, 운영에 대한 피상적 스킬은 깊고 전문적인 지식이나 문제 해결 역량을 제공하지 않는다. 타 산업에 대한 수박 겉핥기식 체험도 한계가 있다. 성과를 내려면 실무 경험, 문제 해결 능력, 기술에 대한 이해가 조화를 이루어야 한다.

긍정적 영향에 대한 반론도 있다. MBA 출신 최고경영자들은 기업 환경 성과 CEP; Corporate Environmental Performance[90], 사회적 책임 CSR; Corporate Social Responsibility 향상에 기여하는 것으로 나타났다.[91] 연구 학위도 효과가 있었다. 박사 학위를 가진 CEO는 비용 통제와 현금 흐름 관리에서 뛰어났다.[92] 명문대 출신의 경우는 성과가 더 높았다. 박사 과정은 새로운 지식 창출, 분석 및 연구개발, 특정 주제 심층 탐구 같은 훈련으로 전략적 사고와 문제 해결 능력을 키운다.

MBA 무용론은 사실이 아닐지도 모른다. 대인 관계 역량, 리더십, 팀워크 역량은 경영학 수업으로 형성되는 것이 아니다. 이는 교육 프로그램의 문제가 아닌 오롯이 개인의 문제다. 최근에는 MBA와 경영 실무의 격차도 조금씩 좁혀지고 있다. 혁신, AI 등 실무에서 배우기 어려운 과목도 포함되고 있다. 관리자가 직면하는 문제 중 하나는 분석이다. 일하면서 분석에 투자할 시간이 부족하다. 기존 업무 개선에는 손을 대지 못한다. MBA 과정은 압축적인 학습으로 수년간의 실무 실험을 절약해 준다. 이는 기업 운영 리스크를 낮추는 데 기여한다.[93]

그럼에도 머스크는 전통 경영 교육이 위험 회피적 사고방식을 조장한다고 본다. 관료형 매니저는 주주나 회사보다 자신의 이익을 우선시할 수 있다. 실무 경험과 운영에 대한 이해는 무엇보다 중요하다. 조직이 안정 추구에 빠지지 않도록 경계해야 한다.

혁신을 지속하려면 학습 민첩성 learning agility 과 학습 지향성

learning orientation이 필요하다. 민첩한 학습 조직은 혁신 창출에 안성맞춤이다. 세상에 없던 미션을 추구하고 새로운 가치를 만들려면 기술적 이해, 실무 능력, 성과 창출 이해력이 높은 인재가 많이 필요하다. 대기업의 운영 방식은 머스크의 제국과 궁합이 맞지 않는다.

"나는 프로세스를 믿지 않습니다. 면접에서 지원자가 프로세스가 중요하다고 말하면 안 좋은 징조입니다. 많은 대기업에서 프로세스가 생각을 대신합니다. 여러분이 복잡한 기계의 작은 톱니바퀴처럼 행동하도록 만들죠. 이 때문에 똑똑하지도, 창의적이지도 않은 직원들을 그냥 두게 됩니다.I don't believe in process. In fact, when I interview a potential employee and he or she says that 'it's all about the process,' I see that as a bad sign. The problem is that at a lot of big companies, process becomes a substitute for thinking. You're encouraged to behave like a little gear in a complex machine. Frankly, it allows you to keep people who aren't that smart, who aren't that creative."

기업이 인간의 신체처럼 항상성을 유지하도록 설계된다면 지속적인 자기 파괴는 어려울 것이다. 혁신革新은 가죽을 벗기고 새롭게 만드는 것이다. 과거를 부정해야 가치가 태어난다.

문제 해결과
목표에 매달려라

"그저 '다르게' 일하라는 게 아닙니다. 더 '잘'해야죠."

"You shouldn't do things differently just because they're different. They need to be better."

"거대한 레드우드*를 키우려면 씨앗이 좋은지 확인하고, 묘목을 키우고, 성장 방해 요인을 꾸준히 제거해야 합니다. 그것이 영향을 받는 순간 성장이 멈춥니다.If you want to grow a giant redwood, you need to make sure the seeds are OK, nurture the sapling, and work out what might potentially stop it from growing all the way along. Anything that breaks it at any point stops that growth."

---

* 레드우드: 키가 100미터까지 자라는 가장 큰 나무 품종.

조직을 성장시키려면 인내심을 가지고 지속적으로 관찰하고 조정해야 한다. 그리고 개성이 강하고 자기중심적인 젊은 구성원들에게 남다르게 일하려 하지 말고 잘하라고 조언해야 한다. 머스크의 조언은 혁신 과정에서 중요한 몇 가지 아이디어를 제시한다.

첫째, 목적을 가진 개선. 새로운 아이디어에는 목적 의식이 필요하다. 참신함이 아닌 실질적 가치를 떠올려라. 기술 혁신은 혜택에 집중해야 한다. 때로는 기존의 방식이 새로운 기술보다 효과적이다. 다른 것이 아닌 더 나은 것을 추구하라.

둘째, 실체 있는 혁신. 고객 가치가 최우선이다. 새로움 자체에는 가치가 없다. 기업은 현실 문제를 해결하고 사회에 긍정적 영향을 미치기 위한 일에 자원을 집중해야 한다.

셋째, 문제 해결. 핵심 문제에 몰두하고, 시스템의 한계를 넘어 생각하라. 주어진 과업의 목적이 조직의 비전과 일치해야 세상을 바꿀 수 있다.

넷째, 비판적 사고. 정보와 주장을 객관적으로 분석하고 논리적으로 평가하는 능력이다. 다양한 관점을 받아들이고 끊임없이 질문하며 자신의 신념에 도전해야 한다. 정보 과잉의 시대에는 신뢰할 수 있는 정보를 선별하고 분석하는 것이 중요하다. "믿지 말고 검증하라 Don't trust. verify"는 비트코인의 모토를 떠올려 보라.

다섯째, 균형 감각. 기술이 많다고 좋은 것은 아니다. 테슬라는 고객이 사용하지 않는 기능을 삭제한다. 사용되지 않는 기술은 비용일 뿐이다. 혁신은 실용성과 조화를 이루어야 한다.

여섯째, 책임과 영향. 직원들은 자신의 선택이 조직, 고객, 사회에 미치는 영향을 고민해야 한다. 우주 탐사처럼 복잡한 산업에선 작은 실수가 큰 리스크로 이어진다. 성찰은 성장 마인드셋을 자극해 학습과 발전을 가능케 한다.

일을 잘하려면 질을 높이면 된다. 같은 시간, 혹은 적은 시간으로 더 많은 성과를 내는 게 핵심이다. 투입량을 늘리는 것이 제일 쉬운 방법이다. 그러나 성과 향상의 필요조건일 수는 있어도 충분조건은 아니다.

압도적 투입으로 성과를 높이는 것은 스포츠에서 흔한 전략이다. 마이클 펠프스 Michael Phelps 는 올림픽 역사상 가장 많은 28개의 메달을 획득했다. 그중 23개가 금메달이다. 2001~2009년 사이에는 39개의 세계 기록을 세웠다. 2008년 베이징 올림픽에서 얻은 8개의 금메달 중 7개는 신기록으로 딴 것이다.[94] 최고 스포츠맨에 주어지는 라우레우스 올해의 스포츠선수상 Laureus World Sports Award for Sportsman of the Year 을 수상하고, 국제 수영 명예의 전당에 헌액되었다. 다재다능함, 인내력, 훈련에 대한 헌신, 정신적 강인함은 펠프스를 수식하는 어휘들이다. 그는 하루의 대부분을 물속에서 보냈고, 훈련 때는 날짜와 시간 가는 줄도 몰랐다.

사상 최강 복서로 꼽히는 마이크 타이슨 Mike Tyson 도 연습량으로 유명하다. 단단한 목과 긴 리치는 분명 장점이지만 헤비급 선수로서 그의 신체 조건이 압도적인 건 아니었다. 타이슨은 새벽 4시부터 밤 10시까지, 6시간 수면을 제외한 18시간을 훈련에 바쳤다. 범죄와 일탈로 얼룩진 젊은 시절에도 불구하고 극히 짧은 기간에 세계 헤비급 챔피언이 될 수 있었던 이유는 재능보다 연습량이었다.

"미친 듯 일하세요. 주당 80~100시간 일하면 성공의 확률이 높아집니다. 남들이 주당 40시간 일할 때 100시간 일한다면, 1년 걸린 일을 4개월 안에 이룰 수 있다는 걸 알게 됩니다._{Work like hell. I mean you just have to put in 80 to 100 hour weeks every week. (This) improves the odds of success. If other people are putting in 40 hour workweeks and you're putting in 100 hour workweeks, then even if you're doing the same thing, you know that you will achieve in four months what it takes them a year to achieve .}"

머스크는 워커홀릭이다. 의미 있는 미션을 달성하려면 당연히 극한의 노력이 필요하다. 보통의 경영자가 이런 말을 한다면 그 기업은 악덕 기업으로 낙인찍힐지도 모른다. 하지만 머스크는 단순 노동 시간을 의미하는 것이 아니다. 집중적인 노력과 의미 있는 작업의 결합을 강조한다. 맹목적인 근무 시간 증가는 의미 없다. 목표 지향적 몰입이 성공을 결정한다.

2019년 5월, 머스크가 테슬라의 임직원에게 보낸 이메일이 화제가 되었다.[95]

To: 모든 임직원

From: 일론 머스크

날짜: 2019년 5월 29일

테슬라에 대한 수요는 강하지만 성공적인 분기 마감을 위해 차량 인도 수준을 높여야 합니다. 내일부터 이틀에 한 번씩 미국, 아시아, 유럽 배송팀과 논의하며 배송 속도를 높일 수 있는 조치를 파악할 것입니다.

또한, 공장에서 고객에게 차를 인도하는 총비용 문제도 해결해야 합니다. 지난 분기에는 속행을 위한 배송료와 비효율적인 경로 설정으로 예상보다 큰 비용이 들었습니다. 이 때문에 손익분기 달성이 매우 어려웠습니다.

이전 메일에서 언급했듯 잘 실행한다면 2분기 차량 배송에서 사상 최대 기록을 세우고 멋진 승리를 거둘 수 있을 것입니다!

여러분과 함께 이 목표에 도전하게 되어 매우 기쁩니다!

머스크는 모든 직원이 차량 인도에 집중하고 비용 관리에 각별히 신경 써야 한다고 강조했다. 실적 부진의 원인을 배송 지연과 비효율에서 찾으며 직원들의 책임감을 유도했다. 2019년 1분기 테슬라 매출은 37억 2000만 달러로, 이전 분기 63억 2만 달러 대비 41퍼센트 감소했다. 인도량은 9만 700대에서 6만 3,000대로 줄었다. 그는 2019년 인도 목표 36만~40만 대를 달성하자고 촉구했다.

그는 1분기 실적 발표에서 차량 인도 패턴의 불균형을 해결해야 연간 목표 수익을 달성할 수 있다고 했다. 목표 달성은 최우선 과제다. 미달이 예상되면 당연히 더 많은 시간을 투입한다. 2019년 주당 80~90시간으로 일하는 시간을 줄였다고는 했지만 머스크는 통상 120시간 정도 일한다고 공공연히 말하곤 했다.

하루 8시간, 주 40시간 일하는 것으로는 세상을 바꿀 수 없다. 빌 게이츠, 스티브 잡스, 제프 베조스도 워라밸^{일과 삶의 균형: work and life balance}을 찾는 사람들이 아니었다. 베조스는 "오래, 열심히, 혹은 똑똑하게 일할 수 있다. 하지만 아마존에서 이 세 가지 중 두 가지만 고를 순 없다^{You can work long, hard, or smart, but at Amazon you can't choose two out of three}"[96]고 말했다.

장시간 근무에 대한 반대 의견도 많다. 세상을 바꾸기 위해 장시간 일하는 것은 모두에게 가능한 일이 아니다. 개인의 삶도 중요하다. 기업의 지속 가능성은 이윤 창출 능력에 기반한다. 하지만 일부 연구자는 사회적 기업을 강조한다. 기업은 구성원을 위해 존재해야 지속 가능하다는 관점이다. 직원의 행복이 지속 성장의 열쇠라는 것이다. 장시간 근무는 생산성 및 성과의 저하, 건강 문제, 직무 소진과 동기 저하로 연결될 수 있다.

작가 브로니 웨어^{Bronnie Ware}는 죽음을 앞둔 사람들의 다섯 가지 후회를 정리했다.[97] 첫째, 남의 기대에 맞추느라 진정한 자신으로 살지 못한 것. 그들은 하고 싶었던 일이 무엇인지조차 알지 못했다. 둘째, 직장에 매진하느라 가족을 소홀히 한 것. 아이의 성장 과정, 배우자와의 소중한 시간에 함께하지 못한 것을 후회했다. 셋째, 스스로의 목소리를 내지 못한 것. 그들은 타인의 기대 때문에 자신을 희생했다. 넷째, 친구들과 연락하지 못한 것. 사람들은 관계의 소중함을 마지막 순간에 깨달았다. 다섯째, 자신을 더 행복하게 해주지 못한 것. 남을 위한 삶이 아닌, 자신을 위한 삶을 살아야 한다.

사회적 기업에서는 자녀의 축구 경기나 가족 여행을 위해 프로젝트를 포기할 수 있다. 이메일, 메신저, 협업 도구와의 상시 연결에서 벗어나는 것도 중요하다. 연구에 따르면 일과 삶의 균형은 직원에 대한 책임 부여, 성인 대우, 업무 수행에 대한 신뢰를 통해 유지된다. 이를 통해 생산성 향상, 직원 만족도 및 정신건강, 직무 몰입도의 향상, 퇴사 감소 등 다양한 이점을 누릴 수 있다. 과업의 우선순위와 일정을 명확히 하고, 마이크로 매니지먼트를 줄이고, 스마트 워크를 장려하고, 직원의 재충전과 off 시간을 존중한다. 공동의 목표를 달성하면서도 구성원의 삶을 존중하는 문화를 만들 수 있다.

그럼에도 머스크의 열심히, 더 잘 일하라는 메시지는 틀리지 않다. 평균 이상의 성과와 변화를 위해서는 추가적인 노력이 반드시 필요하다. 혁신 기업에서 열심히 일하기는 기본 설정값이다. 빠르게 성장하는 기업에서 워라밸 추구는 사치로 느껴진다.

회사 덩치가 커질수록 80~100시간 근무에 대한 요구는 힘을 잃을 것이다. 머스크는 이를 막기 위해 주기적으로 조직을 슬림하고 수평적으로 유지한다. 그에게 '잘'하는 것은 당연한 일이다. 많은 투입도 당연한 일이다. "Best part is no part"라는 말을 인용하며, 불필요한 부품을 없애는 것이 최고의 디자인이라는 철학을 강조한다. 변화를 위한 변화, 미팅을 위한 미팅, 정책을 위한 정책,

매니저를 위한 매니저는 없앤다.

젊은 구성원들이 의미 있는 개선과 혁신을 추구하도록 해야 한다. "쓸모 있는 사람이 되려 노력하라 Try to be useful." 그는 사려 깊고 목적 중심적인 인재의 중요성을 강조한다. 리더의 언행일치와 솔선수범은 구성원들에게 지속적 공헌의 중요성을 각인시켜 준다.

그럼에도 모든 구성원이 리더처럼 강렬한 목표 의식을 가질 수는 없다. 2008년의 스페이스X는 작은 수많은 벤처기업 중 하나일 뿐이었다. 제대로 된 발사 경험도, 발사체 재사용 기술도 없었다. 자금은 빠르게 고갈되고 있었다. 머스크는 마지막 1달러까지 털어 넣었다. 올인 all-in 이다. 외부에서 그들의 성공을 믿는 사람은 극소수였다. 엔지니어들은 거듭된 실패로 사기를 잃었다. 하지만 머스크는 반복적인 비참한 실패에도 굳건하게 팀을 믿었다. 그의 신뢰에 보답하기 위해 엔지니어들은 기름통을 지고 지옥에 뛰어들 각오가 되어 있었다.[98]

머스크는 1억 달러의 개인 자금으로 스페이스X를 설립했다. 실패 끝에 최대 세 번의 발사 시도가 남았다. 이 기회를 모두 소진하면 파산. 기존 방위산업 회사들은 신생 벤처 스페이스X에 대한 신뢰도를 떨어뜨리기 위해 워싱턴에서 열렬한 로비 활동을 벌였다. 회사는 언제 망해도 이상하지 않았다.

2008년 8월 2일, 회사는 팰컨1 발사체의 세 번째 비행을 시도했다. 하와이 남서쪽으로 3,900킬로미터 떨어진 콰잘레인 환초 Kwajalein Atoll 지역에서 발사된 이 로켓은 2010년 데뷔한 성공적인 발사체 팰컨9의 전신이다. 지구 중력을 벗어나기 위한 1단 부스터가 성공하며 물리적으로 가장 위험한 단계를 통과했다. 그러나 2단 로켓의 스테이지 분리에는 실패했다.

350명의 직원들은 영상이 끊어지자 문제가 생겼음을 직감했다. 1단 엔진이 완전히 꺼지고 스테이지 분리가 진행되어야 했다. 그런데 여전히 추력이 남은 로켓이 2단 엔진을 들이받았다. 캘리포니아 호손 공장의 트레일러에서 임무를 지휘하던 머스크와 기술진은 큰 좌절을 맛봐야 했다. 창립 6주년, 직원들은 주 70~80시간 일하며 일상을 갈아 넣으며 일하고 있었다. 이 시점엔 반드시 성공이 필요했다. 그들은 보장된 성공, 혹은 나락의 갈림길에 서 있었다.

실패를 확인한 순간, 머스크는 직원들 앞에서 즉흥 연설을 했다. 처음부터 불가능에 가까운 도전이었음을 상기시키며 1단 비행에 성공하고도 우주 진입에 실패한 국가들의 이름을 나열했다. 그리고 스페이스X가 짧은 기간에 달성한 업적을 치하하면서 혹시 모를 실패의 가능성에 대비해 추가 자금을 확보했음을 밝혔다.

"아직 두 번 더 발사 여력이 있으니 총 다섯 번 도전하는 셈입니다." 그는 직원들이 이날의 실패를 털어내길 원한다며, 자신은 "절대, 절대 포기하지 않을 것"이라고 선언했다. "우리가 함께한다면 반드시 승리할 것입니다."

이는 직원들이 목격한 머스크 리더십의 가장 인상적인 장면 중 하나였다. 순간 패배감과 부정적 에너지는 큰 결의의 함성으로 바뀌었다. 5초 만에 직원들은 극단적인 감정의 변화를 경험했다. 영상은 남아 있지 않지만, 당시 현장에 있던 사람들은 매우 강렬한 순간이었다고 회고한다.

이후 일어난 일들은 기적에 가까웠다. 통상 6개월 걸리는 실패 데이터 분석, 설계 변경, 개선 제작까지 머스크는 6주 내에 완료하라고 지시했다. 기술팀은 몇 시간 만에 유력한 발사 실패의 원인을 파악하고 모든 데이터를 검토했다. 7주 후에 완전히 재정비한 로켓이 준비되었다. 목표에 몰입한 소수 정예 집단은 열악한 자원 속에서 6주 만에 모든 작업을 해냈다.

2008년 9월 28일, 팰컨 로켓은 지구 궤도로의 진입에 성공했다. 동시에 세계 최초로 궤도에 도달한 민간 로켓이라는 기록을 남겼다. 역사상 여섯 국가, 강대국만 달성한 위업을 이 작은 기업이 달성했다. 가장 기술 집약적이고 자본 집약적인 비즈니스인 로켓 산업에서 역경을 넘어 위대한 족적을 남긴 것이 일론 머스크다.

직원들에 따르면 그와 함께 일하는 것은 결코 편한 경험이 아니다. 그는 자신에게도, 타인에게도 쉽게 만족하지 않는다. 자신을 강하게 밀어붙이고 주변 사람들에게도 똑같이 압박을 가한다. 어느 순간 도태되거나 포기하는 사람이 생기기도 하지만 함께하는 이들은 성장 경험을 한다. 최고의 지성들이 그와 함께 일하려는 건 연봉이나 복지가 아닌 성장감 때문이다.

팰컨1의 세 번째 비행이 실패했던 그날, 머스크는 이렇게 말했다.

“앞으로의 계획입니다. 이번 비행에서 지구 궤도에 도달하지 못한 건 분명 큰 실망입니다. 하지만 긍정적인 측면도 있습니다. 팰컨9에 사용할 새로운 멀린^{Merlin1C} 엔진의 1단계 비행은 그림처럼 완벽했습니다. 안타깝게 스테이지 문제가 있었고, 2단계 로켓은 분리되지 못했습니다. 현재 조사 중이고 정확한 원인을 파악하는 대로 공지하겠습니다.

제가 전하고 싶은 가장 중요한 메시지입니다. 스페이스X는 앞으로도 한 치의 오차 없이 임무를 수행할 것입니다. 팰컨1의 네 번째 발사는 거의 준비 완료 상태입니다. 다섯 번째 발사도 준비 중입니다. 여섯 번째 기체 제작도 승인했습니다. 팰컨9의 개발도 팰컨1의 교훈을 반영해 차질 없이 진행할 겁니다. 지난주에는 9개의 멀린 엔진 연소에 성공하며 큰 진전을 이뤘습니다.

세 번째 발사가 궤도에 도달하지 못하고 실패할 가능성에 대비해 회사는 상당한 투자를 유치했습니다. 기존 자금에 더해 팰컨1 발사를 계속하고, 팰컨9 및 드래곤^{Dragon}*을 개발할 충분한 자금을 확보했습니다. 스페이스X가 궤도에 도달하고 안정적 우주 운송 능력을 입증할 것임은 의심의 여지가 없습니다. 저는 절대, 절대 포기하지 않겠습니다 For my part, I will never give up, and I mean never. 여러분의 노고에 감사드립니다. 이제 네 번째 발사를 준비합시다."

남보다 더 잘하려면 목표에 집중하라. "어떤 일이 충분히 중요

---

* 드래곤: 최대 7명의 승객을 태우고 지구 궤도를 오가며 우주 정거장과 도킹 가능한 유인 우주선의 명칭.

하다고 생각된다면 비록 승산이 없더라도 그냥 해 보는 겁니다
When something is important enough, you do it even if the odds are not in your favor."

"낙관론, 비관론, 그런 건 중요하지 않습니다. 우리는 반드시 성공합니다. 신이 증인이시니 나는 반드시 해낼 것입니다 Optimism, pessimism, f**k that; we're going to make it happen. As God is my bloody witness, I'm hell-bent on making it work."

고통을
감내하라

"창업은 아무나 할 수 없습니다. 통상적으로 사업을 시작할 때 가장 중요한 건 높은 고통 임계치를 갖는 것입니다."

"Starting a business is not for everyone. Generally, starting a business, I'd say, No. 1 is to have a high pain threshold."

깜빡거리는 노트북 화면의 커서를 멍하니 바라본다. 사무실로 쓰는 작은 방은 서류 더미와 아이디어 메모, 마인드맵, 스케치로 가득 찬 화이트보드로 어지럽다. 성공을 꿈꾸는 한 젊은이가 청춘을 불태우며 결말을 알 수 없는 여정에 뛰어들었다. 흔들림 없는 결단력으로 오랫동안 품은 꿈을 현실로 만들려 한다. 어린 시절부터 그는 아이디어로 세상을 바꿀 수 있다는 믿음을 지켰다. 하지만 성공으로 가는 엘리베이터는 고장 났다. 유일한 길은 계단뿐. 한 걸음씩 고통스럽게 올라가야 한다.

오르막엔 예상 밖의 어려움과 상상 이상의 고통이 기다렸다. 세상을 바꿀 아이디어로 시작한 여정. 인류의 삶에 긍정적 영향을 주려는 열망으로 초기 디자인과 프로토타입 제작에 수많은 밤을 쏟았다. 하지만 세상은 호락호락하지 않다.

투자자들 앞에서 비전을 발표했지만 공상이라며 비웃음만 샀다. 꿈을 현실로 만드는 길은 여전히 아득하다. 스스로 마련한 초기 자금과 가족, 지인에게 빌린 돈도 바닥나기 시작했다. 안정적인 직장을 버리고 불확실한 정글로 뛰어든 대가였다. 시간이 갈수록 부담은 눈덩이처럼 커졌다.

예상보다 큰 장애물이 가득했다. 공급업체는 물건을 제대로 납품하지 않았고, 초기 생산 비용은 예상보다 높았다. 기술적인 문제는 풀었지만 양산을 위한 투자와 상업화 가능한 수준의 원가 절감 방안을 찾아야 했다. 제품을 시장에 내놓더라도 고객 선택을 받을 수 있을지 확실하지 않다.

피곤한 몸을 이끌고 침대에 누우며 결심한다. 리더가 무너지면 끝이다. 의지로 높은 고통의 문턱을 넘어야 한다. 지금의 어려움이 결실로 돌아올 것이다. 밝은 미래를 그리며 이 작은 공간에서 오늘도 새벽을 하얗게 불태운다."

무엇이 젊은 창업자를 성공적 리더로 성장시키는가? 많은 고통과 좌절을 견디는 능력은 성공의 토대가 된다. 끝없는 도전 의식은 인류의 영원한 교훈이다. 그 외에도 경영진의 자질, 창업하기 좋은 외부 환경과 타이밍, 풍부한 경영 자원, 내부 메커니즘 등 많은 변수가 기업의 성과에 영향을 준다. 한편, 일론 머스크는 창업 필수 조건의 하나로 고통을 감내하는 능력을 꼽았다. 고통 역치閾値, pain threshold*다. 창업은 큰 고통을 동반하며 스타트업을 시작한 뒤 모든 과정은 리더에게 정신적 압박이 된다.

창업가들은 어떤 정신적 문제를 겪을까? 국내 실태 조사는 창업자 270명 이상을 대상으로 리더의 정신건강 문제와 원인을 분석했다.[99] 우울, 불안, 수면, 문제성 음주, 자살 위험성, 스트레스 같은 위험 요인이 검토되었다. 결과는 창업자들이 높은 수준의 정신적 문제를 겪고 있음을 보여주었다. 특히 우울, 불안, 자살 위험이 심각했다.

응답자 33퍼센트는 중간 이상의 우울 수준을 보였다. 불안으로 고통받는 비율은 20퍼센트로, 일반 성인보다 두 배 이상 높았다. 창업자의 20퍼센트는 자살 고위험군에 속했다. 가장 큰 스트레스 요인은 자금 압박 및 투자 유치(45퍼센트), 조직 관리와 실적 부진이 각각 20퍼센트였다. 시간이 갈수록, 여성 창업자일수록 정신적 문제에 더 많이 노출되었다. 하지만 대부분은 전문적인 도움을 받지 않았다. 비용과 시간 부족 외에도 나약하거나 무능해 보일 거란 사회적 낙인에 대한 두려움이 큰 이유였다.

---

* 고통 역치: 고통을 감내할 수 있는 정도나 능력.

창업자들이 사업을 포기하지 않고 이어가려면 내적 동기가 높아져야 한다. 이것은 업무 집중력, 흥미, 만족을 포함한다. 이를 통해 자아실현, 성장감, 성취감, 능력에 대한 효능감을 느낄 수 있다. 반면, 보상이나 타인으로부터의 인정 등 외적 동기는 효과가 적다.

신생 기업 리더의 정신건강 문제는 개인 차원에 그치지 않는다. 경영 전반과 조직 전체에 악영향을 준다. 리더의 심리 상태는 성공적 창업의 중요한 전제다. 정신건강 문제가 이어지면 좋은 성과를 내기 어렵다. 때문에 경영자의 고통에 대한 관심과 지원이 필요하다. 리더의 번아웃 소진; 消盡, 정신적 탈진도 마찬가지다. 직무 소진은 극심한 육체적, 정신적 피로로 업무 열정과 성취감을 잃은 상태를 말한다. 직무 소진 수준이 높은 CEO와 기업 성과 간에는 부정적 상관관계가 나타난다.[100]

리더가 긍정적 마인드셋과 회복 탄력성을 갖추는 것도 중요하다. 지속적 좌절과 실패는 학습된 무기력 learned helplessness 으로 변질될 수 있다. 개인뿐 아니라 주변 사람들에게도 고통을 준다. 결국 리더의 정신건강은 성과에 직결된다. 심리학자 마틴 셀리그먼 Martin Seligman 은 인간 심리의 밝은 면에 주목하며 긍정 심리학 positive psychology 을 주장했다. 낙관주의는 개인의 성과와 높은 상관관계가 있다. 개인이 성공이나 실패의 원인을 해석하는 귀인 양식이 특히 중요하다.

부정적 사건을 겪을 때 이를 해석하는 방식은 다음 행동에 영향을 준다. 예를 들어 우울증 환자는 지갑을 잃어버리면 자책하며 우울에 빠질 가능성이 크다. 반면, 긍정적인 사람은 일회성 사건으로 보고 대수롭지 않게 넘긴다. 그저 운이 나빴을 뿐이고 반복되지 않을 것이라 생각한다. 이런 사람은 높은 회복탄력성을 보인다. 낙관적인 리더는 문제를 기회로 보고 어려운 상황에서도 팀 사기를 유지하며 해결책을 찾는다.

기업가적 위험 감수 이론 Theory of Entrepreneurial Risk-Taking 은 고통 한계점에 대한 머스크의 주장과 맞닿는다. 기업가는 성과를 위해 높은 불확실성과 위험을 감수한다. 사업의 여정에서 많은 도전과 좌절을 겪더라도 실패에서 학습하며 지속하려는 의지가 중요하다. 이펙츄에이션 이론 Effectuation Theory 은 창업 과정의 문제와 불확실성을 관리하는 능력을 강조한다. 이펙츄에이션은 기회를 발견하는 것이 아니라 역량과 네트워크를 이용해 기회를 창출하는 사고방식이다. 이는 창업가가 제한된 자원 속에서 새로운 기회를 만들어내는 과정을 설명한다.[101]

고통을 견디는 능력이 높으면 예기치 않은 도전에 직면했을 때 좌절하는 대신 기존 전략을 조정하며 헤쳐 나갈 수 있다. 이는 장기적인 비전에 집중하기 위한 필수 요건이다. 심리적 자본 psychological capital 은 회복탄력성, 자기 효능감, 희망, 낙관주의 같은 긍정적 심리 상태로 정의한다.[102] 고통을 견디는 기업가는 대체로 높은 심리적 자본을 가진 사람이다. 높은 심리 자본은 창업과 경영 과정의 좌절을 극복하고 기업가적 성공을 이루는 데 중요한 요인이다.[103]

높은 고통 역치는 리더가 핵심 과제에 집중하도록 만든다. 2008년 리먼 브라더스 Lehman Brothers 파산으로 촉발된 글로벌 금융위기에서 많은 기업이 생존에 위협을 받았다. GE의 CEO 제프리 이멜트 Jeffrey Immelt 는 불확실성 속에서 리더십을 발휘했다. GE는 금융, 항공, 에너지 등 다양한 산업의 자회사를 보유한 대기업이었다. 거대한 금융위기 속에서 주가는 40퍼센트 이상 하락했고, 전반적인 사업 운영은 재고되어야 했다. 워런 버핏도 상징적인 미국 기업을 돕기 위해 30억 달러를 투자해 GE의 재정 안정성을 지원했다.[104] 위기 속에서 리더십은 GE가 생존할 기초를 마련하는 데 중요한 역할을 했다.

경영진은 혼돈 속에서도 어려운 결정을 내렸다. 광범위한 비용 절감, 실적이 저조한 자산의 매각, 핵심 비즈니스에 집중하기 위한 운영의 재구성이 필요했다. 수익을 내던 사업조차 매각하기로 한 결정은 이해관계자들의 반대에 직면했다. 주주, 직원, 외부의 반발에도 리더십 팀은 단호한 결정을 내렸다. 금융위기 후 2017년까지 주가는 다시 회복되었다.[105] 물론 반대 평가도 있다. 비록 생존 기반은 마련되었지만 장기 가치가 훼손되었다는 지적이다. 20세기 가장 위대한 경영자로 꼽히는 잭 웰치의 뒤를 이은 것도 이멜트에게는 큰 부담이었다.

머스크는 오늘날 가장 영향력 있는 기업가 중 한 명이다. 높은 고통 감내 능력은 그가 많은 도전과 좌절을 극복하도록 한 주요 특성이다. 지상 최대의 사기꾼, 희대의 거짓말쟁이, 나르시시스트,

돈 많은 파시스트, 나치라는 비난 속에서도 그는 화성 식민지 개척의 기반이 될 저비용, 재활용 로켓 기술의 실현에 집중한다. 로켓 발사 실패로 인한 파산 위기와 극심한 스트레스 속에서도 머스크는 멈추지 않았다. 누구나 포기했을 법한 상황에서도 포기하지 않은 그는, 높은 고통 역치의 중요성을 증명했다.

대체 불가능한
미래 설계자

"미래를 예측하는 가장 좋은 방법은 '만드는' 것입니다."

"I think the best way to predict the future is to make it."

전략적 통찰의 가치

전략 관리는 불확실한 미래를 포함한다. 기업에 전략적 통찰 strategic foresight은 스스로의 운명을 정하는 나침반 같은 것이다. 미래에 대한 설계 능력은 성과와 직결된다. 빠르게 변화하는 환경 속에서 어렵게 수립한 중장기 전략은 자주 용도 폐기된다. 그럼에도 전략은 중요하다. 이는 하위 지침의 등불이자 구성원의 도전 의식을 북돋우는 동기 부여의 원천이다. 전략의 핵심은 경쟁 우위를 확보하는 것이다. 경쟁을 능가할 독보적인 시장 위치를 추구하려면 기존의 내부 역량을 활용하거나 새로운 역량을 키워야 한다.

전략적 통찰은 미래를 맞추려는 예측 forecast 과 달리 미래를 형성하는 것이다. 유럽 위원회 EC 는 통찰 foresight 을 체계적이고 구조화된 방식으로 미래 가능성을 탐색하는 활동으로 정의한다.[106] 이를 통해 기업은 미래의 과제와 기회에 선제적으로 대비한다. 시나리오 기반의 예방적 조치도 수립한다. 이런 능동적 태도는 과거 데이터에 대한 의존, 현재 제약 사항을 뛰어넘어 창의적·개방적 사고를 추구하도록 독려한다. 즉, 미래의 추세와 잠재적 혼란을 예측하고 대비하는 과정이다.

경영자는 시나리오 플래닝 scenario planning 으로 다양한 미래 선택지를 시각화하고 유연한 대응을 준비할 수 있다. 이렇게 변화 속에서 생존을 담보하고 잠재적 문제를 기회로 전환시킬 수 있다. 내부의 강점과 외부의 경쟁 환경을 이해하고 세심한 실행으로 지속적 우위를 확보해야 한다. 다양한 시나리오를 통해 단일 경로에 의존함 없이 대안적인 미래를 상시 탐색할 수 있다.

이런 유동적 프로세스는 숫자 중심의 관리, 경직된 목표를 추구하는 전략 계획 strategic planning 과 다르다.[107] 시나리오 기반 접근은 선형적 결정론에서 벗어나 다양한 미래를 상상·토론하는 환경을 만들고, 폐기학습 unlearning 의 중요성을 강조한다. 폐기학습은 효과가 떨어진 기존 프로세스나 관성을 빠르게 버리는 것이다. 미래 시나리오를 탐색하며 인사이트를 얻고, 기존의 가정에 도전하며, 변화하는 트렌드에 적응하려는 내부 메커니즘을 구축해야 한다.

전략적 통찰의 부족은 반응적 경영 reactive management , 단기 성과

주의short-termism로 연결된다. 전자는 즉각적 외부 압력에 대응하는 데 집중하며 단기 성과를 위해 장기 계획과 지속 가능성을 희생한다. 그 결과 중요한 변화와 추세를 놓치고 생존 가능성이 위협받는다. 경쟁자는 미래 시장 수요와 핵심 기술을 선점한다. 전문경영인은 장기 해결책보다 단기 수정 보완에 집중하는 경향이 있다. 변화에 수동적으로 반응하면 해결책에만 몰두하게 된다. 혁신이나 전략적 파트너십으로 장기 성장을 도모할 기회는 상실한다. 성급한 해결책은 오히려 장기 비용의 증가라는 역효과로 이어진다.

불확실성을 기회로 전환하는 미래 설계 능력이 전략적 통찰의 가치다. 미래를 예측하는 가장 좋은 방법은 미래를 창조하는 것이다. 그 과정에 이해관계자의 집단지성과 창의성이 필요하다. 리더는 계층적인 의사결정의 구조를 깨고 구성원이 그 과정에 적극적으로 참여하도록 포용해야 한다. 이를 통해 불확실성 속에서 탄력적으로 대응하고 비전을 반영한 수정 전략을 수립할 수 있다.

이렇게 조직은 제약을 넘어 비전과 가치에 부합하는 미래를 만들어낸다. 테슬라는 10년간 구축한 30만 줄의 C++ 코드를 완전히 폐기하고, 엔드 투 엔드 방식의 인공 신경망 기반 자율주행 소프트웨어로 전환하는 대담한 결정을 내렸다. 미래를 함께 설계하고 대안적 시나리오를 탐색하려는 전략적 통찰 노력이 있었기 때문이다.

2025년 2월, 대형 인공지능 언어 모델 그록Grok의 세 번째 버전을 발표하는 자리에서 머스크는 "나는 아무것도 하지 않습니다.

가끔 나와볼 뿐이죠 I don't do anything. I just show up occasionally "라고 말하며 직원들에 대한 전폭적인 신뢰를 드러냈다. 조직은 미래를 제안한다. 리더는 의견을 수용하고 어려움을 해결한다. 구성원은 그 미래를 창조한다.

미래의 제조를 디자인하다

20세기 초, 헨리 포드의 컨베이어 벨트 조립 라인은 제조업을 영원히 바꿨다. 대량 생산을 체계화하고, 자동차를 대중화하며, 세계적 표준을 세웠다. 이후 한 세기 동안 이 대량 생산 원칙, 즉 효율성, 표준화, 지속적 비용 절감은 제조업계를 지배했다. 테슬라는 지속 가능 에너지와 전기차로의 전환에서 새 제조 표준을 제시한다. 그들은 기존 규범과 상식에 얽매이지 않는다. 이는 기가캐스팅 Giga casting 과 언박스 프로세스 unboxed process 등 혁신 방법론을 포함하며 포드가 주창하고 토요타가 개선한 100년 패러다임에 도전한다.

과학적 사고는 패러다임 전환을 통해 급진적으로 진보한다. 이 진보는 선형적으로 linear 이루어지지 않는다. 기존의 과학 상식 기반이 가진 문제 해결의 한계가 축적되다가 혁명적 변화가 탄생한다. 현재의 패러다임 상에서 이루어지는 과업을 통상 과학 normal science 이라 부른다. 기존의 지식 체계에서 문제를 해결하고 이론을 정교화하는 것이다. 이것으로 해결되지 않는 문제가 쌓이면 패러다임 위기 crisis 가 발생한다. 더 많은 문제가 쌓이면 기존 패러다임은 지속 불가능하다. 이때 사람들은 새로운 틀을 모색한다.

혁명적 과학 revolutionary science 단계는 패러다임 전환 paradigm shift 을 동반한다. 사고의 급진적인 변화를 통해 기존에 해결되지 않은 문제를 풀어내는 데 이 새로운 방법론이 널리 수용되기 시작한다. 이 전환은 자연과학을 넘어 기술, 경제, 산업 전반에 영향을 주고 우리가 환경을 이해하고 조작하는 방식을 바꾼다. 테슬라의 제조 혁신은 자동차 산업의 패러다임 전환을 주도한다. 진보를 넘어 제조업 근본 가정을 흔들며 미래의 제조 전반을 재정의할 가능성이 있다. 100년의 틀을 깨는, 완전히 새로운 접근이 자리 잡을 수 있을지 주목해야 한다.

포드와 토요타의 유산

헨리 포드는 대량 생산 시대를 열었다. 1913년, 생산 효율을 혁신적으로 향상한 이동식 조립 라인 moving assembly line 이 공개되었다. 이 새로운 방식은 모델T의 조립 과정을 개별적이고 반복적인 작업 단위로 세분화하는 것이 핵심이었다. 작업자는 컨베이어 벨트를 따라 이동하는 차량 차체에 구간별로 작업을 수행했다. 생산 속도는 비약적으로 증가했고 제조 비용은 크게 절감되었다.

이동식 조립 라인의 도입에는 기술 발전 이상의 의미가 있었다. 이를 통해 이동성 mobility 민주화가 실현되었다. 생산 비용 절감으로 자동차 가격이 낮아지자 평범한 미국 가정이 자동차를 소유하기 시작했다. 이 기념비적 변화는 자동차를 부유층의 사치품에서 자유와 이동성을 상징하는 미국인의 필수품으로 변화시켰다. 이 방식은 제조업의 표준이 되어 본격적인 대량 생산 시대를 예고했다.

그다음 타자는 린 제조 패러다임을 확산시킨 토요타였다. 포드 혁신에서 수십 년이 지난 후, 오노 타이이치 Taiichi Ohno 와 토요다 에이지 Eiji Toyoda 는 새로운 패러다임인 토요타 생산 방식 TPS 을 창안했다. 20세기 중반 혜성같이 등장한 이 사고방식은 핵심 개념 적시 생산과 자동화, 그리고 지속적 개선을 현장에 정착시켰다.

TPS는 단순히 낭비와 비효율 요소를 제거하는 기존의 방식들과 다르게 필요한 만큼, 필요한 시점에, 필요한 양만큼 생산하는 것을 추구했다. 이를 통해 기업은 운영 효율을 극대화하고 생산 비용과 재고 수준을 획기적으로 낮출 수 있었다. 특히 TPS는 팀워크, 지속적 개선, 사람에 대한 존중을 철학적 기반으로 하는 제조 및 공급망 관리 원칙을 정립했다.

TPS 도입은 공정 개선 그 이상이었다. 수많은 기업이 이를 도입해 운영 방식을 혁신했다. TPS는 새로운 세계 제조 표준이 되었다. 포드의 대량 생산이 산업화를 촉진했다면, 토요타의 린 생산 방식은 현대 제조의 효율성과 유연성을 극대화하는 전환점이 되었다.

엔지니어링 혁신을 통한 테슬라의 패러다임 전환

21세기, 테슬라를 중심으로 한 전기차의 등장은 내연기관차 시대 종식을 예고하며 자동차 동력원의 패러다임 변화를 요구했다. 또한 자동차 제조의 근본적 혁신을 요구하는 계기가 되었다. 전기차는 내연기관차보다 단순한 구동계를 가진다. 그러나 OS나 배터리 관리 시스템BMS; Battery Management System 개발 및 통합 등 소프트웨어적 복잡성은 높아진다. 이런 이중성은 자동차 제조업체에 기존 공정의 재검토, 새로운 생산 방식 도입이라는 도전 과제와 함께 혁신 기회를 제공한다.

테슬라는 선구적인 전기차 생산 혁신 여정을 시작했다. 핵심은 최첨단 제조 기술과 프로세스의 통합이다. 그들은 고성능 전기차 관련 기술 개발과 함께 새로운 제조 표준의 예시를 제공했다. 특히 기가팩토리가 가속화하는 대규모 배터리 생산, 자동화 제조 공정, 신소재 활용, 새로운 조립 방식의 도입은 생산 비용을 낮추고 효율성을 극대화하는 주요소다. 그 과정에서 탄생한 전례 없는 기술들은 기존 제조업체에 큰 자극이 되었다.

포드, 토요타를 거친 자동차 제조는 진화의 길목에 섰다. 이제 테슬라는 기술적 진보, 전략적 사고, 미래 지향적 비전을 결합해 새로운 벤치마크를 설정하고 있다. 여기에는 전통 제조와 대비되는 독특한 생산 요소들이 있는데, 기가캐스팅, 언박스 조립 프로세스, 3D 프린팅과 맞춤형 합금 통합 같은 것들이다.

기가캐스팅은 생산 과정의 복잡성을 단순화시킨다. 전통적인 자동차의 차체는 수천 개의 개별 부품으로 구성된다. 용접과 조립으로 개별 부품을 결합하며 여기에는 상당한 시간과 비용이 든다. 대량 생산 설비, 용접 로봇, 대규모 조립 라인이 필요하며, 높은 자본 투자가 필수였다.

오랫동안 아무도 여기에 의문을 품지 않았다. 과거의 패러다임이 차체란 이렇게 만드는 것이라 규정했다. 그러나 테슬라는 거대한 주조 기계를 이용해 차체를 한 조각으로 찍어내는 방법을 생각했다. 다이캐스트 diecast 라 불리는 미니카 제조 방식이다. 장난감 자동차의 차체는 주물로 한 번에 만든다. 테슬라가 주물로 한 번에 찍는다고 하자 경쟁사는 비웃었다. 그러나 곧 웃음기는 사라졌다. 짧은 시간 안에 비상식이 상식이 되어버렸다. 차체는 주물로 만들 수 있는 것이었다. 기가캐스팅 방식은 필요 부품 수를 획기적으로 줄이고, 공정을 간소화했으며, 차체 무게까지 낮추는 효과를 가져왔다. 구조적 무결성, 높은 내구성은 덤이다.

테슬라 제조 혁신 과정의 두 번째 노력은 언박스 조립 프로세스다. 전통적 박스 boxed 조립 라인에서 언박스 조립 라인으로 이행하며 패러다임 전환을 촉구한다. 박스 공정은 자동차 크기의 상자를 공장에서 옮기는 것 같다고 해서 붙여진 이름이다.

테슬라 엔지니어들은 커다란 크기의 차체가 공정을 관통하며 부피를 차지하는 박스 프로세스가 비효율적이라 판단했다. 과거의 문법은 제조된 차체에 순서대로 부품을 더하는 선형적인 방법이었다. 컨베이어 벨트를 따라 차체, 도장, 조립 공장을 거친다. 이는 체계적이지만 작업 유연성이 낮고 공간을 많이 차지한다. 수작업이 많고 시간이 오래 걸린다. 병렬 처리도 불가하다. 병목이 발생하면 전체 생산의 속도와 효율성이 떨어진다. 넓은 공간, 많은 에너지가 필요하며, 비용이 증가한다.

언박스 공정은 기존 직렬 방식에서 급진적인 변화를 택했다. 자동차를 여러 모듈(전면, 후면, 배터리, 측면 등)로 나누어 병렬 조립한다. 개별 하위 어셈블리를 별도로 조립한 후 한 번에 통합하는데 그렇게 하면 시간과 공간을 아낄 수 있다. 차량은 특정 순서를 따를 필요가 없다. 병목이 제거되고, 유연하고 역동적인 환경이 제공된다. 동일 공간에서 더 많은 차량을 빠르게 생산한다. 수작업은 감소하며 운영 비용이 절감된다.

특히 기존 제조에서 가장 비효율적 요소였던 도장 문제가 해결되었다. 차량 프레임 전체를 도장하려면 많은 시간과 자원이 든다. 거대한 도장 부스와 오븐이 필요하고, 막대한 에너지·용수·도료가 소모된다. 차체 내부의 보이지 않는 부분까지 도색하므로 자원 낭비다. 테슬라는 개별 모듈을 조립 전에 선별적으로 도장해 낭비를 최소화하고 지속 가능성 목표에 맞는 생산 구조를 구축했다. 개별 모듈은 외부에 노출되는 부분, 내식성이 필요한 부위만 선별적으로 도장한다. 일부 부품은 알루미늄·합성수지 자체의 표면 처리로 대신한다. 작업 주기takt time는 훨씬 빨라진다. 이것이야말로 필요한 만큼, 필요한 부위만 처리하는 방식이며, 토요타의 적시 생산 개념을 극대화한 것이다.

언박스 공정의 강점은 효율성, 유연성, 기술 사용 방식에 있다. 기존 방식은 선형적이고 순차적이다. 언박스 공정은 병렬 조립의 실현이다. 20세기 중반, 토요타는 혼류 생산*으로 혁신을 이뤘다. 다품종 소량 생산으로 효율은 높이고 재고는 줄였다. 테슬라는 한발 더 나아가 병렬 제조를 더해 생산 확장성과 비용 효율을 높이려 한다.

3D 프린팅 기술은 기가캐스팅과 언박스 프로세스의 부품의 간소화, 신속한 프로토타이핑 prototyping, 맞춤형 제작을 가능하게 한다. 프로토타이핑은 제품 초기 버전으로 설계를 검증하고 사용자 피드백을 반영해 개선된 제품을 출시하는 개발 방식으로 본격적인 양산에 들어가기 전에 성능을 확인하고 낭비를 줄이는 것이다. 3D 프린팅은 기가캐스팅 공정에 필요한 금형을 제작하는 데 유용하며, 신속한 설계 반복과 최적화를 지원한다.

주조 금형을 제작하는 데는 상당한 비용이 소요된다. 첫째, 자동차 부품의 복잡성과 크기는 높은 정밀도와 내구성을 요구한다. 금형은 고온, 고압 등의 극한 조건을 견뎌야 한다. 변형 없이 부품의 기능성과 안전성을 담보해야 한다. 이에 필요한 첨단 재료와 기술은 비용 상승으로 이어진다.

둘째, 금형 제작 설계는 전문성과 시간을 필요로 한다. 개발 단계에서는 금형이 정확한 사양을 충족하는지 확인하는 엄격한 테스트를 거친다. 따라서 설계, 프로토타입, 테스트, 개선까지 이어지는 주기가 길어지고 다양한 개별 부품 생산을 위해서도 많은 금형

이 필요하다. 제작, 유지, 보관 비용이 상당하다.

이러한 이유로 차체를 단일 부품으로 주조하면 금형과 공정 수가 획기적으로 줄어들고 비용이 빠르게 절감된다. 테슬라는 알루미늄 합금으로 대형 차량 부품 주조의 본질적인 문제를 해결했다. 맞춤형 합금, 정교한 냉각 기술로 부품 강도와 구조적 무결성을 유지하면서 크고 복잡한 부품을 제작한다. 소재와 공정 혁신은 과거의 한계를 극복하고 더 효율적인 제조 청사진을 그리도록 한다.

테슬라의 엔지니어링 혁신은 과거의 모든 한계를 넘으려 한다. 2023년 출시한 사이버트럭은 기존 12V 전기 아키텍처를 대체하는 48V 시스템을 도입했다. 자동차 산업은 1950년대까지 6V 시스템을 사용했다. 이후 전장 부품의 증가로 70년 동안 12V 시스템이 표준으로 사용되었다. 그러나 전자 장비의 급격한 증가에도 12V 시스템은 더 이상 진화하지 않았다. 48V 시스템은 전력을 높은 전압으로 전달할 수 있다. 전압이 높으면 같은 전력(기기들이 필요로 하는 에너지)을 더 적은 전선으로 보낼 수 있다. 수도관에 높은 압력을 가하면 더 좁은 관에서도 많은 물을 빠르게 보낼 수 있는 이치와 같다.

기존의 자동차는 모든 부품을 전선으로 연결했다. 창문, 라이트, 엔진 등 부품마다 와이어가 필요하다. 마치 신체 곳곳에 뻗은 복잡한 모세 혈관 같다. 차량 내 와이어 하네스^{wire harness} 평균 무게는 25~30킬로그램, 일부 고급 차량에서는 60킬로그램에 이른다. 차량 전체 중량의 약 2퍼센트에 달한다.[108] 무게는 차량의 효율성을 낮추며 제조 비용을 높인다. 복잡성이 높아져 유지보수와 관리가 어려워진다. 고장 및 오작동의 원인이 되기도 한다.

테슬라는 고유 네트워크 기술인 이더루프 Etherloop 를 사이버트럭에 적용했다. 각 부품끼리는 전선으로 연결되지 않는 대신 모두 중앙 데이터 버스에 연결된다. 단일 고속 이더넷 케이블이 전자 부품 간 통신을 담당한다. 이는 기존의 표준인 캔 CAN; Controller Area Network 통신보다 200배 빠르다. 특히 전력 소모가 큰 부품 사이에 빠르고 안정적인 연결을 제공한다.

지금까지 아무도 전압을 높이고 통신 방식을 바꾸려는 시도를 하지 않았다. 테슬라는 48V 시스템으로 기존 12V 아키텍처 한계를 극복한 최초의 제조업체다. 효율성과 경량화 관점에서도 중요한 전환점이다.[109] 동일한 전력을 더 얇은 전선으로 공급하며 와이어 하네스의 복잡성, 무게를 68퍼센트나 줄였다. 구리 사용량이 감소했고 에너지 효율이 높아졌다. 탄소 배출도 줄었다. 이를 통해 차량 설계와 제조 비용 절감, 지속 가능성에서도 선도적 위치를 차지한다. 테슬라는 각 요소를 직접 생산하며 외부 생태계에 대한 의존도를 낮췄다. 독자적으로 개발한 것이므로 기존 완성차 업계가 따라하기도 어렵다.

제조 혁신의 경제적 효과

지속 가능한 미래는 규모의 경제에 기반한다. 테슬라 제조 혁신은 생산 비용 절감과 빠른 확장을 목표로 설계되었다. 부품 수와 조립 단계를 줄여 복잡성을 낮춘다. 낮아진 단위 비용의 감소, 생산 속도의 향상으로 바퀴 달린 로봇, 스마트카의 대중화를 촉진한다.

엔지니어링 벤치마킹 서비스를 제공하는 캐어소프트 글로벌 Caresoft Global Technologies은 테슬라의 제조 측면 자본 효율이 30퍼센트 개선될 것으로 전망했다.[110] 미래 차량의 조립 시간 25퍼센트 향상, 공장 바닥 면적 30퍼센트 감소, 도장 공정 효율성 향상이 포함되었다.

그들의 제조 역량은 업계의 주목을 받고 있다. 2023년 프리몬트 공장은 북미 최고의 생산성 시설에 선정되었다. 테슬라는 동일한 모델도 매년 급진적인 개선을 추구한다. 연식에 관계없이 필요하면 업그레이드를 결정한다. 기가 프레스 도입 후 많은 업체가 모방을 시도했지만 기존 제조업체는 비용과 기술 측면에서 3년 이상 뒤처진 것으로 평가되었다.

이처럼 빠른 성장 추구는 블리츠스케일링 blitzscaling 사고방식과 닿는다. 급격한 성장으로 시장에서 압도적 점유율을 확보하는 것이다. 독일군이 2차 세계대전 중 사용한 전격전 blitzkrieg 전술에 비유된다. 번개처럼 빠른 속도와 기습으로 적을 압도한다. 실리콘밸리 기업은 빠른 시장 창출과 선점을 위해 고위험, 고수익 전략을 추구한다. 테슬라도 제조 공정의 근본 혁신으로 생산 능력을 확충해 빠르게 점유율을 늘리려 한다. 막대한 선행 투자가 필요하다. 그러나 기존 업체처럼 보수적으로 접근하지 않고 과감한 결정을 내린다. 머스크는 프로토타입 제조 능력이 아니라 얼마나 빠르게 대량 생산 체제로 이행할 수 있는지가 진정 중요한 역량이라고 강조해 왔다.

자본 집약적 특성 때문에 기존 메이커가 확고한 지위를 누리는 보수적인 자동차 시장에서 신생 기업이 도전장을 내미는 것은 그동안 불가능에 가까웠다. 테슬라는 비즈니스 관행을 파괴하고 전례 없는 변칙 플레이로 빠른 확장을 추구한다. 경쟁자가 따라오기 전에 경쟁 우위를 다지고 체급을 올려 시장 지배력을 확보한다. 큰 물고기가 작은 물고기를 잡아먹는 시대는 지났다. 빠른 물고기가 느린 물고기를 잡아먹는 것이다.

블리츠스케일링 개념은 아마존의 폭발적 성장을 통해 입증되었다. 기존 업체들은 아마존을 막을 수 있을 만큼 충분히 빠르게 비즈니스 모델을 바꿀 수 없었다. 현재 아마존은 미국 내 전자상거래 절반을 차지한다. 테슬라도 빠른 속도로 시장을 잠식해 2023년 미국 내 전기차 판매의 50퍼센트를 차지했다. 전통 업체와 신생 전기차 업체가 테슬라를 모방해 따라잡는 건 시간 문제란 전망이 있었다. 그러나 여전히 2024년에 순수 배터리 전기차로 이익을 낸 건 테슬라뿐이다.

아마존 전자상거래 사업은 빠른 성장에도 불구하고 이익을 내기까지 15~20년이 걸렸다. 그리고 대부분의 수익은 전자상거래가 아닌 AWS 기반 클라우드 서비스에서 나온다. 성장 속도를 낮추었다면 전자상거래에서도 이익을 낼 수 있었을 것이다. 하지만 회사는 수익을 재투자해 시장 지배력을 키우는 쪽을 택했다. 단기 수익은 포기한다. 대신 초고속 확장으로 경쟁을 압도한다.

테슬라의 핵심도 속도다. 매우 소수의 사람만이 테슬라의 확장 전략을 이해한다. 전격적인 전기차 확장의 축은 자율주행 완성이다. 전통 제조업체는 수익성 문제로 전기차 전환을 늦추고 내연기관, 하이브리드에서 이익을 취하려 한다. 딜러 네트워크는 낮은 전기차 마진 때문에 변화에 협조적이지 않다. 테슬라는 채널의 낭비를 없애고자 광고를 없애고 소비자에게 직접 판매한다.

제조 혁신이 가속화되면 추가 생산 단위당 비용은 더 줄어든다. 테슬라는 한계 비용이 0에 가까워질 때까지 이 전략을 지속할 것이다. 휴머노이드 로봇을 도입한 인간 노동 제거는 비용 전략의 화룡점정이다. 비용 절감은 가격을 낮춰 더 많은 사람이 구매할 수 있도록 할 것이다. 지속 가능한 모빌리티로의 전환을 가속화한다. 자본 투자 감소는 재정적 지속 가능성을 높이고, 혁신과 확장을 위한 자원 배분 여유를 만든다.

전기자동차 보급의 가장 큰 장애물이 비용이다. 배터리 비용과 제조 공정으로 내연기관차보다 비싸다는 인식이 강했다. 업계 투자도 미진했다. 테슬라 제조 혁신은 생산 비용 절감을 넘어 경제성을 근본적으로 바꾸는 걸 목표로 한다. 장거리 주행 가능한 전기차를 내연기관차보다 저렴하게 만들어 대중화를 가속화한다. 로보택시는 이를 더욱 가속화한다. 공장에서 조립을 완료한 로보택시는 그 순간 혼자 승객을 태우러 나갈 수 있다. 재고 없는 제조업이 가능해진다. 고객에게 직접 판매해야 하는 부담도 없다. 이 모델은 간소화된 공정, 재료 공학의 혁신으로 연간 100만 대 생산 가능하다.

라인에서 5초마다 한 대씩 굴러나오는 모습을 보게 될 것이다.

제조 혁신은 제프리 무어 Geoffrey Moore 가 신기술 채택 이론에서 밝힌 캐즘 chasm 극복의 핵심이다.[111] 신기술이 등장하면 얼리 어답터 early adopter 와 초기 다수층 early majority 사이에 간극이 생긴다. 이를 넘어야 기술은 대중 시장으로 확산된다. 그러려면 당연히 높은 비용, 주행 거리, 충전 인프라 문제를 해결하고 다양한 선택지를 제공해야 한다. 테슬라 제조 혁신이 가속화될수록 기존 제조업체의 투자도 확대되고 기술 혁신이 빠르게 확산될 것이다.

제조의 미래

테슬라 제조 혁신의 청사진에 대한 회의론도 존재한다. 새로운 제조 공정을 대규모로 구현하는 것은 큰 도전이다. 새로운 설비와 인력에 대한 투자도 부담이 된다. 2018년의 모델3 생산 지옥 사례는 완전 자동화 추구에 대한 확증 편향이 생산 병목과 품질 문제, 나아가 소비자 신뢰 하락으로 이어질 수 있음을 보여주었다. 일부 전문가는 테슬라의 비용 절감과 생산성 향상 효과가 크지 않을 거라는 의문을 제기하기도 한다.

이를 기존 제조의 표준인 토요타 생산 방식과 비교해 볼 수 있다. 토요타 생산 방식은 점진적 개선, 적시 생산을 통한 낭비 제거 및 효율성 극대화에 초점을 둔다. 기존 업체들은 이를 근간으로 최적화된 생산 방식을 유지해 왔다. 반면, 테슬라는 기존 프로세스를 근본적으로 재구성한다. 장기간 숙성되고 검증된 방식에서 벗어나는 건 큰 도전이다. 처음 시도되는 기법이 많으므로 생산 차량의 안전 및 신뢰성 우려도 있다. 기가캐스팅 부품의 장기 내구성, 연식 변경을 따르지 않는 상시 부품 개선에 의한 애프터 서비스 복잡성 증가도 우려된다.

하지만 테슬라 방식은 향후 제조 100년을 재정의할 가능성이 있다. 자동화와 AI 통합이 핵심이다. 테슬라 제조 시설은 로보틱스를 활용해 생산 효율성과 정밀도를 높일 궁리를 한다. 휴머노이드 로봇 옵티머스 Optimus 프로젝트로 자율성을 지닌 로봇이 인간 노동력을 대체하고 보완하도록 한다. 더 낮은 비용의 시대다. 물론 자동화 제조 환경은 기존 인력의 재교육, 재배치의 중요성도 부각시킨다.

이 모두는 소비자에게 더 효율적이고 지속 가능한 미래를 제공하기 위한 과정이다. 머스크는 기존 통념을 깨고 기술 발전을 수용해 제조를 변화시킨다. 그러한 시도는 비용 절감, 환경적 지속 가능성, 산업 혁신 측면에서 시장을 근본적으로 재편할 것이다.

역사적 혁신의 순간은 다르게 생각한다는 단순한 행위에서 시작되곤 했다. 신대륙을 발견한 크리스토퍼 콜럼버스 Christopher Columbus 는 "달걀을 똑바로 세워 보라"는 도전에 직면했다. 그는 교묘히 바닥을 깨뜨린 후 달걀을 세웠다. 사람들은 누구나 할 수 있는 일이라며 비난했다. 그는 "왜 아무도 시도하지 않았는가"라며 반문했다.

콜럼버스의 행동은 인간 독창성의 증거다. 기존 규범에서 벗어난 새로운 패러다임을 제시하고 무엇보다 실행하는 중요성을 보여준다. 우리에겐 고정 관념에 얽매이지 않는 사고가 필요하다. 머스크는 오랜 자동차 제조 프로세스를 혁신하며 "왜 아무도 새로운 미래를 준비하지 않았는가"라는 질문을 던진다. 또한 "왜 아무도 실행하지 않았는가"라고도 물을 것이다.

인류의 다음 단계를
설계하는 사람

"우주 비행에 큰 변화를 가져오는 겁니다. 거의 모든 사람이 우주 비행을 할 수 있도록 도울 겁니다."

"What I'm trying to do is, to make a significant difference in space flight. And help make space flight accessible to almost anyone."

일론 머스크는 우주 탐사의 영감을 준 책으로 《은하수를 여행하는 히치하이커를 위한 안내서》를 꼽았다. 이 책을 읽으며 그는 인류 문명을 지구 너머 우주로 확장할 우주 탐사 기업을 세우겠다는 의지를 다졌다.

"로드스터가 우주를 끝없이 표류하다 수백만 년 후 외계 종족에게 발견되는 상상을 좋아합니다I love the thought of a car drifting

2018년 2월 6일, 머스크는 팰컨 헤비 로켓의 최초 비행에 자신이 소유했던 2008년식 테슬라 로드스터를 실었다. 운전석에는 우주복을 입은 스타맨 인형이 탑승했다. 자동차와 인형의 무게는 1.4톤. 스페이스X는 이 미션을 통해 미래 화성 임무를 위한 충분한 화물 적재 능력을 갖추었음을 보여주려 했다. 머스크는 "우주에서 새로운 일이 일어날 가능성에 대해 대중에게 영감을 주고 싶다"고 언급했다.

발사된 로드스터의 궤도는 사람들에게 호기심을 불러일으켰다. 시속 7,200킬로미터로 태양을 돌며 때때로 지구와 화성을 스쳐 지나간다. NASA 데이터에 기반한 추적 사이트 WhereIsRoadster.com에 따르면 2024년 4월, 발사 6년 2개월 만에 로드스터는 지구에서 9000만 킬로미터 떨어진 곳에 있었다. 차내에 배터리가 남아 있었다면 스타맨은 발사 당시 틀어 둔 데이빗 보위David Bowie의 〈스페이스 오디티Space oddity〉와 〈라이프 온 마스Life on Mars〉를 60만 번 넘게 들었을 것이다. 참고로 스타맨은 보위의 별명 중 하나다.

로드스터는 557일마다 불규칙한 궤도로 태양을 한 바퀴 돈다고 알려졌다. 지금까지 네 바퀴 돌았다. 궤도는 수백만 년 동안 유지될 수 있지만 태양 및 우주 방사선, 미세 운석 충돌의 영향으로 파괴될 가능성이 있다. 다만, 이 모든 가정은 시뮬레이션에 기반한 것이다. 로드스터는 발사 후 한 달이 지난 2018년 3월 이후 직접 관찰되지 않았다.

스페이스X의 계산으로는 2020년 10월 7일 첫 화성 접근, 2047년 지구 500만 킬로미터 거리에 나타날 것으로 예상한다. 천체 물리학자들은 지구, 금성 또는 태양과 충돌할 가능성도 예상한다. 1500만 년 내 22퍼센트 확률로 지구 충돌 혹은 대기권 소멸 가능성이 있다. 금성 및 태양과 충돌할 확률은 12퍼센트다.

원래 로드스터는 화성 근처 태양 중심 궤도에 배치할 예정이었다. 그러나 자체 자세 조정 장치가 없어 정확한 궤도를 유지할 수 없다. 머스크는 2019년 트윗에서 "언젠가 스페이스X가 소형 우주선을 발사해 로드스터를 따라잡아 사진을 찍고, 연구 목적으로 지구로 가져올 수 있을 것"이라 말했다.

우주 탐사의 동기

머스크와 스페이스X는 우주 탐사에 집착한다. SF 3대 거장 중 한 명인 아서 C. 클라크 Arthur C. Clarke 는 이렇게 말했다. "지적 생명체의 존재와 관련, 두 가지 가능성이 있다. 우리가 우주에서 유일한 존재이거나 그렇지 않거나. 둘 다 똑같이 끔찍하다 Two possibilities exist: either we are alone in the universe or we are not. Both are equally terrifying."

엔리코 페르미 Enrico Fermi* 는 외계 지적 생명체의 존재 가능성에

대한 페르미 역설Fermi Paradox을 제시했다. 1950년, 네 명의 과학자가 점심을 먹고 있었다. 그들은 우주의 크기와 역사를 고려할 때 인류 문명처럼 고등한 외계 문명이 존재할 것이라는 결론에 도달했다. 페르미는 이런 질문을 했다. "그들은 어디에 있는가Where are they?"

페르미 역설은 우주의 광대함을 고려하면 외계 문명 존재 가능성이 큰데 왜 인류가 아직 접촉하지 못했는지 의문을 제기한다. 이 질문은 과학과 철학적 논의를 자극한다. 동시에 우주 탐사 및 다행성 종족을 향한 기술 발전의 필요성도 강조한다. 질문에 대한 가능성은 세 가지로 답할 수 있다. 첫째, 외계인은 이미 지구에 왔지만, 인류는 인지하지 못했다. 둘째, 외계 문명은 존재하지만, 접촉이 불가능하다. 셋째, 외계 문명은 존재하지 않는다.

각 가능성은 다양한 이론과 가설을 동반하고 모두 나름의 설득력이 있다. 우주의 규모와 복잡성을 감안하면 인류가 발견하지 못한 문명이 존재할 가능성이 크다. 외계 문명이 지구와 접촉을 피했거나, 우리가 탐지할 수 없는 방식으로 통신하거나, 완전히 다른 물리 법칙, 기술, 지식을 가졌을 수 있다. 문명의 존재 시간 대역 차이, 초신성Supernova 폭발 같은 우주적 재앙으로 외계 문명이 멸망했을 가능성도 시나리오에 포함된다.

그러나 인류가 외계 문명과 만나지 못한 가장 확실한 이유 중 하나는 기술적 한계다. 우주 곳곳에 퍼져 있을지 모르는 생명의 증거를 찾으려는 노력을 뒷받침하는 것이 탐사 기술이다. 인간의 관찰 범위가 외계 문명을 발견할 가능성을 제한하고 있다는 것이다. 지금 우리가 가진 기술로는 우주의 극히 일부만 탐사할 수 있다.

거리와 통신의 한계는 명확하다. 광속에 도달하지 못한 인류의 기술은 정보 전달 속도를 제한한다. 현재 기술로는 가장 가까운 항성계에서 오는 신호도 인지하기 어렵다. 지구와 유사한 조건을 갖추고 문명의 가능성을 품은 행성들이 수백만 광년 떨어진 곳에 존재할 수 있다. 우주에 대한 이해를 넓히고 다른 생명체와 접촉 가능성을 높이려면 거리의 극복이 최우선 과제인 것이다.

우주에서 지적 생명체에 의한 문명의 발생은 매우 드문 이벤트로 여겨진다. 이처럼 어렵게 발달한 문명도 외부 위험 요소나 자체적인 문제로 인해 멸망할 수 있다. 지구에서 지적 생명체가 태동했다는 사실은 매우 특별하다. 따라서 우리는 스스로의 존재를 확장하고 보존해야 한다.

그렇다면 다행성 종족이 되어야 할 당위성은 무엇일까. 만약 지구가 우주에서 문명을 지닌 유일한 행성이라면 그 존재를 확장하고 다른 행성에서 삶과 문명을 지속할 방법을 찾아야 한다. 로켓과 탐사 기술의 발전은 기술적 성취 이상의 것이다. 인류의 미래를 결정할 필수 요인인 셈이다. 그래서 페르미 역설은 우주 탐사의 필요성을 지지한다. 다시 말해 우주적 관점에서 인류는 스스로의 위치를 재정립하고 미래를 설계해야 한다. 미스터리를 탐구하고 한계를 넘어 새로운 역사를 개척해야 한다.

스페이스X는 이런 사명을 바탕으로 탄생했다. 결국 페르미 역설의 질문이 사업 목표와 연결된다. 회사의 목표는 우주 탐사 기술로 인류를 다행성 종족으로 만드는 것 ^{Making humanity multi-planetary} 이다. 행성을 탐사하고 그곳에 정착할 기술과 자원을 개발한다. 우주는 인류의 새로운 무대다. 새로운 문명을 구축할 가능성을 탐색한다. 이를 통해 페르미 역설이 제기한 우주적 고립에서 벗어날 수 있다.

화성 탐사 프로젝트에 사용될 우주선 스타십은 이윤을 목표로 하지 않는다. 실제로도 현재 수익이 전혀 없다. 하지만 머스크는 다수의 회의론에도 불구하고 강력하게 추진한다. 1차 목표는 인류가 다른 행성에 도달하고, 필요한 자원을 채취하고, 지속 가능한 방식으로 정착하는 것을 지원하는 일이다. 다른 지적 생명체를 발견하지 못한다면 인류가 우주 구석구석 문명을 퍼뜨리는 역할을 할 것이다. 우주적 진화의 다음 단계는 인류가 주도한다. 이것이 우주 탐사의 2차적 목표다.

2024년 4월, 일론 머스크는 텍사스에 위치한 스페이스X 본거지 스타베이스 ^{Star Base} 에서 임직원을 대상으로 회사의 장기 비전을 설명했다. 이 웅대한 사명을 이해하려면 전체 메시지를 살펴보는 편이 좋다. 다음은 머스크 발표의 전문이다.[112]

2024 SpaceX Presentation

"인류의 삶을 다행성으로 만드는 여정에서 스페이스X는 다양한 노력을 하고 있습니다. 스타링크 저궤도 위성 시스템은 전 세계적으로 연결성을 제공합니다. 이는 복수의 다른 프로젝트에 자금을 지원하는 역할도 합니다. 팰컨9 로켓은 지구의 주요 발사체 중 하나로, 다른 어떤 로켓보다 많은 위탁 프로젝트를 수행합니다. 스타십은 인류의 다행성 삶을 실현하기 위해 설계된 최초의 로켓으로, 성공 가능성이 큰 프로젝트입니다. 스타십 이전 다른 어떤 로켓도 생명을 다른 행성으로 확장할 잠재력은 갖지 못했습니다.

잠시 난해한 얘기를 하겠습니다. 이상하게 들리겠지만 외계인은 어디에 있을까요? 저는 이 질문을 자주 받습니다. 페르미 역설과 연결됩니다. 외계인은 어디 있는가? 저는 지구에 외계인이 존재한다는 증거를 본 적이 없습니다. 많은 사람이 지구에 외계인이 있다고 생각합니다. 저도 정말 만나고 싶습니다.

과거 영주권 같은 걸 받을 때 서류에 '외국인 등록증 Alien Registration Card '이라 적혀 있었습니다.* 외계인이 어디 있냐는 질문은 심오한 질문입니다. 만약 외계인 존재를 시사하는 그 어떤 증거도 없다면 우리는 아마 유일한 지적 생명체일지도 모릅니다.

지구의 역사를 돌아보면 나이는 얼마나 될까요? 물리학의 기본 가정이 옳다면 우주는 138억 년, 지구는 45억 년의 역사를 갖고 있습니다. 인류 문명의 존재 기간을 확인하기 위한 적절한 기준점은 문자 출현이라고 생각합니다. 보통 고대 수메르 문자가 인류 최초의 문자로 간주됩니다. 그들은 지금 어디 있을까요? 사라졌습니다.

---

* 외국인 등록증: 미국 영주권 Green Card의 다른 이름인 Alien Registration Card. 'alien'은 외계인이란 뜻도 있다.

5,500년 전, 설형 문자cuneiform가 나타났습니다. 문자의 역사에 대해 읽다 보면 흥미로운 사실들 외에 새로운 것도 알게 됩니다. 문명 개념이 존재하려면 문자가 필요합니다. 지구가 존재한 45억 년, 우주가 존재한 138억 년 기간 중, 문자가 존재한 기간은 겨우 5,000년밖에 되지 않으니 문명은 눈 깜짝할 찰나에 불과한 시간입니다.

그렇다면 문명이나 의식consciousness은 우주적으로도 매우 희귀한 것입니다. 찰나적이며 오래 지속되지 않을 수 있다는 겁니다. 의식이 우주에 흔하게 있다면 이미 외계인을 만나고 그 존재 징후를 발견했을 것입니다. 가장 가능성이 큰 설명은 '의식은 우주 전체적으로도 매우 드문 현상'이란 겁니다.

그러면 한 문명이 다른 행성, 다른 항성계로 확장될 수 있을까요? 우리가 궁극적으로 우주를 무대로 하는 다행성 종족multi-planetary species, 나아가 다항성 종족이 되어 온 우주를 탐험하는 날이 오면 오래전에 멸망한 단일 행성 기반의 문명이 많다는 것을 깨닫게 될 것입니다.

오랫동안 말해왔지만 스페이스X는 지구가 그런 시시한 외행성 문명 중 하나가 되는 것을 바라지 않습니다. 우리의 궁극적 목표는 인류를 다행성 문명으로 만드는 것입니다. 수많은 별 사이를 항해하며 SF를 공상이 아닌 현실로 만들고 싶습니다. 스타트렉 이야기를 현실로 만드는 겁니다.

그러려면 인류가 복수의 행성에서 삶을 영위하는 게 중요합니다. 45억 년 역사상 처음으로 지구를 넘어 의식의 생명을 연장할 가능성을 손에 쥐게 되었습니다. 이 중요한 과업은 하나의 문명으로서 강성한 동안에 수행해야 합니다. 그것이 스페이스X의 가장 중요한 사명입니다. 인류의 삶을 다른 행성으로 지속 가능하게 연장하는 것입니다.

화성은 현재 우리에게 유일한 선택지입니다. 3차 세계대전 같은 파괴적인 사태가 일어나기 전에 화성에서 생활이 가능하도록 하는 것이 가장 이상적인 방법입니다. 중요한 것은 지구에 어떤 일이 생기더라도 화성이 자립 상태에서 인류의 의식을 지속하도록 충분한 사람과 자원을 확보하는 것입니다.

지구를 포기하자는 이야기가 아닙니다. 지금처럼 좋은 상태를 가능한 오래 유지하길 바랍니다. 하지만 통제할 수 없는 몇 가지 일들이 일어날 가능성도 있습니다. 그래서 화성을 최대한 빠르게 자립 가능한 문명으로 만들어야 한다고 생각합니다. 20년 안에 가능하다고 믿습니다.

이 계획에는 지금 건설 중인 거대한 스타십 공장, 이곳 텍사스의 스타베이스, 케이프 커내버럴, 그리고 미래에 다른 곳에 지어질 발사장들이 핵심 역할을 할 것입니다. 스타십 3차 발사 영상을 볼까요? 놀랍습니다. 컴퓨터 그래픽으로 만든 것처럼 선명하죠. 조작한 영상이 아니라고 믿기 어려울 정도입니다. 실제 카메라가 우주에서 찍은 그대로의 모습입니다. 원본 영상이 이 정도로 선명하다는 게 정말 대단하지 않나요? 스페이스X는 아무도 상상하지 못한 놀라운 일을 해내고 있습니다. 리오 그란데^{Rio Grande} 강변의 모래밭에 불과했던 이곳이 화성의 관문이 되다니, 믿기 힘든 현실입니다. 모든 것이 여러분 덕분입니다.

지난 세 번의 스타십 발사 장면을 나란히 비교하면 로켓 추진력이 크게 향상된 걸 알 수 있습니다. 첫 번째 비행에서 세 번째 비행까지 엄청난 발전을 이뤘죠. 한 달 후 네 번째 비행이 예정되어 있습니다. 4차 발사에 운이 따른다면 스타십 본체는 고열 구간^{high heating regime}*을 무사히 지나 바다 위 정해진 지점에 통제된 상태에서 착륙할 겁니다. 사용된 로켓 부스터는 가상 타워에 착륙할 겁니다. 만약 이번에 가상의 지점에 성공적으로 안착시키면 다섯 번째 시험 비행에서 부스터를 발사 장소로 되돌려 실제 타워에 착륙하도록 시도할 겁니다.

낙관적 계획으로 보일 수 있지만 가능하다고 봅니다. 운명을 시험할 생각은 없습니다. 올해 안에 발사 후 돌아온 로켓 부스터를 메카질라^{Mechazilla}** 거치대로 붙잡을 확률은 80~90퍼센트 정도입

---

* 고열 구간: 로켓은 비행 중 대기와 마찰로 극도로 높은 온도를 경험한다. 속도가 빠를수록, 로켓이 통과하는 대기 밀도가 높을수록 고열이 발생한다. 지구로 돌아오는 재진입 과정에 발생하는 열은 선체를 녹일 수 있으므로 열을 흡수, 반사, 방출해 로켓 구조와 탑재물을 보호하는 열 차폐 및 보호 시스템이 장착된다.

** 메카질라: 스타십 프로그램에서는 로켓 부스터가 발사장으로 되돌아온다. 타워는 부스터를 젓가락같이 생긴 두 개의 팔로 잡아 착륙시킨다. 기존 팰컨9 착륙용 다리는 재사용 시 정비가 필요하다. 그래서 다리를 제거해 비용과 무게를 절감한다. 1974년 고질라 영화에 등장하는 기계 괴수를 닮았다고 하여 이런 이름이 붙었다.

니다. 로켓 부스터를 발사대에서 붙잡는 아이디어를 처음 논의했을 때보다 더 미친 소리처럼 들리는군요. 말 그대로 영화 속의 괴수, 메카질라보다 더 거대한 설비가 될 겁니다.

인류 역사상 가장 거대한 비행체를 공중에서 기계 팔로 낚아챈다니, 이상하게 들릴 수 있죠. 하지만 우리는 할 겁니다. 처음엔 잘 안 될 수 있습니다. 그래도 결국 해낼 겁니다(스타십 5차 비행과 메카질라 착륙은 2024년 10월에 성공했다: 작가 주).

스타십은 인류 의식의 빛을 지키고 다행성 종족으로 이끌 열쇠입니다. 중요한 건 우리가 이를 시도한다는 것입니다. 앞서 말했듯 인류 의식은 끝없는 어둠 속에서 잠깐 켜진 촛불처럼 쉽게 사라질 수 있습니다. 지구의 이 작은 빛을 보존하고 싶습니다. 안타깝지만 화성을 정복하고, 다른 항성계로 활동 무대를 넓히고, 인류 의식을 확장하는 모습은 제가 냉동 인간이라도 되지 않는 한 이번 세대에 보기 어려울지 모릅니다.

하지만 언젠가 인류는 백만 년, 이백만 년, 심지어 천만년 동안 지속된, 우리보다 훨씬 오래된 문명을 발견하게 될 겁니다. 138억 년 우주의 장대한 역사 속에서 백만 년 역사를 가진 문명이 존재할 확률은 소수점 세 자리 이하에 불과하고, 수백만 년을 더 지속하더라도 소수점 한 자리가 올라가는 정도입니다. 어떻게 우리 문명이 백만 년 이상 지속될 수 있을지 고민해야 합니다. 매일 반복되는 일상에 매몰되기 쉽지만 십억 년, 일억 년은 안 되더라도 백만 년 지속 가능 문명을 위해 노력할 가치는 분명 있을 겁니다. 그 목표의 첫걸음이 다행성 종족입니다.

사람들은 종종 묻습니다. 왜 하필 화성이냐고요. 솔직히 대안이 많지 않습니다. 금성은 높은 압력과 산성 목욕탕 같은 곳이라 가고 싶지 않을 겁니다. 달은 대기가 없고, 중력이 지구의 6분의 1에 불과하며, 자원도 부족합니다. 화성에 비하면 달의 단열 능력은 훨씬 떨어지죠.

지구 문명을 파괴할 만한 사건을 상상해 봅시다. 예를 들어 제3차 세계대전이나 전 지구적 핵전쟁입니다. 나쁜 사람들이 달에 핵무기를 몇 발 쏠지 모르죠. 하지만 화성에 핵무기를 발사하는 건 훨씬 어렵습니다. 화성 문명은 미사일이 날아오는 걸 알아차리고 대응할 시간을 벌 수 있습니다. 지구에서 무슨 일이 터져도 거리가 있고, 도착하기까지 시간이 걸리므로 화성은 의식의 지속성 측면에서 큰 장점을 가집니다.

화성을 지나면 세레스 왜소행성 Ceres Asteroid*과 목성의 몇몇 위성을 만나게 됩니다. 스타십은 기본적으로 태양계 어디든 도달할 능력을 갖추게 될 겁니다. 다른 항성계로 가려면 또 다른 기술이 필요합니다. 하지만 화성을 정복하지 못하면 다른 항성계는 그저 꿈일 뿐입니다. 화성은 낡아서 손볼 곳이 있긴 하지만 꽤 괜찮은 집 같은 곳입니다. 할 일이 좀 있겠지만 다행성 종족이 되려면 최선

---

* 세레스 왜소행성: 화성과 목성 사이 소행성대에서 가장 큰 천체. 태양계 내부 유일한 왜소행성.

의 선택지입니다. 열을 가하면 대기가 두터워지고, 지표면의 40퍼센트는 물로 덮일 것입니다. 장기적으로 지구와 비슷한 환경을 갖춘 행성이 될 수 있습니다.

스페이스X의 초창기를 떠올려 보면 참 많은 걸 배웠습니다. 초기에는 작은 로켓 하나도 궤도에 올리지 못했지만 지금까지 327번의 발사에 성공했고, 291번의 – 몇 주 후면 300회가 되겠지만 – 성공적인 부스터 착륙, 261번의 재발사를 달성했습니다. 과거에 "로켓 재사용은 불가능하다", "자주 발사할 일이 없으니 재사용은 의미 없다"는 말을 숱하게 들었죠. 하지만 지금은 모든 발사 후에 부스터를 회수해 재사용하고, 로켓 상단 덮개fairing도 회수합니다. 팰컨 프로그램에서 많은 학습을 했고, 그 교훈들이 스타십 프로그램의 토대가 되었습니다. 팰컨 로켓과 스타링크 사업은 회사의 수익 기반이 되어 새로운 프로젝트를 가능하게 합니다. 팰컨 팀의 성과에 진심으로 박수를 보냅니다.

다음은 드래곤Dragon 우주선입니다. 지금까지 우리는 45번 드래곤을 발사했습니다. 대단하죠. 50명의 대원을 지구 궤도로, 46명을 우주 정거장으로 수송했습니다. 모두 안전하게 지구로 귀환했죠. 안전이 최우선입니다. 드래곤 팀에게도 박수를 보냅니다.

그리고 스타링크입니다. 지구 궤도를 도는 이 위성 프로젝트는 소름이 돋을 정도입니다. 6,000개 이상의 스타링크 위성이 저궤도에서 운영 중이고, 1만 개의 레이저 통신 장비로 위성 간 통신을 연결하며, 전 세계 300만 고객이 사용합니다. 인터넷에 접속 불가능한 환경에 있는 사람들, 인터넷 비용이 비싼 지역의 고객들을 도우며 좋은 일을 합니다.

다행성 종족이 되려면 당연히 지구를 가능한 가장 좋은 상태로 만들고 난 후에 화성 환경을 개선해 가야 합니다. 스타링크의 대함대는 여기에 크게 기여합니다. 사업에서 배운 것들은 화성과의 통신망, 화성 내 자체 통신망의 구축에 활용될 것입니다.

스페이스X는 아주 작은 로켓에서 출발했습니다. 이후 훨씬 큰 팰컨9을 개발했고, 반복 발사를 통해 팰컨 헤비를 만들어냈고, 최종적으로 훨씬 큰 스타십 개발로 이어졌습니다.* 올해 계획이 순조롭다면 지구 주요 궤도 발사의 90퍼센트를 담당하게 됩니다. 중국이 6퍼센트, 나머지 국가가 4퍼센트를 차지하죠. 놀랍죠? 스타십 프로그램이 완성되면 지구 주요 궤도 발사의 99퍼센트 이상을 우리가 맡게 됩니다.

화성에 도시를 짓고 달 기지를 세우려면 필수적인 일입니다. 팰컨1은 궤도까지 0.5톤을 실어 나를 수 있었지만, 팰컨9은 25톤, 팰컨 헤비는 70톤, 최종 스타십의 완성형은 200톤 수송 능력과 하루에도 몇 번씩 재발사할 수 있는 능력을 갖게 됩니다. 저는 올해 이 수준을 80~90퍼센트 확률로 달성할 거라 확신합니다.

스타십 우주선의 본체 회수와 재사용에는 시간이 좀 더 걸릴

---

* 팰컨1: 폭 1.7m, 높이 21.3m. 팰컨9: 폭 3.7m, 높이 70m. 팰컨 헤비: 폭 12m, 높이 70m. 스타십: 폭 9m, 높이 121m.

것 같습니다. 발사 지점으로 재착륙을 시도하기 전에 먼저 바다 위 통제 지점에 최소 두 번 연속 착륙시키는 것을 목표로 합니다. 멕시코나 미국 상공에 로켓 파편이 떨어지지 않도록 말이죠. 제 예상으로 내년쯤 우주선 본체를 재사용할 수 있을 겁니다. 올해 안에 태평양이나 인도양의 가상 타워, 해상 통제 지점에 착륙시킬 수 있을 겁니다. 현재 우리는 로켓 착륙 제어의 마지막 단계에 와 있습니다. 수평 자세에서 수직 착륙 자세로 전환하는 과정을 확인했고 이제 대기권 재진입 시 고열 문제를 해결할 수 있는지 검증해야 합니다. 그 후에 우주선 본체도 발사 타워로 돌아와 착륙하게 될 것입니다.

앞으로 메카질라를 더 많이 건설할 계획입니다. 텍사스 스타베이스에 발사 타워 두 개가 세워지고, 케이프 커내버럴에도 두 개 생길 겁니다. 내년쯤 스타십을 위한 네 개 발사 타워를 갖추게 됩니다. 내년 중반 케이프 커내버럴에서 첫 번째 발사 타워와 시스템을 운영하는 걸 목표로 합니다. 로켓이 지상을 비행하는 발사 방위각에 중요하기 때문입니다. 개발 단계 로켓 발사와 새로운 기술 검증, 로켓 제작은 주로 스타베이스에서, 실제 발사 운영은 대부분 케이프 커내버럴에서 진행됩니다. 올해는 부스터와 스타십을 추가로 여섯 개 정도 제작합니다. 거대 로켓 공장이 지어지고 있으니까 내년엔 생산성이 크게 향상될 겁니다.

화성에 가려면 부스터보다 우주선을 많이 만들어야 합니다. 화성에 도착하면 원자재가 매우 귀하기 때문에 우주선을 분해해 현지에서 자재로 활용해야 하기 때문입니다. 대부분 우주선은 지구로 돌아오지 않고 자원으로 사용될 겁니다. 장기적으로 우주선을 지구에 귀환시키고 싶습니다. 지구로 돌아올 수 있다면 더 많은 사람이 화성에 가고 싶어 할 테니까요. 하지만 제 생각에 화성에 간 사람들은 아마 돌아오지 않을 것 같습니다. 그래서 궁극적으로 하루에 여러 대 우주선을 생산할 수 있는 수준까지 생산력을 올려야 한다고 봅니다.

내년엔 우주선 간 추진체 propellant 이송 실험을 목표로 합니다. 두 대의 우주선이 연결된 상태에서 연료를 주고받는 모습은 어색하겠지만 화성으로의 여정에서 핵심적인 단계입니다. 비행기가 공중 급유를 하듯 지구 궤도상에서 추진체를 재충전하는 거죠. 화성까지 가려면 네다섯 번 연료 충전이 필요할 겁니다. 인류가 달에 재방문하는 아르테미스 프로그램에서도 매우 중요합니다.

달 기지엔 메카질라가 없으니 우주선은 착륙 다리를 갖게 됩니다. 하지만 달에는 대기가 없어 스타십처럼 단열 차폐막이나 양력 장치 flap가 필요 없습니다. 궁극적으로 문베이스 알파 Moon Base Alpha 라는 첫 번째 영구 달 기지를 건설할 겁니다. 정말 흥미로운 일이 될 겁니다. 달에서 이착륙을 반복하며 궤도에서 추진체를 재충전하지만, 지구로는 귀환하지 않는 특수 우주선 여러 대가 달 기지에 배치될 겁니다.

스타십은 각 발전 단계에 놀라운 진전을 이뤘습니다. 랩터 엔진을 보면 성능 향상 수준을 알 수 있죠. 추력은 185톤에서 280톤으로 늘었고, 궁극적으로 330톤 이상이 될 겁니다. 최종 탑재 엔진 수(33기)를 따져 보면 총 1만 톤 추력을 가지게 될 겁니다.

랩터3 엔진은 열 차폐가 불필요한 설계로, 겉보기에 단순해 보이지만 랩터2엔 없던 복잡한 냉각 시스템이 내장되어 있습니다. 차폐막을 없애려면 회복력이 높은 시스템이 필수입니다. 랩터3는 기존 시스템 대비 부품 수가 많이 줄었습니다. 일부 부품이 제거되고 주요 냉각 시스템에 통합되었습니다. 2차 냉각관도 펌프 내부나 연소실 안에 포함되어 간결해졌습니다. 랩터3 제작은 어렵지만 시스템 통합으로 더 높은 성능을 내면서 무게는 줄어 안정성이 높아졌습니다.

스타십 발사 시 발생하는 긴 연소 불꽃은 정말 매력적입니다. 높은 속도를 내기 위해 연소실 압력이 높아지고 더 많은 가스가 배출되죠. 불꽃 길이가 1,000피트(약 300미터) 정도 되는데 로켓 길이 두 배 이상입니다. 추력이 커질수록 더 길어집니다. 필연적으로 로켓 크기도 커지겠죠. 현재 스타십의 궤도 수송 능력은 40~50톤 수준입니다. 스타십2는 100톤, 스타십3는 200톤 수송 능력을 갖게 됩니다. 추력은 7,000~8,000톤, 궁극적으론 1만 톤 이상 될 겁니다. 스타십2는 7,000~8,000톤 정도 여유 추력을 갖고 지금보다 10미터 더 커지게 됩니다.

팰컨9도 크지만 200톤 수송 능력을 갖추고 완전 재사용 가능한 스타십3는 정말 놀라울 겁니다. 크기는 약 150미터, 수천 가지 설계 개선이 반영될 겁니다. 무엇보다 중요한 건 비용입니다. 스타십3 발사 비용은 2006년 팰컨1보다 낮아질 겁니다. 한 번 쓰고 버리는 로켓, 재사용 로켓의 차이죠.

저비용 추진제와 자생 가압autogenous pressurization* 방식을 활용한 이 거대 재사용 로켓이 작은 일회용 로켓보다 비용이 저렴합니다. 팰컨1 궤도 수송 능력은 0.5톤에 불과하지만 400배 높은 수송 능력을 가진 스타십3는 발사 비용을 더 줄였습니다. 궁극적으로 1회 궤도 수송 비용은 200~300만 달러로 떨어질 겁니다. 누구도 하지 못한 일, 모두 불가능이라고 한 일을 실현하고 있습니다. 어떤 물리 법칙도 깨뜨리거나 무시하지 않고 현실로 만듭니다.

화성 미션은 지구와 화성 간 거리가 가장 가까워지는 2년, 혹은 26개월 주기로 진행됩니다. 스타링크 위성 라우터의 움직임을 영상에서 보면 호만 이동 궤도Hohmann Transfer Orbit**를 따라 지구 궤도에서 출발해 화성 궤도에 도달하는 과정을 보게 됩니다. 결국 스타링크 사용은 인류의 화성 프로젝트를 지원하는 일입니다. 멋지죠. 궁극적으로 2년마다 수천 대의 스타십 함대가 지구에

---

* 자생 가압: 탱크 내부 압력을 유지하기 위해 연료 일부를 기체 상태로 변환하여 탱크를 자동으로 가압하는 시스템으로, 연료가 원활하게 엔진으로 공급되기 위해 필요하다. 로켓이 상승하면서 탱크 내의 연료와 산화제는 중력 변화로 인해 아래로 쏠리게 되는데 이때 가압이 없으면 연료가 자유롭게 흐르지 않아 연소가 불안정해질 수 있다.

** 호만 이동 궤도: 궤도 역학에서 우주선을 동일 평면상 두 궤도 사이, 즉 낮은 궤도에서 높은 궤도, 또는 그 반대 방향으로 최소한의 추진체를 사용해 우주선을 이동시키는 경로를 찾는 방법. 지구에서 다른 행성으로 우주선을 보내거나 위성 궤도를 변경하는 데 사용된다.

서 화성으로 출발할 겁니다. TV 시리즈 〈배틀스타 갤럭티카 Battlestar Galactica〉*처럼 장관이겠죠. 물론 좋은 의미로요. 외계 종족에 쫓기듯 지구를 떠나는 게 아닙니다. 26개월마다 수천 척의 우주선이 화성으로 나아가는 모습은 정말 볼만할 겁니다.

화성까지의 이동 방법입니다만, 핫도그처럼 생긴 추진체 저장 우주선을 만들어야 합니다. 단열재가 두껍게 붙은 긴 우주선이죠. 화성행 우주선은 200톤 이하 화물을 싣고 지상에서 이륙해 추진체가 거의 소진된 채 궤도에 도착합니다. 궤도에서 추진체를 충전하고 화성으로 이동해 200톤의 유용한 화물과 함께 착륙합니다. 초기 정착 단계에서 우주선을 분해해 자재로 재활용하므로 대부분 우주선은 돌아오지 못할 것입니다.

하지만 시간이 흐르면 일부 우주선은 귀환해야겠죠. 그러기 위해 화성의 풍부한 얼음을 이용해 물 H_2O 을 만듭니다. 물과 이산화탄소 CO_2 에서 메탄 H_4 과 산소 O_2 를 제조합니다. 화성에서 공원 산책하듯 쉽게 메탄과 산소를 체계적으로 생산할 수 있습니다. 추진체 저장 우주선을 만들고, 우주선이 지구로 돌아올 수 있도록 하고, 아주 빠른 속도로 화성에 지속 가능 문명을 건설하는 겁니다.

화성까지의 비용은 원하는 누구나 갈 수 있을 만큼 낮추고 싶습니다. 지구에서 열심히 일해 저축하면 이상적으로 거의 누구나 화성으로 갈 수 있도록 말이죠. 정부가 화성 이주를 후원하는 모

습도 보게 될 겁니다.

화성엔 이상적 착륙 포인트가 있습니다. 자원이 풍부하고 물이나 얼음을 얻기 쉬운 곳입니다. 태양광 발전을 위해 너무 극지대는 피해야 하고 가능하다면 원자력으로 온도를 높이고 전력을 생산하는 게 좋을 겁니다. 초기엔 해수면보다(화성엔 바다가 없지만) 2킬로미터 정도 낮은 지대가 좋습니다. 착륙 지점은 극지점과 적도 중간 정도가 좋겠네요. (지구보다 대기가 희박하니) 낮은 지대에서 대기 밀도를 활용하는 게 유리하죠.

화성은 인프라 관점에서 할 일이 많습니다. 사람들은 그런 것도 지금부터 준비해야 하냐고 묻습니다. 저는 "아직 아니요"라고 답합니다. 인프라 준비는 마차, 로켓은 말입니다. 마차를 끌려면 말부터 있어야 합니다. 그다음 발전 시설, 얼음 채굴, 추진체 생산, 장기 생명 유지 시스템, 건설, 통신 시스템 같은 다양한 과제가 있습니다. 화성에서 할 일을 기업들에 열어줄 겁니다. 추진체 저장 창고는 스페이스X가 직접 만들겠지만 철광 제련소, 피자 가게, 술집 같은 건 필요하겠죠. 화성에 술집이라니, 정말 멋질 겁니다.

화성이 자급 도시가 되려면 100만 명의 인구와 수백만 톤의 화물이 필요하다고 봅니다. 저는 20년 안에 현실이 될 거라 생각합니다. 자급 도시가 되려면 모든 요소가 빠짐없이 갖춰져야 하죠. 인류 미래의 의식을 화성에 공유하려면 생존에 필요한 모든 게 준비되어야 합니다. 이를 위해 26개월 동안 하루 10번 로켓을 발사해 발사당 200톤, 총 150만 톤을 지구 저궤도로 수송합니다. 한 사이클에 25만 톤 화물을 화성에 보낼 수 있고, 8년이면 100만 톤 보낼 수 있습니다. 2년마다 기회가 열리니까요.

저는 이게 가능하다고 봅니다. 실제로 할 겁니다. 수백만 톤 화물을 화성에 보내는 건 미친 짓으로 보일지 모르죠. 맞아요, 엄청납니다. 그러려면 매년 스타십 1,000대를 생산해야 합니다. 어려워 보이지만 꽤 가능하다고 생각합니다. 스타링크 위성 연간 생산량은 5,000대, 1944년 2차 세계대전 당시 포드가 제조한 B-24 폭격기 연간 생산량은 6,972대입니다. 2023년 테슬라 생산량 185만 대와 비교하면 정말 아무것도 아닙니다.

물론 로켓이 차보다 훨씬 크긴 하지만, 전체 생산 톤 수로 비교하면 여전히 수천 대 로켓을 만드는 건 가능합니다. 그게 바로 우리가 할 일입니다. 장기적으로 몇 개의 해양 발사장도 확보할 겁니다. 한 번 상상해 보세요. 수천 대 스타십이 궤도에서 지구와 화성이 정렬될 때까지 기다립니다. 그리고 이 엄청난 우주 함대가 화성을 향해 일제히 출발하는 장관을 말이죠.

좋아요. 우리는 정말 할 겁니다. 이 모든 게 어디서 시작되었는지 생각해 보세요. 지금 서 있는 이곳은 원래 그냥 모래톱이었습니다. 하지만 여기서 한 일을 보세요. 이곳에서 스타십을 세 번 발사했고, 네 번째 발사를 앞두었고, 엄청난 우주선을 만들 거대 로켓 공장을 짓고 있습니다. 초현실적으로 들릴지 모르지만 이건 현실입니다. 우리는 진짜 인류를 화성으로 데려갈 겁니다. 그리고 저는 여러분이 해낼 수 있다고 확신합니다. 감사합니다.”

40분의 발표 동안 머스크는 회사 시가총액, 수익, 매출 같은 단어는 한 번도 꺼내지 않았다. 경쟁사 대비 기술 우위, 특허, 지적 재산권도 전혀 언급하지 않았다. 대신 우주를 탐사하고 화성에 갈 이유, 그리고 모든 것이 어떻게 현실이 될지 생생하게 설명했다.

스페이스X 사명은 우주선 개발과 화성 및 다른 행성 탐사로 페르미 역설의 답을 찾고, 인류 미래를 보장하는 결정적 역할을 하는 것이다. "그들은 어디에 있는가"라는 질문이 구성원에게 우주 탐사에 전념할 동기를 준다. 그들은 외계 문명의 존재와 상관없이 인류가 우주의 외로움을 극복하고 장기적으로 생존과 번영하는 것을 돕는 계획을 실행하는 중이다. 트렌드 메이커들이 메타버스, 인공지능 반도체, 양자 컴퓨터, 사막 위 스마트 시티를 새 시대의 큰 것The next big thing으로 내세울 때, 일론 머스크는 100만 년 문명 지속을 시대정신으로 삼는다.

아서 C. 클라크의 말처럼 가능한 일의 한계를 알아내는 유일한 방법은 불가능의 영역에 살짝 발을 들여보는 것뿐이다The only way of discovering the limits of the possible is to venture a little way past them into the impossible.

혁신하는 존재만이
AI 시대를 앞선다

혁신의 속도가 경쟁 우위를 결정한다. 머스크는 "해자 개념은 구식"이라며 워런 버핏의 전통적 경영 관점에 정면으로 도전한다. 성을 쌓고 해자를 파서 적의 침입을 막는 방어적 태도로는 오래 버틸 수 없다. 진정한 경쟁력은 끊임없이 혁신하며 앞서 나가는 속도에서 나온다.

이번 벡터에서는 머스크의 기술과 혁신에 대한 철학을 탐구한다. 그는 스스로를 투자자가 아닌 엔지니어이자 기술자로 정의하며, 혁신은 돈으로 살 수 없다고 단언한다. 사물을 가장 근본적인 진리로 분해한 후 다시 사고하는 제일원리 접근법이 핵심이다. 그는 서로 다른 분야의 교차점에서 획기적인 아이디어가 탄생한다고 믿는다. 실리콘밸리 출신답게 업계의 오랜 관성에 얽매이지 않고 산업을 파괴하는 그의 방식과 존재해서는 안 될 프로세스를 최적화하는 실수를 피하라는 혁신 프로세스도 다룬다. 공장이란 기계를 만드는 기계라는 그의 선언처럼, 혁신은 제품을 넘어 제품을 만드는 방식 자체를 바꾸는 것이다. 마지막으로 기술이 한계 비용을 제로에 가깝게 낮추며 지속 가능한 풍요를 가져올 가능성도 논의한다.

스스로
진화하는 조직

"사람들은 생각보다 많이 배울 수 있습니다. 하지만 많은 경우 시도 조차 하지 않고 스스로를 과소평가합니다."

"Most people can learn a lot more than they think they can. They sell themselves short without trying."

마음먹기에 따라 더 빨리 배우고, 자신의 능력 이상을 끌어 낼 수 있다. 스탠퍼드 의과대학 신경생물학자 앤드류 휴버만 Andrew Huberman 은 더 빨리 학습하는 것이 가능하다고 말한다. 그 근거는 뇌의 신경가소성 neuroplasticity 이다. 신경가소성은 뇌가 성장과 재조직 으로 신경 회로를 재구성하는 능력을 뜻한다.

뇌는 새로운 학습이나 경험에 따라 기존 신경망을 조정하며 변화한다. 뇌의 용량과 능력은 고정된 게 아니라 환경과 노력으로 발전할 수 있음을 보여준다. 사람마다 타고난 뇌 능력은 다르고, 노화로 인한 기능 저하도 학습 능력에 영향을 줄 수 있다. 하지만 새로운 자극과 훈련으로 뇌의 잠재력을 키울 수 있다. 신경가소성은 노력과 환경이 맞물릴 때 뇌가 생각 이상으로 성장한다는 핵심 개념이다.[113]

인간의 두뇌는 외부 자극이나 경험에 반응하는 과정에서 신경 연결을 새롭게 형성한다. 뉴런Neuron은 기존의 연결 상태를 넘어 환경에 적응하기 위해 새 연결고리를 만든다. 신경계는 인간 행동을 통제하는 중심 역할을 하는데 신경가소성을 활성화하려면 전에 시도한 적 없는 새로운 행동이 필요하다.

신경 구조를 바꿔 학습을 촉진하는 열쇠는 실패와 실수를 수용하는 것이다. 시행착오trial and error는 뇌의 오류 감지 시스템을 기반으로 한 학습의 핵심이다. 뇌는 예측 기계prediction machine다. 예측과 실제 결과를 끊임없이 비교한다. 예를 들어 농구 자유투를 처음 던질 때는 방향이 틀리거나 거리 계산에 실패한다. 하지만 반복된 시도 속에서 뇌는 각도와 힘을 조정하며 오류를 고치라는 신호를 보낸다. 반복이 늘수록 오류 수정 속도가 빨라지고 성공 확률이 높아진다. 신경가소성에서 오류, 실패, 실수는 학습의 중요한 요소다.

신체에는 균형과 공간·방향 감각을 담당하는 전정 시스템vestibular system이 있다. 이는 학습 능력 향상 메커니즘을 이해하는데 필수다. 전정 시스템에 일부러 오류와 불균형을 일으키면 신경가소성 기반 학습을 촉진하는 변화가 시작된다. 이 신경가소성 학습은 청소년과 어린이에게 훨씬 빠르게 일어난다. 하지만 성인도 의도적 오류와 불균형을 통한 실패 경험으로 효과적 학습과 성장을 이룰 수 있다. 요가를 처음 배울 땐 어려운 자세가 불가능해 보이지만, 시간이 지나면 학습과 적응이 이루어진다. 이런 안전한 실패 연습은 뇌의 신경 수용성을 활용해 공간을 탐색하고 균형을 이루도록 돕는다. 의도된 실패 상황에서 신체는 적응하면서 새로운 기술을 익힌다.

뇌의 신경 화학적 기초를 보면 학습과 적응 메커니즘을 더 깊이 이해할 수 있다. 쾌락, 기쁨, 긍정적 기분과 관련된 신경전달물질 도파민 dopamine은 인지된 보상과 맞는 행동을 강화 reinforcement하는 데 중요하다. 보상 시스템은 도파민 분비로 긍정적 놀라움이나 성취감을 자극하며 신경가소성 변화를 돕는다. 어떤 행동이 기쁨을 유발하면 도파민은 그 행동을 반복하도록 동기를 부여한다. 이는 학습 메커니즘과 연결되어 인지 능력과 신체 수행 능력을 키운다. 이런 생리적 반응을 활용하면 개인은 자신만의 학습 전략을 세우고 필요와 능력에 따라 학습 효율을 극대화할 수 있다.

신경가소성은 실패와 오류를 받아들이고 일상 균형을 깨뜨리는 도전적 활동으로 더 활성화된다. 다양한 기술로 신경가소성을 자극해 더 빨리 배우고 새로운 기술을 익힐 수 있다. 인간의 학습 능력엔 본질적으로 한계가 없다. 일론 머스크가 학습 능력을 강조하는 이유가 여기 있다.

애자일 agile 방법론은 소프트웨어 개발에서 시작된 유연하고 반복적인 접근법이다. 고객 요구 변화에 빠르게 대응하며 지속적으로 개선하는 것을 목표로 한다. 이는 프로젝트 관리 방법을 혁신하며 여러 산업에 적용되었다. 애자일 전문가 조 저스티스 Joe Justice 는 마이크로소프트 빌 게이츠나 아마존 제프 베조스 같은 비즈니스 리더들에게 자문을 제공하며 경력을 쌓았다. 자동차 제조와 생산에도 애자일 방법론을 적용해 테슬라가 전기차 대량 생산에서 기존 제조업체를 압도하는 빠른 혁신 주기와 생산 속도를 구현하는 데 도움을 주었다.

그는 테슬라 애자일 문화를 강화하기 위해 12단계 프로그램을 제안하고 실행을 이끌었다. 이 프로그램은 테슬라가 조직 학습을 통해 독보적인 생산 방식을 만드는 데 기여했다. 그의 말에 의하면 테슬라 방식은 기존 업계의 복제품이 아니라, 조직 전체가 자발적인 학습과 혁신으로 쌓아 올린 차별화된 경쟁력이다.[114]

테슬라의 제조 운영 방식은 과거 어느 메이커와도 다른 차원으로 승화되었다. 여기에는 독특한 업무 환경과 문화가 자리 잡은 것이 주효했다. 지난 30년간 자동차 제조의 기본은 토요타 생산 방식 TPS; Toyota Production System 이었다. TPS란 표현이 공식적으로 쓰인 건 1992년이다. 가까운 미래에는 테슬라 생산 방식 Tesla Production System 이 경영학 교과서에 실릴지도 모르는 일이다.

테슬라의 성공 요인 중 하나가 협업, 변화 적응력, 회사 사명에 대한 강한 신념을 강조하는 민첩하고 자율적인 업무 문화다. 저스티스는 테슬라 제조 현장에서 일하는 것을 최고 기록을 갱신하기 위해 끊임없이 노력하는 프로 운동선수의 루틴에 비유한다.

직원들은 열린 공간에서 격의 없이 소통하며 협업 수준을 높인다. 현장 팀은 자율적으로 모니터링을 할 핵심 지표^{KPI; Key Performance Index}를 만든다. 재무 정보를 포함한 회사의 주요 데이터는 실시간으로 현장에 공유된다. 특히 제조 비용의 데이터를 기반으로 개선 결정을 내린다. 이 과정에서 실시간 피드백과 조직 학습이 이뤄진다.

신경가소성에서 개인 학습 능력이 높아지려면 실패와 오류를 수용해야 하듯, 조직에도 같은 원리가 적용된다. 테슬라 제조 현장에서는 실수에 대한 불이익이 없다. 학습이 가능하도록 투명성과 권한을 최대한 보장한다. 직원은 스스로 동기를 얻고, 끊임없이 나아지려 시도한다.

테슬라 현장에서 찾기 힘든 것 중 하나가 이메일 소통이다. 이메일은 근거를 남기지만, 즉각적 현장 변화엔 전혀 기여하지 않는다. 대신 작업 현장의 직원들이 함께 모인 자리에서 바로 의사결정이 이루어진다. 이는 의사소통 지연을 줄이고 실행력을 높인다.

공장에서 단순히 원가 절감을 목표로 삼으면 직원 동기가 떨어진다. 테슬라는 인류의 삶을 지속 가능한 에너지로 바꾸는 천 년 목표를 가진 미션 중심 기업이다. 직원은 사명에 대한 신념으로 자율적으로 일하며 스스로 찾아낸 개선 및 혁신 과제가 상급자의 승인 없이 바로 반영되는 변화를 경험한다. 이런 문화 속에서 직원들은 재미있게 일할 수 있다.

회사의 장기 미션이 확고하니 제조 현장에서는 '바로, 지금'의 혁신이 중요하다. 직원들이 찾아낸 혁신 과제는 순식간에 라인에 반영된다. 이런 방식에 익숙해지면 금전적 보상은 후순위가 된다. 돈 때문에 수동적으로 일하는 직원과 스스로 택한 대의에서 의미를 찾는 직원의 업무 성과는 다를 수밖에 없다.

미국 자동차 빅3(GM, 포드, 스텔란티스)의 제조 현장 직원은 전미 자동차 노조UAW; United Auto Workers 조합원이다. 2023년 하반기 UAW는 북미에서 연대 파업을 벌였다. 주요 요구는 최대 40퍼센트 임금 인상과 복지 개선이었고 메이커마다 수조 원의 추가 비용이 발생했다.[115] 테슬라의 현장 분위기와 사뭇 다르다.

자동차업계 전문가에겐 테슬라의 제조 현장이 해괴망측하고 꿈같은 소리로 들릴 수 있다. 이런 것이 가능한가? 다른 제조 현장에선 본 적이 없는 일이라고 관계자들은 말한다. 통제하고 감독하는 관리자는 없고, 자율적으로 구성된self-organizing 현장 팀이 변화의 중심이다. 이 팀들은 테슬라 업무 문화의 유연성과 포용성을 잘 보여준다.

다른 기업들과 달리 테슬라는 제조 현장에서 높은 직업 윤리 work ethic를 강조하지 않는다. 비디오 게임을 하듯 재미있게 일하는 것이 중요하다. 직원의 작업 결과는 현장에 설치된 디지털 기기에서 히트맵heatmap* 형태로 즉각 전달된다. 실시간 피드백은 역동적이고 매력적인 분위기를 만든다. 잘되는 작업, 그렇지 않은 작업이

---

* 히트맵: 데이터 크기를 색상으로 표현하는 2차원 시각화.

AI로 자동 분석되어 보기 좋게 구분 표현된다. 이 파격적이고 효과적인 현장 업무 환경, 조직 문화에는 몇 가지 성공 요인이 있다.[116]

제조 현장에 최적화된 애자일 방식: 테슬라의 제조 현장 애자일 방식은 소프트웨어 개발의 그것과 다르다. 일반 애자일 방법론에는 프로덕트 오너product owner, 스크럼 마스터scrum master, 빅룸 플래닝big room planning, 잠재적 증분PSI; Potentially Shippable Increment 같은 개념이 있다.

프로덕트 오너는 자율 조직과 개선을 목표로 하는 스크럼scrum 팀에서 프로젝트 결과를 책임지고 우선순위 목록backlog을 관리하는 사람이다. 스크럼은 프로젝트 관리를 위한 개발 프레임워크로, 스프린트sprint로 불리는 개발 주기를 정하고 그 안에 적용할 기능이나 개선 목록을 계획하며 팀 단위로 매일 소통한다. 스크럼의 목표는 매 스프린트마다 잠재적으로 배송 가능한 상태의 제품을 내놓는 것이다.

빅룸 플래닝은 관계자가 큰 방에 모여 벽에 차트 같은 시각화 도구를 걸어 두고 상시 논의하는 걸 뜻한다. 일본어 오베야大部屋 (큰 방이라는 뜻)에서 왔는데, 1990년대 토요타가 최초의 하이브리드 모델 프리우스(라틴어로 최초라는 뜻) 출시를 기획하면서 제안한 개념이다.

잠재적 증분은 즉시 배포가 가능한 완성된 제품 기능의 집합이다. 테슬라는 이 개념의 전통적 의미에 얽매이지 않고 핵심만을 적용해 제조를 혁신하며, 대부분의 제조업이 따라올 수 없는 빠른 혁신 속도를 만들어냈다.

머스크 방식 Musk way : 아직 머스크 방식이라 부르기엔 이를지 모르지만 작업 현장에서 그의 통제와 지배력은 강력하다. 지속 개선 continuous improvement , 빠른 개발 fast-paced development , 지속 가능성에 대한 헌신 commitment to sustainability 은 테슬라 혁신의 동력이다. 현장에 선 이런 철학이 철저히 지켜지고 일상에 녹아 있다.

교육의 게임화 gamification of training : 게임화는 게임적 요소를 활용한 어플리케이션으로 구성원 행동에 영향을 주고 동기를 부여하는 전략이다. 전통적인 강의실 교육보다 사용자가 바람직한 행동을 쉽게 하도록 유도한다. 테슬라는 직원 교육에 게임화된 스크럼 관리 과정을 도입해 역량 개발과 조직 학습으로 연결했다.

지속 모니터링과 병렬 개선: 테슬라는 제품 성능 향상이 지속적으로 이루어지도록 개발 과정을 철저히 모니터링한다. 머신 러닝과 실시간 피드백으로 제조를 개선하고 효율성을 높인다. 보통의 제조는 전통적인 폭포수 waterfall 방식(예: A 단계 → B 단계 → C 단계 → D 단계의 순차적 프로세스)이나 직렬 serial 방식을 따른다. 또한 1년 단위 예산 편성이 일반적이다. 하지만 테슬라는 병렬 parallel 개선 방식을 채택해 다수의 작업을 동시에 진행한다. 이틀 단위로 작업 스트림을 실행하고, 개선 과제는 30일 이내에 예산 승인과 출시가 완료되는 주기를 갖는다. 대부분의 문제는 이보다 더 빨리 해결된다.

적응형 근무 교대adaptive work shifts : 테슬라는 강도 높은 생산 근무 일정으로 알려져 있다. 현실 세계에서 제조를 하는 것은 인간 직원이다. 집약적인 노동 강도를 줄이기 위해 업계에서 드문 6시간 4교대 등 다양한 방식을 실험하면서 유동적 환경에 대한 적응 노력을 해왔다.

디지털 자기 관리digital self-management : 테슬라는 성과 관리에 디지털 기술을 적용했다. 개인에게 자율적인 프로세스 개선 권한을 부여해 20분 내에 현장의 문제를 해결하고 재정 효율성을 높이도록 한다. 디지털 도구로 성과를 확인하고 실시간 피드백을 받아 회사 목표에 맞게 업무를 조정한다. 이 시스템은 휴대전화 앱과 시설 전체에 설치된 모니터를 통해 빈번한 질문에 대한 답변을 제공하고 정보를 공유한다. 관리 방식은 자율적self-organized 이어야 하며, 직원 관리와 평가를 수행하는 전담 매니저나 지원 업무를 맡는 백오피스back office 기능은 없다. 직원들은 디지털 도구를 통해 실시간 피드백을 받고 예외 없는 수평적 구조에서 일한다.

하루 12시간 현장에서 일하는 것으로 알려진 머스크는 자체 조직된 모듈별 팀인 몹mob과 함께 공정 문제를 해결한다. 개인 업무는 린 커피lean coffee 방식처럼 매일 자율적으로 조직되며, 격식 없는 커피 모임 같은 회의에서 참가자가 즉석에서 의제를 설정하는 크라우드 소싱 crowd sourcing 방식에 가깝다. 실행 모듈은 5명 이하의 소규모 팀으로 구성되며, 평평한 조직 구조를 지원하고 직원 100퍼센트가 직접 제품 개발에 참여한다. 직원들은 자신의 관심사와 보유 기술에 따라 업무를 스스로 맡으며, 자기 조직화 self-organizing, 문제 해결 problem-solving 능력이 자연스럽게 촉진된다.

소규모 다기능 팀과 상시 테스팅: 테슬라는 하드웨어를 빠르게 설계하고, 구축하며, 테스트하고, 제조하는 소규모 small, 다기능 multi-functional, 교차기능 cross-functional 팀을 운영한다. 제프 베조스의 피자 두 판으로 먹일 수 있는 팀 two-pizza team 처럼 소규모 팀의 공헌을 중시한다. 이 팀은 하드웨어 관점에서 제품을 상시 테스트한다. 규모가 작은 신규 하드웨어는 상시 설계, 상시 구축, 상시 테스트 사이클로 운영된다. 공장은 이를 위한 자체 제조 능력을 가지고 있다.

승인된 작업은 24시간 연중무휴로 진행되고 테스트는 끝없이 반복된다. 테스트가 끝난 개선 제품은 언제든 배포가 가능해서 완전하게 검증된 제품만이 생산에 들어간다. 개선 사항이 반영된 제품에는 시판 인증 테스트가 즉각 자동 수행된다. 이것은 팩토리 모드 factory mode 라고 불리는데 제한적 자율주행 소프트웨어 오토파일럿의 탄생 배경이 되었다. 팩토리 모드는 테슬라의 방대한 테스트 인프라를 보여준다. 철저한 스프린트 리뷰는 다음번 개발 주기의 속도를 높인다.

미션 중심: 테슬라는 큰 목표로 동기를 높이는 사명 중심 문화를 유지하는데 직원들이 공동의 목표 달성에 집중하도록 한다. 프레더릭 허츠버그 Frederick Herzberg 의 위생-동기 이론 Hygiene-Motivation Theory 에 따르면 직무 만족과 동기 부여에 영향을 주는 요인은 두 가지다.

급여, 근무 조건, 고용 안정성 등 위생 요인 hygiene factors 은 적절히 제공되면 불만족을 예방한다. 그러나 반드시 동기를 부여하지는 않는다. 반면, 인정, 책임감, 성취감 같은 동기 요인 motivators 은 직무 만족과 동기 부여에 직접적인 영향을 준다.

기업은 위생 요인을 적절히 유지하고 동기 요인을 강화해야 좋은 결과를 얻을 수 있다. 2023년 조사에 따르면 전미 자동차 노조 소속 빅3 제조업체의 근로자는 시간당 약 66달러, 테슬라 근로자는 약 45달러를 받았다. 빅3는 높은 위생 요인 비용을 지출했음에도 불구하고 효율성이 테슬라에 대비해 떨어지는 것으로 나타났다.

데이터 기반, 현장 중심 의사결정: 테슬라는 데이터와 AI를 의사결정 도구로 활용한다. 공정 데이터와 함께 머신 러닝으로 이미지 데이터를 분석하면서 프로세스 개선의 인사이트를 얻는다. 현장 직원은 이를 바탕으로 자율적으로 작업을 개선하며 변화에 유연하게 대응한다.

테슬라 제조 현장은 겜바워크 gemba walk , 즉 제조 현장을 직접 확인한다는 린 lean 제조 원칙을 강조한다.* 경영진은 최전선에서 함께 일하며 낭비를 찾는다. 가치 창출과 지속 개선 Kaizen 을 중심으로 하는 린 원칙은 테슬라 혁신의 근간이다. 모든 모듈에서 개선이 추구되고 직원 모두가 참여한다. 현장은 현 상태에 머물지 않고 한계에 도전하며 발전한다.

속도와 적응력: 공급망의 어려움에 빠르게 적응하는 능력은 성공의 핵심이다. 테슬라 제조 프로세스는 변화에 신속 대응하도록 설계되었다. 코로나19 팬데믹으로 생긴 공급망 문제는 2023년까지 이어졌다. 반도체 부족으로 글로벌 제조업체들은 어려움을 겪었다.[117]

공급망은 여러 도전에 직면했다. 원자재 가격 상승, 팬데믹과 우크라이나 전쟁으로 인한 지정학적 불안, 전기차 전환에 따른 관련 부품 수요 증가가 겹쳤다.[118]

반도체 부족은 자동차 산업에 막대한 영향을 주었다. 대부분 업체는 생산을 줄이거나 공장을 일시 폐쇄했다. 차량 가격은 상승했고, 소비자 대기 시간이 길어졌다. 팬데믹이 절정이던 2021년, 테슬라는 인도량을 87퍼센트 늘리며 사상 최고 기록을 세웠다.[119] 이는 회사가 얼마나 뛰어난 환경 적응력을 가지고 있는지를 보여준

---

* 겜바는 현장(現場)을 의미하는 일본어로, 토요타 생산 방식에서 강조하는 현지현물(現地現物), 즉 현장에 가서 직접 눈으로 제품을 살피라는 철학에서 가장 중요한 개념이다.

다. 테슬라가 경쟁사보다 빠르게 공급망 문제를 풀 수 있었던 데는 이유가 있다.

첫째, 빠른 제품 설계 변경. 대부분 제조업체는 연식model year 설계를 쉽게 바꾸지 못한다. 부품 공급이 끊기면 생산도 멈춘다. 테슬라는 반도체 문제가 대두되자 일부 기능을 제거해 복잡성을 낮췄다. 블루투스, USB 포트, 레이더 센서, 조수석 요추 지지대 같은 부품을 뺀 차량을 일부 고객들에게 인도하며 빠르게 대처했다.

둘째, 동적 가격dynamic pricing 전략. 부품 부족 시 벤더사에 속행 비용expedite cost을 지불해 공급을 확보하고 차량 가격을 올렸다. 전통 업체는 딜러를 통해 간접 판매하니 빠른 가격 변경이 어렵다.

셋째, 수직 통합vertical integration. 공급 부족으로 대체 부품을 사용하는 환경에서 소프트웨어를 2~3주 만에 자체적으로 재작성했다. 전통 제조업체는 소프트웨어를 외부 벤더에 의존하기에 이러한 신속한 대응은 불가능하다. 테슬라는 하드웨어 설계, 소프트웨어 작성, 회로 기판 제작까지 모두 내부에서 한다. 반면, 경쟁사는 카탈로그 엔지니어링catalogue engineering에 의존하며 부품 벤더 수급에 시간을 허비한다. 포드 CEO 짐 팔리Jim Farley는 "전통 업체는 150개 벤더사가 제공하는 수백만 줄의 소프트웨어 코드를 가져다 쓸 뿐 자체 코드를 작성한 경험이 거의 없다"고 말했다.[120]

넷째, 대외 환경에 대한 대응. 2020년 팬데믹으로 수요가 줄자 많은 제조업체가 칩 주문을 줄였지만, 테슬라는 생산량 예측을 유지했다. 거꾸로 완충 재고buffer stock를 확보하고 반도체 제조사와 직접 계약해 1차 공급업체 tier 1 vendor 에 의존하는 기존 업체보다 빨리 움직였다.

투명한 커뮤니케이션과 지식 공유: 테슬라에서 사내 소통은 회사 프로젝트와 재무 상태를 실시간으로 보여주는 앱으로 이뤄진다. 투명성은 직원이 회사의 우선순위를 이해하고 정보에 기반한 결정을 내리게 한다. 지식 교환과 집단지성 촉진으로 직원은 문제 해결에 신속히 집중한다. 조직은 직면한 도전과 기회에 빠르게 적응한다.

그렇다면 새로이 입사한 사람은 이 문화에 어떻게 적응하는가? 신입 직원에겐 많은 교육이 필요 없다. 애자일 문화 정착 초기 온보딩 on-boarding 프로그램은 단 네 시간에 불과했다. 며칠 동안 추가 교육이나 코칭이 필요할 수 있지만, 기본적인 요구사항은 매우 간단하다. 신입이 처음 접하게 되는 것은 〈안티-핸드북-핸드북 anti-handbook-handbook 〉이라 불리는 네 페이지짜리 가이드다.[121] 이는 2018년, 머스크가 두꺼운 핸드북을 대신할 목적으로 만든 것으로, 그의 파격적이고 대안적인 경영 방식을 보여준다.

전통적인 핸드북은 회사의 정책과 절차를 상세하게 규정한다. 테슬라는 회사와 직원 간 신뢰에 기반한 유연한 관계를 구축하기 위해 색다른 접근을 취했다. 핸드북은 회사의 미션인 '세상을 바꾼다 We are changing the world '로 시작한다. 이어 '모든 것을 다시 생각한다 We are willing to rethink everything '는 구절로 이어진다.

입사한 직원은 무한한 신뢰와 권한을 부여받는다. 대신 주도적으로 행동하며 문제 해결을 위한 가장 빠른 방식을 택해야 한다. 일론 머스크에게 직접 메시지나 이메일을 보내는 것도 가능하다. 소통을 막는 사람은 즉시 해고된다. 핸드북에 설명할 필요가 없는 명청한 일은 굳이 포함되지 않는다. 문제는 자율적으로 해결한다. 만약 직원이 개선에 대한 요구를 제시하면 이는 제품 변경에 즉각 반영된다. 기존 제조업체의 연식 변경이나 부분 변경 모델minor change 수준의 상품성 개선이 테슬라에서는 매일 이루어진다. 소프트웨어를 포함한 모든 개선과 개발은 실시간으로 진행된다.

테슬라 문화에서는 직원을 평가하고 피드백을 주는 사람이 따로 없다. 스스로 질문하고 해결책을 찾아야 한다. 복잡한 규정은 없다. 상호작용과 자발적인 문제 해결 과정은 재미fun 로 여겨진다. 직원들은 직장에서 즐겁게 일하도록 권장받는다.

이런 접근은 테슬라에서 효과성을 입증했다. 그러나 전통적인 조직에는 맞지 않을 수 있다. 공식적인 구조와 상세한 규칙의 부족이 혼란과 모호함을 낳을 수 있기 때문이다. 기존의 작업 환경에 익숙한 직원에게 적합하지 않을 가능성도 있다. 신뢰 기반 경영은 직원에게 상당한 성숙도와 책임감을 요구하기 때문에 모든 개인에게 적합한 것은 아니다.

그럼에도 테슬라에서는 권한 위임과 신뢰 기반 경영이 자리 잡았다. 상식을 초월한 핸드북은 열린 문화를 규정하고 구성원의 상호작용이 이를 뒷받침한다. 직원은 제품 개발에 직접 관여하고 매일 현장에서 물리적인 작업을 수행한다. 재택근무 핑계로 인터넷에 숨어 행동하는 것은 용납되지 않는다. 공식적인 회의는 오픈 스페이스 테크놀로지OST; Open Space Technology, 혹은 오픈 스페이스라 불리는 방식으로 대체된다. 사람들이 모이면 회의는 자동적으로 조직되며 참가자는 개선의 주제를 제시하고 투표에 부친다. 투표 후 참가자는 자신이 기여하고 싶은 세션으로 이동한다. 규칙은 직접 투표하고, 관심 없는 세션에서 두 발로 걸어 나가는 것이다. 이것은 무례함으로 간주되지 않는다. 기여할 것이 없으면 시간 낭비를 피하는 것이 최선이라는 사고방식이다.

회의가 끝나면 논의 사항은 즉시 반영된다. 세부 규칙이 없어도 이 프로세스는 잘 작동한다. 자유로운 의견 제시, 문제 해결에 최적화된 환경은 높은 자율성과 참여를 기반으로 한다. 토론의 자유와 기회가 보장되면 좋은 일이 일어난다는 신념 없이는 지속이 어려웠을 것이다. 조직은 생물처럼 각자의 독특한 특성을 지니므로 테슬라의 문화가 모든 조직에 적용될 수 없다. 하지만 그 파격적인 관행들은 파괴적 혁신을 지향하는 후발 기업에 귀중한 교훈을 준다.

이런 조직 학습 역량을 기반으로 한 혁신 성과는 타의 추종을 불허한다. 주도적인 문제 해결, 자체 작업 할당, 지속적인 개선 평가, 강화된 소통, 높은 성과 기준, 자율적인 환경, 유쾌한 문화가 혁신 주기를 앞당긴다. 매일 이루어지는 하드웨어와 소프트웨어 업데이트, 그리고 5~7년 주기의 주요 설계 업데이트는 모듈식 구성, 지속 생산, 병렬 작업 흐름, 개선 프로세스 덕분에 가능해진다. 1년 단위 예산 계획에 얽매이지 않기 때문에 더 빠른 분석, 설계, 구축, 테스트, 배포가 가능하다. 린 커피와 오픈 스페이스 같은 열린 소통 방식은 매일 실행되며 다양한 개인이 협력해 병목을 식별하고 해결한다.

사람들에게 자율적으로 체계를 구성할 권한과 열린 토론의 자유를 제공하면 놀라운 일이 일어난다. 성공은 기꺼이 위험을 감수하는 조직에 찾아온다. 조직이 학습 능력을 키우기 위해서는 신경 가소성을 활용해야 하며 이를 발현하려면 전에 해 본 적 없는 새로운 행동에 도전해야 한다. 새로운 행동을 배우고 뇌 구조를 바꾸는 핵심은 실패와 실수를 포용하는 태도다. 이는 개인뿐 아니라 조직에도 똑같이 적용된다.

큰 물고기를
먹어라

"테슬라는 전기차 혁명을 위해 계속 싸울 것입니다."

"Tesla is here to stay and keep fighting for the electric car revolution."

테슬라가 추구하는 지속 가능한 에너지 경제로의 전환은 한 사람의 비전에서 시작되었다. 2008년 테슬라 모터스가 설립되었을 당시만 해도 전기자동차는 부유층의 장난감이었다. 하지만 이제 내연기관차에서 전기차 전환은 정해진 미래다.

테슬라의 초기 판매량은 미미했다. 2011년 로드스터 판매는 774대에 불과했다. 2013년에도 초기 스타트업 수준이었다. 모델S 출시 이후, 연간 판매량은 2만 2,000대에 그쳤다. 그러나 곧 급성장이 시작되었다. 2015년에 5만 대를 돌파했고, 2017년 실적은 10

만 대, 2019년은 30만 대였다.[122] 2020년 약 50만 대, 2022년은 130만 대에 달했다.[123] 당시의 테슬라는 2030년 2000만 대 판매 목표를 세웠다.

이런 성장 속도는 기존 자동차 제조사와 비교해 눈에 띄게 빠르다. 2022년 폭스바겐 그룹은 연간 1000만 대를 팔았다. 그중 전기차는 56만 대였다. 폭스바겐은 2030년까지 전체 판매의 절반인 500만 대, 2040년까지 전부 전기차로 전환할 계획을 세웠다.[124] 세계 최대 제조업체인 토요타는 2026년 150만 대, 2030년 350만 대 전기차 판매를 목표로 했다.

순수 전기차에 집중하는 테슬라의 전환 속도가 빠르게 느껴진다. 토요타는 내연기관의 파생 기술인 하이브리드를 친환경 대안으로 내세웠다. 토요타는 친환경 시장에서 오랜 역사를 자랑한다. 1997년 세계 최초 상용 하이브리드 프리우스를 출시하며 열풍을 이끌었다. 내연기관에 소량의 배터리와 전기 모터를 결합한 형태로, 혁신적인 이미지를 자랑했다.

토요타 하이브리드의 주요 특징은 다음과 같다. 주행 중 바퀴의 운동 에너지를 전기로 바꿔 배터리를 충전하고, 급가속 시 배터리가 모터를 가동해 엔진에 힘을 더한다. 전기만으로 주행하는 EV 모드로 연료를 아낀다. 내연기관과 전기의 장점을 결합해 작은 엔진으로 같은 출력을 내거나 같은 양의 연료로 더 멀리 간다. 효율이 높아 이산화탄소와 오염 물질 배출이 줄어든다.

하이브리드도 초기에는 비상식非常識으로 여겨졌다. 내연기관보다 많은 부품이 필요하고 원가는 높아진다. 무게 증가로 연비 개선 효과가 상쇄될 거란 우려도 있었다. 반응은 비관적이었고 장기적 이익 창출은 어렵다는 의견이 많았다. 하지만 토요타는 이를 극복하며 성공했다. 꾸준한 인기를 얻어 2017년, 출시 20년 만에 세계 누적 판매 1000만 대를 넘었다. 하이브리드 성공은 변형 기술로 이어졌다. 배터리 용량을 늘리고 외부 전원으로 충전 가능한 플러그인 하이브리드plug-in hybrid가 나왔다. 하이브리드에서 전기차에 한 발 더 가까워진 형태다.

토요타 전략은 테슬라의 방향성과 크게 다르다. 테슬라는 순수 배터리 기반 전기자동차에 집중한다. 다른 제조업체는 기존의 플랫폼을 최대한 활용해 친환경성을 강화하려 한다. 토요타는 멀티 패스웨이multi pathway 전략을 제시한다. 2030년까지 순수 배터리 전기차, 수소, 하이브리드, 플러그인 하이브리드, 개량 내연기관 등 다양한 친환경 기술을 병행할 계획이다. 시장의 다양한 수요를 충족시키면서 단계적으로 전기차 전환을 지향하는 것이다.

하지만 머스크는 하이브리드 중심 전략에 대해 비판적이다. 하이브리드가 에너지 전환의 효율적 로드맵이 될 수 없다고 지적한다.

"프리우스는 진짜 하이브리드가 아닙니다. 현행 프리우스는 2퍼센트 정도 전기차예요. 연비가 조금 높은 가솔린차죠A Prius is not a true hybrid, really. The current Prius is, like, 2 percent electric. It's a gasoline car with slightly better mileage."

그는 화석 연료 고갈에도 우려를 표한다. 휘발유는 한계가 있으며 더 지속 가능 대안을 찾아야 한다고 강조한다.

"휘발유는 곧 바닥날 겁니다. 시기 문제일 뿐이죠. 대안을 찾아야 합니다. 그건 전기차입니다We're going to run out of gasoline. It's just a question of when. Then we have to have an alternative, and that alternative is electric cars."

전기차 혁명을 지속하겠다는 발언은 큰 비전의 일부를 보여준다. 자동차 산업 변화를 넘어 에너지 생태계 전체를 변화시키는 것이다. 화석 연료 경제에서 지속 가능한 에너지로의 전환은 필수적이다. 그 중심에 있는 것이 전기차일 뿐이다.

2023년 콘퍼런스에서 머스크는 전기차 산업, 지속 가능 에너지, 배터리 기술, 충전 인프라에 대한 의견을 밝혔다.[125] 2022년 테슬라가 130만 대 이상의 전기차를 인도하며 지난 몇 년간 빠른 속도로 성장을 거듭했다. 연평균 50퍼센트의 성장률로 테슬라는 역사상 가장 빠르게 성장하는 대형 제조 기업 중 하나가 되었다. 고속 성장이 이어지며 전기차의 기하급수적 확장으로 승용차의 전동화가 가속화될 것이다.

현재 전 세계에는 약 20억 대의 자동차와 트럭이 도로를 달리고 있다. 연간 승용차 시장 규모는 8000만 대에서 1억 대로, 신차 판매의 상당 부분을 전기차가 차지하더라도 모든 내연기관이 전동화되려면 약 20년이 걸린다. 테슬라가 고속 성장으로 변화를 이끌어도 아직 갈 길이 멀다.

전기차 확산으로 전력 수요도 크게 늘어난다. 따라서 전력 인프라 확충이 필수지만 많은 나라에서 전력망은 안정적이지 않다. 미국이나 캐나다 같은 선진국도 자연재해로 매년 전력난을 겪는다. 머스크는 전력망 안정성 강화를 위한 고정식 배터리 저장 장치의 중요성을 강조했다. 전기는 생산과 동시에 소비된다. 수요가 없어도 생산되며 사용되지 않은 전기는 낭비된다. 미래 전기 산업은 생산과 수요를 정확히 매칭해 에너지 낭비를 줄여야 한다. 머스크는 전력 저장 기술과 인프라 구축이 지속 가능 에너지 전환에서 큰 역할을 한다고 역설했다.

여기서 중요한 것이 생산된 전기를 저장할 에너지 저장 장치^{ESS; Energy Storage System}다. ESS는 배터리에 생산된 전기를 저장했다가 에너지 생산이 없을 때 사용하도록 한다. 휴대용 배터리 장치를 크게 만든 것으로 생각하면 된다. 머스크는 전기차 시장이 매년 50퍼센트 성장하고, 고정식 ESS 시장은 200~300퍼센트 성장할 것으로 예측했다. ESS는 미래 전기 산업에 필수적이다. 전력망을 안정화하며 지속 가능 에너지로의 전환 과정에 핵심적인 역할을 한다. 하지만 ESS와 전기차 확산에는 자원 문제가 도전이 된다. 전문가들은 배터리 생산에 필요한 자원이 부족하다고 오래전부터 말해 왔다. 전기차 한 대에 필요한 배터리 양은 아이폰 5,000대 분량과 맞먹는다.

2차 전지 생산에는 리튬, 망간, 니켈 등 희소한 자원이 많이 쓰인다. 이들은 희토류^{rare earth elements}로 불리며 극히 일부의 지역과 국가에서만 생산된다. 산업 내에서 수요가 높아지면 자원 확보 경쟁이 치열해진다. 희토류 가격은 필연적으로 오를 것이다. 전기차와 ESS 산업 성장에 있어 주요 장애 요인이다. 따라서 머스크의 비전을 실현하려면 자원 문제를 해결할 지속 가능한 대안과 혁신 기술이 필요하다.

머스크는 2차 전지 생산에 매장량이 풍부한 철을 사용하자고 제안했다. 희토류 사용을 줄이는 경제적인 배터리 제조 대안이다. 배터리의 음극은 전자가 흐르는 시작점이다. 전통적인 2차 전지, 리튬이온이나 3원계 배터리는 음극에 흑연, 양극에 리튬 산화물이나 망간, 코발트, 니켈 같은 희토류를 사용한다. 그가 제안하는 철 기반 배터리는 희토류 대신 철과 인을 사용하므로 비용이 낮고 더 환경 친화적이라고 인식된다.

철은 공급망의 리스크가 적다. 인산철 배터리 LFP; Lithium Ferro Phosphate 는 에너지 밀도가 낮은 대신 열 안정성과 긴 수명이 강점이다. 비용 효율적이고 지속 가능한 선택지가 될 수 있다. 머스크는 배터리 제조 방식의 변화로 친환경 에너지 사회로의 전환을 이어갈 수 있다고 믿는다. 승용차보다 훨씬 많은 배터리를 필요로 하는 전기트럭 생산의 어려움을 감안한다면 배터리의 안정적인 공급은 매우 중요하다.

2023년 4월, 테슬라는 전기트럭 세미 Semi 와 향후 출시될 저렴한 소형 전기자동차에 저렴한 철 기반 배터리 사용을 확대할 계획이라고 밝혔다.[126] 머스크는 전동화 과제의 대부분을 철 기반 배터리 셀이 해결할 수 있다며 중국의 공급업체가 리더십을 가지고 있는 LFP 배터리 기술을 지지했다. 미국과 중국 간 정치적 긴장 속에서 중국 업체가 미국에 얼마나 생산 시설을 늘릴지도 살펴야 한다.

LFP 확산에 대한 반대 목소리도 있다. 철 기반 배터리는 동일한 니켈 기반 배터리에 비해 크고 무거우며 에너지를 덜 보유하기 때문에 주행 거리가 더 짧다. 하지만 상대적으로 화재 위험이 적은 장점도 있다. 차세대 엔트리급 소형 전기차의 조립 비용은 기존 모델의 절반 수준으로 알려진다. 배터리 생산 원가 절감이 큰 역할을 할 것이다.

머스크는 지속 가능한 에너지의 채택을 가속화하기 위해 오랜 시간 동안 노력과 비용을 투자한 자사의 충전 네트워크 수퍼차저Supercharger도 다른 제조업체에 개방했다. 공정성, 산업 내 협업의 중요성을 언급하며 테슬라가 다른 제조업체의 전기차를 동등하게 지원하는 것을 목표로 한다. 에너지 부문에는 많은 도전 기회가 있다. 그는 전기차의 미래에 자신감을 보이며 인프라, 규제 프레임워크, 유틸리티, 고객과의 협력을 통해 관련 과제들을 풀어가야 한다고 했다.

그의 최우선 목표는 매출과 이익 향상이 아니다. 산업 혁신과 협업으로 직면 과제를 해결하며 인류 문명의 미래 가능성을 극대화하는 것이다. 지속 가능한 에너지 비전을 실현하려면 협력도 중요하지만 기존 시장의 경쟁자를 넘어서야 한다. 테슬라는 전기차 부문에서는 선발주자지만 자동차 범주에선 후발주자다. 후발주자가 선발주자의 제조 문법을 바꾸고 협력을 끌어내려면 더 큰 영향력이 필요하다.

2025년 7월, 테슬라는 북미 최초의 LFP 배터리 생산 시설이 네바다에서 제조를 시작할 준비가 되었다고 밝혔다. 이는 자사의 제조 원가를 낮추면서 동시에 배터리를 납품하기 위해 투자를 늘리고 있는 벤더사들에 큰 압박을 줄 수 있는 전략이다. 수직 통합의 큰 틀을 유지하면서도 필요시에 유연하게 공급망의 이점을 활용할 수 있다.

큰 물고기 먹기Eating the big fish는 작은 도전자가 덩치가 큰 시장 리더와 성공적으로 경쟁할 수 있는 전략이다.[127] 애덤 모건Adam Morgan은 소규모 기업이 창의적이고 혁신적인 방식으로 큰 물고기라 불리는 지배적 시장 강자에 도전하고 혼란을 일으키는 방법을 탐구했다. 도전자는 고유의 강점을 살리고 소비자의 공감을 불러일으켜야 차별화를 할 수 있다. 이러한 전략에는 시장 틈새 파악, 파괴적 기술 활용, 타깃 고객과의 강력한 정서적 유대감 구축이 포함된다.

에어비앤비는 개인의 집과 공간을 임대하는 플랫폼이다. 여행객이 독특한 경험을 하도록 하며 호텔업계라는 큰 물고기에 도전했다. 음악 스트리밍업계의 도전자 스포티파이는 애플 뮤직이라는 거대 경쟁자에 맞서 맞춤형 추천 알고리즘과 간편한 구독 모델로 원하는 음악을 언제 어디서나 들을 수 있도록 했다. 사용자 청취 데이터를 활용한 개인화 경험과 방대한 무료 스트리밍 옵션은 애플의 폐쇄적인 생태계와 차별화된 강점을 제공하며 시장 진입 기회를 제공했다. 달러 쉐이브 클럽Dollar Shave Club은 합리적 가격의 면도기를 구독 모델로 제공하면서 기존 면도기 제조업체의 아성에 도전했다. 영리한 마케팅과 파괴적인 모델로 점유율을 확보했다.

테슬라는 관성이 지배하는 자동차업계에서 큰 물고기를 잡으려는 대표적 도전자다. 기존 제조업체가 내연기관을 장악한 상황에서 전기차와 지속 가능한 에너지 솔루션으로 운송 수단, 그리고 모빌리티의 미래 청사진을 혁신한다. 머스크는 잠재 고객과 가깝게 소통하며 행동 변화를 촉구했다. 그의 비전과 결단력은 도전자 마인드의 결정체다. 작은 덩치에도 테슬라는 최첨단 기술로 지속 가능성에 올인하기로 결정했고 변화를 일으켰다. 테슬라 이야기는 혁신, 차별화, 파괴적 혁신으로 큰 물고기와 경쟁해 성공하는 도전자의 여정을 보여준다.

문제는 비용이야, 바보야

"테슬라 수요는 무한합니다. 가격이 판매의 걸림돌입니다."
"There's essentially infinite demand for Tesla cars, but affordability is limiting sales."

"문제는 경제야, 바보야! It is the economy, stupid "

1992년 미국 대통령 선거에서 등장한 슬로건이다. 이 표어는 42대 대통령(1993~2001) 빌 클린턴 Bill Clinton 의 성공적인 선거 전략을 상징한다. 짧고 강렬한 경제 중심의 메시지는 유권자를 사로잡았고 대통령 선거에서 경제 이슈의 중요성을 부각시켰다. 이 슬로건 이후 미국 정치에서 경제를 최우선 과제로 삼는 것은 불문율이 되었다.

민주당의 클린턴은 당시 현직 대통령이었던 공화당 조지 부시 George H. W. Bush , 무소속 로스 페로 Henry Ross Perot 와 맞붙었다. 경기

273

침체, 높은 실업률, 재정 적자로 경제가 어려운 상황에서 유권자들에게 경제 문제는 중요했다. 클린턴의 선거 전략가 제임스 카빌James Carville은 단순하고 기억에 남는 메시지로 유권자의 공감을 얻고 캠페인 팀의 초점을 잡아야 한다고 생각했다. "변화할 것인가, 현상을 유지할 것인가change vs. more of the same", "의료보험을 잊지 마세요Don't forget health care" 같은 대안도 검토되었지만 최종적으로 경제 슬로건으로 낙점되었다.

클린턴은 경제 문제 해결을 위한 변화에 집중했다. 경기 침체에서 벗어나고 싶어 하는 유권자들이 반응하기 시작했다. 이는 간단하고 직접적인 메시지가 유권자에게 주요 메시지를 얼마나 효과적으로 전달하는지를 보여준다. 정치에서 가장 중요한 건 결국 국민의 먹고사는 문제다. 클린턴 캠프는 미국의 경제 문제를 일관되게 강조하며 해결책을 강조했고 클린턴은 경제를 해결할 적임자의 이미지를 얻을 수 있었다.

핵심 포인트를 건드려야 한다. 그렇게 함으로써 시스템 전체에 영향을 미칠 수 있다. 무엇이 핵심인가? 그것에 가장 큰 영향을 주는 요인은 무엇인가? 그것을 건드리면 상황은 어떻게 바뀌는가? 경제 문제는 어떻게 해결할 수 있는가?

질문은 슬로건의 설득력을 더 분명하게 드러낸다. 테슬라에 대입하면 메시지는 이렇게 바뀐다. "문제는 비용이야, 바보야!It is the cost, stupid." 테슬라의 핵심 과제는 비용 절감이다. 여기에 모든 혁신 노력이 집중된다. 머스크는 2023년 3월 투자자의 날Investor Day 행사에서 '전기차의 시장 수요는 제한적이며, 초기 수요자의 구매가 끝나면 성장률이 둔화되고 정체와 위기를 맞을 것'이란 전문가들의 부정적 견해에 이렇게 답했다.

"테슬라 차량에 대한 소유욕 측면에서 수요는 사실 무한대에 가깝습니다. 중요한 건 합리적인 가격입니다. 저렴하게 만들 수 있다면 수요는 폭발적으로 증가할 겁니다.Demand for our vehicles in terms of desire to own them may as well be infinite — it's indistinguishable from infinite at this point. The affordability is what matters. As you make the car more affordable, we will have demand go crazy."

차량에 대한 수요가 무한하다는 발언은 브랜드와 그 기술 매력에 대한 강한 자신감의 표현이다. 그러나 그는 대중 보급을 위해 가격이 낮아져야 한다는 것을 분명히 인식하고 있다. 2022년 순수 배터리 전기차는 전년 대비 59퍼센트 성장해 전체 시장의 9.5퍼센트를 차지했다.[128] 2023년엔 11.1퍼센트로 성장했다.[129] 유럽 등 선진국 시장은 전기차를 중심으로 한 친환경차로 전환할 예정이다. 이 전환은 아직 진행 중이며 전기차 수요의 증가 여지는 아직 많다.

에버렛 로저스Everett Rogers의 혁신확산 이론Innovation Diffusion Theory은 혁신이 확산되는 방식을 설명한다.[130] 새로운 기술은 소수 혁신층innovators과 초기 수용자early adopters를 거쳐 초기 다수층early majority으로 확산된다. 혁신층과 초기 수용자는 시장의 약 16퍼센트다. 여기서 다음 계층과의 사이에 존재하는 공간이 캐즘이다. 캐즘을 넘어서야 일반 소비자인 초기 다수층(34퍼센트)으로 혁신이 확산된다. 현재 순수 배터리 전기차 판매 규모는 아직 캐즘을 넘지 못했다. 전기차 대중화는 아직 초기 단계지만 향후 성장 여력은 크다.

확산을 가속하려면 더 낮은 가격이 필요하다. 머스크에 따르면 테슬라의 향후 과제는 경제성이며, 이를 위해 생산 효율이 중요하다. 테슬라는 경쟁사가 따라오기 힘든 빠른 확장으로 혁신의 속도를 가속화할 계획이다. 이를 위해 기존 모델보다 더 저렴한 가격대의 스탠더드 모델을 출시했다. 머스크는 수요는 무한하다며 낮은 가격으로 대중화를 촉진하겠다는 자신감을 드러냈다. 시장 성장을 촉진하고 테슬라가 선도적 역할을 지속하겠다는 전략이다. 핵심은 빠른 선순환 구조, 긍정적 순환 루프로 마스터플랜과 연결된다.

첫째, 규모의 경제로 생산 원가를 충분히 낮춘다.
둘째, 규모 확대로 생산 비용을 더 절감한다.
셋째, 더 낮은 가격의 신모델을 출시한다.
넷째, 더 많은 고객을 유치해 전기차 수요를 늘린다.

이 선순환은 규모의 경제를 키우며 테슬라가 가격 경쟁력을 통해 경쟁자를 압도하도록 만든다. 빠르게 규모를 확장하지 못한 기존 제조사들은 시장 확대를 바라보며 울며 겨자 먹기로 라인업을 확장하지만, 규모의 경제 형성에 시간이 걸려 단기적으로 원가 경쟁력을 확보하기 어렵다. 비즈니스에서 손해를 보고 뒤처질 가능성이 크다.

중요한 것은 가격이 수요를 촉진한다는 점이다. 가격이 낮아지면 소비자는 움직인다. 기존 시장만으로 수요를 판단하면 안 된다. 가격은 시장 창출의 강력한 에너지다. 좋은 제품은 누구나 만들 수 있다. 진짜 관건은 얼마나 충분히 저렴하게 만들 수 있느냐다. 좋은 제품을 만들었다면 충분한 이익을 내며 팔 수 있는 대량 생산 체제를 구축하는 것이 핵심이다. 2024년 기준, 중국에 존재하는 137개의 순수 전기자동차 제조업체 중 2030년까지 수익을 낼 것으로 예상되는 기업은 20개 미만으로 예측되었다.[131]

생존하려는 기업에 필요한 핵심 능력이 엔지니어링 능력이다. 압도적인 엔지니어링 능력으로 자원 소비를 줄여 비용을 낮추고, 가능성을 현실로 만들며, 새로운 시장을 창출하고 이익을 낸다. 소비자가 지출할 수 있는 비용에는 한계가 있다. 따라서 더 빠르게, 더 적은 부품으로, 더 뛰어난 제품을 생산해 다양한 소비자 욕구를 충족시키는 것이 승부를 가른다.

테슬라는 전기차 제조를 통한 이익 창출 능력에서 어떤 경쟁사보다 앞서 있다. 이를 바탕으로 하드웨어 가격을 낮춰 내연기관 메이커와 전기차 라이벌을 압도한다. 2022년 전기차만으로 이익을 낸 기업은 테슬라가 유일했다. 그럼에도 차세대 차량 생산 비용을 절반으로 낮추는 계획을 준비한다. 이를 위한 엔지니어링은 제조 라인의 모습을 크게 바꾸었다. 린 생산 방식으로도 불리는 토요타 생산 방식은 전통적 제조업체의 기본 공식이었다. 토요타의 테크닉은 다른 업체에 널리 이식되었다.

그러나 테슬라는 기존 방식에 얽매이지 않고 효과적이라고 판단되면 과감히 자체 개발한 공정과 기법을 도입한다. 전통 제조업체는 차체를 만들 때 얇은 철판을 빵틀로 찍어내듯 자르고 stamping, 레이저로 수백 번 용접한다 welding. 테슬라는 이런 과정을 없애고 녹인 알루미늄을 틀에 부어 모형 자동차 만들듯 한 번에 찍어낸다. 용접 불량이 줄고 제조 시간이 단축된다. 기가캐스팅이라 불리는 이 공법은 자동차 생산 역사에 한 획을 그었다. 시간은 곧 원가다. 2025년 신형 모델Y는 70개의 차체 부품이 1개로 대체되었다. 잡소리와 진동이 줄고 차량 정숙성과 차체 강성이 높아지며 품질 문제도 줄어든다.

테슬라는 기가캐스팅 외에도 생산 복잡성과 제조 시간을 줄이는 언박스 공정을 제안했다. 이 미래 전기차 생산 프로세스는 전통 방식과 근본적으로 다르다. 기존 공정에서는 제조 라인을 따라 시간 순서대로 부품이 하나씩 추가 조립된다. 언박스 공정은 부품 어셈블리를 한 자리에서 동시에 조립해 효율성을 극대화한다.

테슬라는 원가를 줄이는 데 고객 데이터를 사용한다. 상시적으로 고객 차량 이용 패턴을 분석한다. 데이터가 고객이 선루프를 거의 사용하지 않는다는 사실을 알려주면 과감히 관련 기능과 부품(비용)을 제거한다. 머스크의 생각처럼 50퍼센트 원가 절감이 가능하다면 2만 5,000~3만 달러 가격에도 수익을 낼 수 있다.

테슬라는 2020년 이후 팬데믹 공급망 문제에도 불구하고 배송량을 늘리며 업계 평균을 넘는 실적을 냈다. 경쟁사 실적이 회복되고 경기 침체 우려, 미국과 중국 내 경쟁업체의 위협이 커지자 판매량을 늘리기 위해 추가 가격 인하를 결정했다. 지역과 시장 상황에 맞추어 유연하게 판매 가격을 내리거나 올리는 것이다. 이 역시 전통 완성차 업체의 정책과 상당히 다르다. 자동차 가격은 특별한 일이 없는 한 함부로 바꾸지 않는 것이 상식이다. 판매 부진 시 딜러가 재고 소진을 위해 할인을 실시하고, 제조사는 제한적으로 혜택을 준다.

기업의 가격 결정 방식은 두 가지다. 동적 가격 전략dynamic pricing과 고정 가격 전략static (fixed) pricing이다. 동적 가격은 수요기반 가격demand-based pricing이라 불리며 수요, 공급, 고객 행동, 시장 상황 등 다양한 요인에 따라 제품 또는 서비스의 가격을 실시간으로 조정한다. 시장 상황을 반영해 변화에 대응하고 수익을 최적화한다. 피크 시간대 높은 요금을 부과하는 차량 공유 서비스, 예약 시점이나 가용성에 따라 가격이 바뀌는 항공권, 호텔 가격 등이 좋은 예다. IT 기술 진보로 차량 공유나 택시 같은 모빌리티 산업에선 동적 가격이 표준이다. 우버나 리프트Lyft는 수요가 많은 시간대, 운전자가 부족한 지역에서 변동 가격을 적용한다.

고정 가격은 제품 또는 서비스의 가격을 일정하게 유지하는 것이다. 간단하며, 고객에게 일관되고, 예측 가능한 비용을 제시한다. 시장 변화나 수요 변동과 관계없이 모든 고객에게 동일한 가격을 적용한다. 전통 소매업이 주로 이 방식을 따른다. 두 방식의 차이는 이렇다.

첫째, 유연성. 동적 가격은 변화하는 시장 상황에 따라 조정되고 고정 가격은 안정적으로 운영된다. 둘째, 고객 인식 측면. 동적 가격은 잦은 가격 변동으로 고객에게 불신을 줄 가능성이 있지만 고정 가격은 투명성과 일관성을 제공한다. 셋째, 수익 최적화. 동적 가격은 수요를 반영해 기업이 수익을 극대화하도록 한다. 고정 가격은 안정적이지만 수익 극대화에 한계가 있다. 넷째, 복잡성. 동적 가격엔 정교한 알고리즘과 데이터 분석이 필요하다. 고정 가격은 관리가 간단하다.

동적 가격 전략은 소비자 수요가 높은 동안에 기업이 수익을 극대화하고 시장 변화에 빠르게 대응하도록 한다. 한정된 가격 제안으로 구매의 긴박감을 조성할 수 있다. 하지만 가격 변동으로 고객 불만이 생길 수 있고 시장 모니터링과 고객 신뢰 향상 방안이 필요하다. 반면, 고정 가격 전략은 일관된 가격으로 신뢰를 주며 고객 불만을 낮출 수 있지만 시장 기회 포착과 변화 대응에 취약하다는 약점이 있다.

오랜 기간 자동차 산업에서는 고정 가격이 상식이었다. 딜러나 판매 위탁 업체는 제조사와 협의해 생산비, 경쟁, 시장 포지셔닝을 고려한 고정 가격을 정했다. 그러나 테슬라는 국가, 시장, 지역 상황에 따라 동적 가격을 적용한다. 기존 완성차 업체가 전기차 원가 경쟁력을 확보하지 못했기 때문에 가능한 전략이다. 신생 전기차

업체들과 격차를 벌리기 위해서도 필요하다. 테슬라는 엔지니어링과 혁신 우위로 수익 범위 내에서 가격을 낮출 수 있다.

이제 자동차는 기계 장치가 아니라 바퀴 달린 컴퓨터computer on wheels다. 향후 테슬라가 창출할 가치는 하드웨어가 아니라 완전 자율주행 기술, 이를 구현하는 소프트웨어, 산업 전반의 아키텍처 라이센싱, 모빌리티 생태계 플랫폼화 가능성에 있다. 테슬라는 장기적으로 2000만 대 생산 목표에 집착하지 않을 것이다. 판매 대수나 대당 마진보다 경쟁을 압도하는 속도로 생태계를 확장하고 비용 절감 중심의 제조 혁신을 지속할 것이다.

자율주행의
무한한 가치

"자동차는 완전히 전동화되고 자율주행이 실현될 것입니다. 자율주행 없는 가솔린 자동차를 타는 것은 말을 타고 폴더폰을 쓰는 것과 비슷할 겁니다."

"All cars will go to fully electric and autonomous. Riding in a non-autonomous gasoline car is going to be analogous to riding a horse and using a flip phone."

2024년 테슬라는 연간 2000만 대 생산 능력 확보보다 자율주행, 데이터, 로보틱스를 포함한 물리 세계의 AI 기술 실현에 자원을 집중하는 쪽으로 전환을 시작했다. 일론 머스크는 2023년에 테슬라의 미래 가치와 자율주행 기술의 상관관계에 대해 언급했다.[132]

프랑스 파리를 방문한 그는 LVMH(루이비통, 모에 샹동, 헤네시 브랜드로 대표되는 세계 최대 럭셔리 소비재 기업) 오너인 베르나르 아르노 Bernard Arnault 회장 가문과 가진 미팅에서 "테슬라 시가총액이 유서 깊은 럭셔리 대기업 가치를 작아 보이게 만든다"는 농담을 들었다. 머스크는 "주가에 대한 통찰력이 거의 없다"고 말하면서도 "테슬라 시가총액은 자율주행 기술 완성과 직접 관련이 있다"고 언급했다.

그는 테슬라 주식 가치의 평가가 주로 자율주행에 기반하며 2023년 기준 테슬라 자동차 생산은 200만 대 미만으로, "전 세계 생산량의 2퍼센트에 불과하다"고 말했다. 하지만 자율주행 잠재력은 '너무 크다'며, 실현 가능성이 조금만 반영돼도 기업 가치가 크게 높아질 것으로 내다보았다. 이 가정엔 테슬라 오너가 보유한 차량을 자율주행 기반 로보택시로 전환할 수 있다는 아이디어가 포함된다. 머스크는 과거에 "희망적인 경우 2020년까지 로보택시가 가능할 것"이라고 했다.

인터넷에서 유명한 밈meme* 중 하나가 일론 타임Elon time에 관한 것이다. 위키피디아Wikipedia에 따르면 일론 타임은 매우 낙관적이며 합리적 추정치에 도달하려면 두세 배의 시간이 필요한 예상 도착 시간ETA; Estimated Time of Arrival으로 정의된다. 이에 머스크는 "제가 뭐가 말하면 보통은 실현됩니다. 일정보다 늦을 수 있지만 대개 이루어집니다I say something, and then it usually happens. Maybe not on schedule, but it usually happens"라고 말했다.

---

* 밈: 온라인에서 공유되고 변형되는 유머 이미지, 동영상, 텍스트 등.

과거 테슬라는 주요 타임라인에 대해 월스트리트 전문가들과 레거시 미디어로부터 많은 의심을 샀다. 머스크의 약속은 신뢰하기 어렵고 그의 낙관적 미래는 실현이 불가능하다는 비판이 많았다. 하지만 최근에는 그의 미래 관점에 동의하며 자동차 하드웨어 판매보다 자율주행 기술 선도 및 플랫폼화가 지속 가능 운송 수단으로의 전환에 중요하다고 보는 전문가가 늘고 있다.[133]

완전 자율주행 기술은 2023년까지 미국과 캐나다 등 일부 시장에서 베타 beta 테스트로 진행되었다. 2024년, 테슬라는 베타 딱지를 제거하고 감독판 supervised 이라는 표현을 넣은 소프트웨어 버전 12를 공개했다. 중국 전기차 기업들도 1선 도시를 중심으로 자율주행 택시 라이센스를 획득했다.

자율주행을 선도할 수 있다면 테슬라의 가치는 상당히 높아진다. 자동차는 하루 대부분의 시간을 주차장에서 보내며 비효율적으로 이용된다. 차량 오너가 자동차를 로보택시로 전환하면 이 사회적 비효율이 사라진다. 자율주행은 운전자 개입 없이 차를 움직이고 정차 시간을 생산적으로 활용해 모빌리티의 가치를 극대화한다.

로보택시가 본격화되면 운전자를 필요로 하는 기존 택시는 높은 원가로 경쟁력을 잃을 가능성이 크다. 더 많은 택시가 로보택시로 전환될 것이다. 우버도 마찬가지다. 압도적으로 비용 경쟁력이 높은 테슬라는 소프트웨어와 하드웨어를 모두 통제한다. 따라서 아주 빠른 속도로 시장 점유율을 높여갈 것이다. 이 과정에 실질적인 경쟁자는 없다. 테슬라의 자율주행이 사람을 대체할수록 회사

가치는 더 크게 상승할 것이다.

스마트폰이 탄생한 후 스마트하지 않은 휴대전화는 사망선고를 받았다. 2007년, 마이크로소프트의 CEO 스티브 발머 Steave Ballmer 는 "아이폰이 의미 있는 점유율을 갖는 일은 결코 없을 것이다"라고 말했다. 그러나 스마트폰은 스마트 기능을 필요로 하는 사람만 구입하는 것이 아니었다. 제품이 대중화되면서 피쳐폰을 선택하는 사람은 없어졌다. 휴대전화 시장에서 대체 불가능한 존재였던 거인 노키아 Nokia 는 순시간에 자취를 감췄다.

자율주행의 확산도 비슷하다. 때가 되면 비판적이었던 전문가들도 현실을 받아들일 것이다. 자동차는 개인에게 주택 다음으로 비싼 자산이다. 차량이 몇 배나 효율적으로 사용될 수 있다면, 예를 들어 출퇴근용 자가용이 낮에 택시 영업으로 수익을 창출해 돈을 벌어 온다면 테슬라나 FSD 소프트웨어에 지출하는 비용은 결코 비싸게 느껴지지 않을 것이다.

테슬라가 전기차 생산에만 집중하면 제조업체의 범주를 넘기 어렵다. 높은 밸류에이션을 유지하는 데 한계가 생긴다. 하드웨어 중심의 원가·가격 경쟁은 후발주자의 등장으로 치열해지고 판매 마진은 줄어들 것이다. 가격 변동 문제는 브랜드 가치에도 영향을 준다.

소프트웨어는 생산 원가가 매우 낮다. 유지보수와 개선 비용을 감안해도 고정 비용 이상의 추가적인 매출은 대부분 이익으로 전환된다. 소프트웨어 매출 총이익률 90퍼센트는 어렵지만 장기적으로 불가능한 숫자는 아니다. 테슬라는 하드웨어, 컴퓨터, 센서를 포함한 차량에 개선이 필요할 때마다 소프트웨어 신규 버전을 실시간으로 전 세계에 쉽게 배포할 수 있다. 주행 중 엣지 케이스가 발행한다면 이것도 실시간으로 업데이트하여 안전을 확보할 수 있다.

이 과정은 온라인 무선 업데이트OTA; Over-The-Air 방식으로 이루어진다. 비용은 거의 들지 않는다. 서비스 센터나 딜러 방문 없이 버튼만 누르면 된다. 테슬라는 고객에게 간편함과 효율성을 제공하며 소프트웨어 기반 비즈니스의 높은 수익성을 누릴 수 있다.

테슬라의 세계 누적 판매는 2023년 1분기 400만 대를 넘었고,[134] 2024년 2분기 600만 대를 돌파했다.[135] 머스크는 장기적으로 테슬라 자율주행 소프트웨어 채택률이 100퍼센트에 이를 것으로 전망했다. 채택률 50퍼센트, 300만 소유자가 월 99달러 소프트웨어를 구독하고 이익률이 90퍼센트라면 연간 이익은 30억 달러(약 4조 원) 이상이다. 전 세계 승용차 시장 규모를 8000만 대로 가정하고 그 절반에 자율주행 소프트웨어를 팔 수 있다면 연 매출은 470억 달러(약 65조 원)로 추정된다. 물론 테슬라의 장기적 비즈니스 모델은 아직 확정되지 않았고 진화 중이다. 그리고 2026년 현재, 테슬라는 자동차에서 확보한 물리 세계의 데이터와 AI 소프트웨어를 옵티머스로 대표되는 로보틱스 혁명으로 확장할 예정이다. 이것이 경제학의 기본 가정인 '노동'을 근본적으로 변화시킬 것으로 믿는다면 회사의 가치는 끝없이 확장된다.

소프트웨어 구독은 반복적인 수익을 가져온다. 총매출과 이익은 시간이 지나며 J커브 형태로 급격하게 늘어날 가능성이 크다. 자동차(하드웨어) 판매와 달리 소프트웨어는 안정적이고 반복적인 수익 구조를 자랑한다. 소프트웨어 중심 비즈니스로 이행할수록 매출과 이익이 안정적으로 예측되고 월가 전문가들은 테슬라를 현실 세계의 AI, 소프트웨어 기업으로 재분류하며 더 높이 평가할 것이다.

자동차 제조업체의 영업이익률은 높지 않은 편으로, 1위 업체도 연간 1000만 대를 판매해 영업이익 7~8퍼센트 정도를 남긴다. 테슬라는 하드웨어 판매에서 수익을 전혀 못 내더라도 자율주행의 높은 이익으로 전통 제조업체를 압박할 것이다. 자율주행 시대는 필연적으로 도래할 것이다. 운전 노동은 필요 없어질 것이다. 소프트웨어 구독, 로보택시 이용은 휴대전화 요금 납부처럼 자연스러운 일이 된다.

자율주행을 실현하고 이를 탑재한 자동차 보급을 늘리면 전통 제조업체도 동참할 수밖에 없다. FSD 라이센싱에는 소프트웨어 외에 카메라를 포함한 기본 아키텍처 준비가 필요하다. 전통 제조업체는 통상 10년 이상의 개발 계획을 가지고 있다. 자율주행 아키텍처를 생산에 반영하려면 최소 2~3년은 걸린다. 테슬라가 자율주행을 먼저 상용화하고 따라갈 수 없는 혁신의 속도를 유지하면 실질적 경쟁자는 거의 없다. 스스로 달리지 못하는 자동차는 곧 소비자 선택을 받기 어려워질 것이다.

자율주행으로 모든 차량이 스마트카로 전환되면 주차장이 불필요해진다. 더 효율적이고 생산적인 도시 설계와 활용이 가능하다. 따라서 삶의 모습은 변화할 것이다. 자율주행은 단순한 운송 수단 이상의 가치를 제공하며 탄소 중립에도 기여한다. 이런 변화는 지속 가능 운송 수단으로의 전환이라는 테슬라의 핵심 사명 강화에도 큰 역할을 할 것이다.

테슬라는 2025년 6월, 미국 텍사스에서 로보택시 서비스를 시작했다. 모빌리티는 아직 소유를 벗어나지 못했다. 많은 사람이 이 말에 의아함을 느낄 것이다. 100년이 넘는 자동차의 역사에서 금융 상품의 탄생은 폭발적 촉매제가 되었고 더 많은 사람이 자동차를 소유하도록 도왔다. 이제 사람들은 다양한 금융 상품의 선택지와 다양한 차를 타 볼 수 있는 선택적 옵션을 앞에 두고 자동차 산업에서 구독 경제가 자리 잡았다고 믿게 되었다.

그러나 그렇지 않다. 뒤집어 보면 소유권이 누구한테 있느냐일 뿐 여전히 모빌리티는 누군가에게 속해 있다. 내 것이냐, 네 것이냐의 범주를 벗어나지 못했다. 법적인 소유권이 누구에게 있든 그 차는 지금 내 주차장에 들어와 있다. 나올 때 타고 나오고, 집에 갈 때 주차장에 세워 둔다. 모빌리티 관련해 나올 만한 비즈니스 모델이 다 나왔다고 생각했지만 테슬라가 그 생각을 바꿀 것이다. 로보택시가 대표적이다. 내 집에 두지 않지만 언제든 믿고 사용할 수 있는 이용의 권리가 진정 파괴적인 역사를 쓰기 시작할 것이다. 모빌리티 경험 경제 experience economy, 공유 경제 shared economy 의 시작이다. 모빌리티의 넷플릭스, 스포티파이가 시작될지 모른다.

불필요한 것은 버리고
핵심에 집중하라

"사람들은 전통적인 자동차에서 새로운 것을 찾아내지 못하고 기존의 것을 만지작거릴 뿐입니다. 수백 종의 파생 모델이 있지만 대부분 억지로 변화를 준 것입니다. 전화기의 변화를 보십시오. 수백 가지 폴더폰이 있었습니다. 어떻게 되었습니까? 곧 자동차도 그렇게 될 겁니다."

"People have run out of things to do with conventional cars so they just end up reshuffling the deck. There are hundreds of variants of cars on the road, and mostly they're variants for the sake of variants. Look at how things converged with the phone — there used to be hundreds of flip phones, now what do we have? It'll be like that."

자동차 산업 역사는 흥미롭고 역동적이다. 자동차는 인류의 삶에 사회 경제적으로 큰 영향을 미쳤다.[136] 19세기 후반, 자동차는 당시 주요 교통수단이던 말의 지위에 도전장을 내밀었다. 사람들은 이 새로운 교통수단에 매료되었고 자동차 산업은 혁신의 상징이자 야망을 실현하는 발판이 되었다.[137] 미국에서는 1500만 마리의 말이 대체되었고 이는 대량 개인용 자동차 시대를 열었다. 이제 전 세계에는 약 20억 대의 자동차가 도로를 달린다. 20세기 산업화 과정에서 자동차는 소비재 중심 시대로의 전환을 이끌었고 현재 미국에서 990만 개 이상의 일자리를 창출한다.

1885년, 독일의 발명가이자 엔지니어 카를 벤츠 Karl Benz는 내연기관으로 움직이는 세계 최초의 자동차 모터바겐 Motorwagen을 개발했다. 이후 헨리 포드는 미국 제조업의 전통을 바탕으로 대량 생산에 전념해 더 많은 생산량과 더 낮은 가격을 목표로 삼았다. 그리고 모델T의 성공으로 세계 자동차 시장의 절반을 장악했다. 포드주의의 성공은 프레데릭 테일러의 과학적 관리 기법과 결합되어 생산성을 기하급수적으로 높였고 미국 자동차의 르네상스 시기를 열었다.

시장 수요 변동에 대한 의존도를 줄이기 위해 할부 같은 새로운 금융 기법과 파생 상품도 태어났다. 신용으로 자동차를 산다는 개념은 중산층이 고가품을 구매하는 방식을 바꿨다. 소비는 이후 미국 경제의 중요한 축이 되었다.

자동차 산업은 시장 수요를 창출하는 영업 및 마케팅 전략의 탄생에도 기여했다. 오랜 기간 GM의 CEO와 회장을 지낸 알프레드 슬론 Alfred Sloan Jr. 은 계획된 노후화 planned obsolescence 로 대표되는 슬론주의 sloanism 를 시장 지배 전략으로 제시했다. 그 전통은 오늘날까지 이어지고 있다. 슬론 재단의 지원으로 1952년 MIT 산업경영대학원이 설립되었고 이상적인 기업 관리자를 만들어내는 교육을 담당했다. 1964년 MIT는 경영대학원을 슬론 경영대학원 MIT Sloan School of Management 으로 명명했다.

1920년대부터 슬론의 GM은 매년 모델을 출시할 때마다 이전 모델과 약간 다른 사양을 내놓았다. 이 전략은 큰 성공을 거두며 GM을 미국의 지배적 제조업체로 성장시켰다. 소비자들은 트렌드를 따르려면 새 차를 살 수밖에 없었다. 이런 관행은 지금도 이어진다. 전통 제조업체는 매년 모델을 조금씩 바꿔 기존 제품이 구식으로 느껴지게 한다. 크롬 몰딩을 추가하거나 라이트 디자인을 살짝 바꾸는 식이다.

이는 대량 생산과 원가 절감에 집중한 포드주의와 달리 마케팅의 중요성을 부각시켰다. 슬론주의는 포드주의 이후 감소하는 자동차 수요에 선제적으로 대응하는 방식으로 자리 잡았다. 소비자는 기능에 문제가 없어도 일정 기간이 지나면 새 제품의 구매를 고려했다.

계획된 노후화의 목적은 수익 창출이다. 제품 수명이 짧아지면 소비자는 제품을 자주 사야 한다는 긴박감을 가진다. 하지만 이 전략은 부정적인 결과를 낳기도 한다. 자원 낭비와 폐기물 발생은 비효율적 자원 이용, 비용 증가로 이어져 가격 인상 요인이 된다. 이런 마케팅에 부정적 인식을 가진 소비자는 내구성이 높고 유지비가 낮으며 수리가 쉬운 고품질 제품을 선호한다.

GM은 오랫동안 계획된 노후화를 과도하게 활용해 신뢰를 잃었다. 신모델에 저렴한 재료를 사용하거나 수리를 어렵게 만들거나 최신 기술과 호환되지 않게 설계하기도 했다. 2014년, GM은 점화 스위치 스캔들에 연루되어 미국 정부로부터 9억 달러의 벌금을 맞았다. 결함은 차량이 갑작스럽게 멈출 위험으로 연결되었다. 회사는 결함을 수년간 알고 있었고 사망 사고가 발생한 후에도 제대로 리콜 조치를 하지 않았다는 의혹을 받았다. 안전 기능을 비활성화하는 소프트웨어로 자동차 수명을 인위적으로 단축시켰다는 비난도 있었다. 의혹을 부인했지만 GM에 대한 소비자 신뢰는 크게 하락했다.

이제 고객은 단순하면서도 내구성이 뛰어나며 유지 비용이 낮은 지속 가능한 제품을 원한다. 전통 자동차 카테고리에는 더 이상 혁신이 없다는 것이 머스크의 의견이다. 오래 이어진 업계 관행은 테슬라에 의해 변화해야 한다. 미래 자동차 모델 수는 줄어들고 관행적으로 반복되던 외관 변경도 줄어들 것이다. 고객 선택권을 명목으로 한 불필요 사양도 줄어들 것이다.

스마트폰 등장 이후 휴대전화업계가 대표적이다. 스마트폰의 디자인 다양성은 거의 사라졌다. 고객에게는 최적의 보편적 디자인universal design 개념이 적용된다. 계획된 노후화를 따르지 않고 제품을 단순화하는 것은 많은 장점을 제공한다. 아이폰은 소수 모델 전략을 유지한다. 제한된 모델로 단순성과 사용자 경험에 집중한다. 다양한 모델을 제시하는 경쟁사와 차별화되는 이 전략은 애플 제품 가치 제고와 브랜드 정체성 강화에 기여하며 고객의 충성도를 높인다.

소수 모델 포트폴리오는 마이클 포터Michael Porter가 주장한 차별화differentiation 전략과 일치한다. 잘 설계된 고품질 제품을 소량으로 제공해 경쟁사와 차별화하면 기업은 고유 가치 제안unique value proposition을 제시할 수 있다. 차별화로 애플은 프리미엄 가격을 책정하고 강력한 고객 충성도를 쌓았다. 이는 제품 수명 주기 이론Product Lifecycle Theory과도 연결된다.

시장 포화market saturation는 시장에 가용한 제품이나 서비스의 양이 극대화된 상태다. 모든 제품은 탄생introduction, 성장growth, 성숙maturity, 쇠퇴decline 주기를 거친다. 포화 시장에서 기업이 성장하려면 경쟁사의 점유율을 빼앗거나 전체 파이를 늘려야 한다. 다수의 모델로 시장을 포화시키는 대신 각 모델의 수명 주기상 성장 단계 연장에 집중하는 것도 효과적이다. 이를 위해서는 제품의 점진적 개선과 정기 업데이트로 관심과 수요를 유지해야 한다.

소비자 행동 이론Consumer Behavior Theory에 따르면 선택의 폭이 너무 넓으면 소비자는 결정에 어려움을 겪는다. 잘 만들어진 몇 개의 모델을 제공하면 의사결정을 단순화하고 고객 경험을 개선할 가능성이 커진다. 애플의 소수 모델 전략은 GM의 계획된 노후화

지향점인 수익 극대화와 달리, 소비자 충성도와 지속적인 사용 의도를 확보하는 것이 목적이며 다음 관점에서 다르다.

첫째, 소수 모델 전략으로 계획된 내구성 planned durability 을 강화한다. 적은 수의 모델로 품질 관리를 강화하고 긴 제품 수명을 제공하는 데 투자한다. 품질이 낮은 다수 모델 출시 전략과 대비된다.

둘째, 소프트웨어 업데이트 software updates 와 호환성 강화는 소수 모델 포트폴리오에서 더 효과적이다. 정기 소프트웨어 업데이트는 제품 수명을 연장한다. 과거 애플이 소프트웨어로 구형 기기의 동작 속도를 저하시켜 신제품 구매를 유도했다는 비판이 있었다. 이는 계획된 노후화의 사례다.

셋째, 인지된 노후화 perceived obsolescence 관점. 소비자는 소수 모델 포트폴리오에서 신형 모델 출시를 더 명확하게 인지한다. 기존 모델에 문제가 없어도 자발적으로 최신 모델로 변경할 수 있다. 즉, 애플의 소수 모델 전략은 차별화, 품질 중심, 사용자 경험 강화를 결합한 결과다. 정기적으로 신모델을 출시하지만 소프트웨어 업데이트와 호환성 제공으로 사용자가 문제없이 사용하도록 지원한다. 최신 모델의 기능을 자연스럽게 강조하면서 수명 주기를 관리한다.

머스크는 소수 모델에 집중하는 전략을 강조하며 슬론주의와 계획된 노후화의 그림자에서 벗어나야 한다고 주장하고 혁신, 고객 만족, 환경적 책임 사이의 균형을 유지한다. 불필요한 다수 모델의 디자인, 생산, 유지보수 비용도 줄일 수 있다.

전략의 요체는 단순함이다. 단순함의 경쟁 우위는 제품과 서비스 연결성을 강화하고 생태계 확장의 여력을 제공한다. 이에 기반해 테슬라는 강한 브랜드를 구축하고, 신제품에 대한 기대감을 조성하며, 기존 고객의 충성도를 얻는다. 고객은 지속적인 소프트웨어 업데이트로 차량이 쉽게 노후화되지 않는다고 믿는다. 소수의 핵심 제품 전략은 지속 가능 에너지 경제를 추구하는 테슬라 핵심 가치와도 연결된다. 핵심에 집중해 공감대를 형성하며 강한 시장 입지를 유지할 수 있다.

무한한 사업의
가능성

"테슬라가 애플과 아람코를 합친 것보다 큰 회사가 될 거라 생각합
니다. 테슬라의 가치는 대략 사우디 아람코의 두 배가 될 겁니다."
"I see a potential path for Tesla to be worth more than
Apple and Saudi Aramco combined, I see a way for Tesla
to be roughly twice the value of Saudi Aramco."

전기차 보급 확대는 석유 수요에 어떤 영향을 주는가? 2016
년, 석유 수출국 기구 OPEC 와 석유 메이저를 포함한 이해관계자들
은 전기차 시장 확산을 매우 보수적으로 내다봤다. 점진적인 전기
차 보급은 석유 수요에 큰 영향을 주지 않을 것으로 판단했다. 당
시 전기차와 플러그인 하이브리드가 차지하는 비중은 매우 적었고
가격 또한 내연기관보다 상당히 높았다. 전문가들은 배터리 가격이

높아 전기차 상용화는 당분간 어려울 것으로 예측했다. 당시 전기차 제조업체에 가격 인하 여력은 없었고 장거리 여행을 위한 고속 충전소도 부족했다.[138]

OPEC은 2040년까지 전기차 비중이 시장의 1퍼센트에 그칠 것이라 예상했다. 또한 2040년까지 인류가 생산하는 전기의 약 10퍼센트만 전기차 충전에 쓰일 것으로 봤다. 석유 메이저 코노코필립스 ConocoPhillips CEO 라이언 랜스 Ryan Lance 는 2015년 인터뷰에서 "전기차는 내 생애를 포함해 앞으로 50년 동안 사회에 큰 영향을 미치지 않을 것"이라 단언했다.

석유 수요나 탄소 배출량 감소에 대한 견해는 엇갈릴 수 있다. 하지만 2023년 세계경제포럼 World Economic Forum 은 모든 자동차를 배터리 전기차로 바꾸면 석유 수요가 크게 줄고 운송 부문의 탄소 배출도 상당히 감소할 것이라고 전망했다.[139] 다만 승용차 전동화만으로는 부족하다. 승용차는 운송 부문 탄소 배출의 일부만을 차지한다. 다른 운송 부문도 전동화되어야 석유 수요가 전기 수요로 급격히 대체될 것이다.

세계경제포럼은 블룸버그 BNEF; Bloomberg New Energy Finance 데이터를 인용해 전기차의 석유 소비 감소 효과를 설명했다. 2025년까지 전동화 확산이 이어지면 운송 부문에서 하루 200만 배럴 이상의 석유 소비가 줄어들 수 있다. 운송 부문 중 가장 큰 비중을 차지하는 것은 2륜차와 3륜차이며 그다음 승용차, 버스, 상용차 순이다. 운송 부문의 전동화는 연료 소비로 생기는 탄소뿐 아니라 원유 시추의 환경적 영향도 줄인다.

미국에서 표준적인 내연기관 승용차는 연간 약 11배럴(약 1,750 리터)의 화석 연료를 사용한다. 전동화가 이루어지면 이 정도의 연료 소비가 즉각 줄어든다. 하지만 전기가 어디서 생산되는지도 확인해야 한다. 충전에 필요한 전기가 청정·재생 에너지로 얼마나 전환될지는 아직 불확실하다. 전기차가 대부분 청정에너지로 가동된다면 석유나 가스의 수요 감소 효과는 더 커질 수 있다.

전동화로 인한 석유 수요의 감소가 유가 하락으로 이어지지 않을 수 있다. 신규 원유 생산 능력 확보에 대한 투자가 수요보다 빠르게 감소하면 유가는 불안정하고 높은 수준을 유지할지 모른다. 산유국이 수익을 지키기 위해 생산량을 적극적으로 제한할 수도 있다. 러시아-우크라이나 전쟁으로 인한 혼란 속에서 석유 메이저는 사상 최대의 이익을 냈다. 그들은 불확실한 환경에서 수익을 극대화하는 데 능숙하다.

점진적으로 확산되던 좋은 기술은 대안이 없어지는 순간 폭발적으로 확장되는 경향이 있다. 20세기 초의 내연기관차, 1970년대 컬러 TV, 그리고 2000년대 중반의 스마트폰이 그 예다. 임계점이 언제인지 정확히 예측하기는 어렵지만 일단 변화가 가속화되면 세상은 바뀌기 시작하고 과거로 다시 돌아가지 않는다. 많은 사람이 2020년대를 전기차로의 전환기로 이해하고 있다. 전문가들은 테슬라의 연간 판매가 50만 대를 넘어가는 시점에서 전망을 수정하기 시작했다.

2016년의 블룸버그 자료는 흥미로운 관점을 제시한다. 2015년에 배터리 가격이 35퍼센트 낮아졌고, 6년 내에 보조금 없이 내연기관차와 경쟁할 수 있는 전기차가 나올 것이라는 전망을 냈다. 2040년까지 장거리 주행이 가능한 전기차의 가격은 2만 2,000달러 선으로 내려갈 것이라 예측하기도 했다.

테슬라는 2022년 하반기부터 공격적인 가격 정책으로 내연기관과 직접 경쟁하겠다는 의지를 보였다. 그해에 74만 7,500대의 모델Y가 판매되며 전기차 최초로 월드 베스트 셀링 모델 리스트에 올랐다. 이는 전년 대비 91퍼센트 증가한 실적으로, 글로벌 판매 순위 3위였다. 1위와 2위는 토요타 RAV4(102만 대)와 코롤라(99만 1,500대)였다.[140]

다른 전통 제조업체와 신생 전기차업체도 합리적 가격의 새 모델을 내놓기 위해 수십억 달러를 투자했다. 2025년을 기점으로 내연기관보다 저렴하고 성능은 뛰어난 전기차 모델이 등장하기 시작했다. 가장 높은 경쟁력을 가진 것은 배터리 원재료부터 소프트웨어까지 일관된 수직 통합 능력을 보유한 테슬라다. 모든 부분에서 원가 우위가 돋보인다.

원가 하락으로 인한 전기차 시장의 급격한 확대와 석유 수요의 점진적 감소 가능성은 어느 정도 예상할 수 있다. 물론 전기차 보급이 석유 수요 감소로 이어지지 않는다거나 충전에 필요한 전기 생산에 기여하는 재생 에너지의 규모가 충분하지 않다는 관점도 있다. 일리가 있다. 하지만 테슬라에 의한 전기차 시장 확장은 장기적으로 석유 수요와 에너지 구조에 영향을 미칠 것이다.

석유 산업이 전기차 보급에 대해 무관심하더라도 전기차는 확산된다. 결국 석유 산업에도 근본적 변화가 요구될지 모른다. 전기차의 낮은 유지보수 비용, 연료(전기) 비용, 배터리 가격 하락으로 인한 총소유 비용 TCO; Total Cost of Ownership 절감은 변곡점의 주요 요인이다. 높은 배터리 가격(차량 원가의 약 3분의 1)에도 불구하고 전기차가 빠르게 확산되려면 정부의 친환경차 보조금, 제조업체의 저마진 정책, 소비자의 탄력적 가격 수용성, 급격한 배터리 가격 하락 등 요인이 따라주어야 한다.

머스크가 사우디 국영 석유회사로 높은 기업 가치를 가진 아람코 Aramco와 애플을 함께 벤치마크 대상으로 삼은 건 재미있다. 지속 가능한 에너지로의 전환으로 구시대의 화석 에너지를 대체하겠다는 의지, 그리고 혁신 기술로 시가총액 최상위권의 기술 대기업도 넘어서겠다는 포부를 담았다. 2024년 8월, 사우디 아람코의 시가총액은 약 1.8조 달러(약 2400조 원)였다. 애플과 아람코 합산 시가총액은 5조 달러 이상이다. 터무니없게 들릴 수 있다.

그렇다면 테슬라의 잠재력은 어디에서 오는가? 파괴적 혁신 기업을 투자 대상으로 하는 아크 인베스트 Ark Invest는 2029년 테슬라의 가치로 주당 2,600달러, 시가총액 7조~10조 달러 시나리오를 제시했다.[141] 대부분의 가치는 자율주행 소프트웨어와 로보택시 잠재 수익에서 나온다. 로보택시는 모빌리티 산업 전반을 파괴할 핵심이다. 2024년 테슬라 주가는 200~400달러 수준에서 움직였다.

자율주행이 완성되고 새로운 비즈니스 모델이 현실화되면 시가총액은 석유 메이저와 기술 대기업을 넘어설 가능성이 있다. 여기에 자율주행 기술이 로보틱스로 확장되면 기업 가치는 상상 이상으로 커질 수 있다.

아크 인베스트의 분석가 타샤 키니Tasha Keeney는 향후 10년간 자율주행을 성공시키지 못하는 업체는 시장에서 도태되고 역량 있는 제조업체 중심으로 업계의 통합이 가속화될 것이라고 주장했다. 최상의 시나리오에서 테슬라의 가치는 애플이나 아람코의 가치를 뛰어넘게 된다. 테슬라의 잠재력을 이해하려면 세 가지의 주요 독립 변수를 살펴보아야 한다.

첫째, 매출 총이익gross margins. 차량 제조 원가가 지속적으로 낮아지면 대당 이익률은 증가할 것이다. 둘째, 자본 효율성capital efficiency. 차 한 대 생산에 필요한 투입 자본이 줄어들면 비용 구조는 더 유리해진다. 테슬라는 높은 자본 효율성을 자랑하며 시장 경쟁력을 유지한다. 셋째, 자율주행 능력autonomous capability. 완전 자율주행은 모빌리티 생태계를 혁신할 잠재력을 가진다. 전기차 가격이 내연기관차보다 저렴해지는 시점은 산업 변곡점이 된다. 테슬라는 이 변곡점을 활용할 최적의 위치에 있으며 다른 제조업체보다 뛰어난 자본 활용 능력, 기술력을 가졌다.

자율주행의 폭발적인 상용화 시점은 예단하기 어렵지만 가까운 미래인 것은 확실하다. 2026년을 기점으로 미국과 유럽, 중국에서 자율주행 관련 규제의 승인이 가속화되기 시작할 것이다. 테슬라는 보수적으로 평가해도 후발주자와 2년 이상의 기술 격차를 유지한 것으로 평가된다. 압도적인 AI 인프라의 차이는 사실상 따라갈 수 없는 수준이다. 소프트웨어와 하드웨어를 수직 통합하여 즉각 개선하는 역량도 독보적이다.

자율주행 능력의 90퍼센트 달성은 대부분의 업체가 할 수 있다. 우수한 상위업체는 99퍼센트까지 달성할 것이다. 그러나 99퍼센트와 99.999퍼센트의 안정성 차이는 하늘과 땅 차이다. 필연적으로 승자 독식 구조가 생길 수밖에 없다. 테슬라의 소프트웨어 우위는 주목할 만하다. FSD 소프트웨어는 고속도로 및 시내 주행을 동시에 지원하는 수직 통합 스택으로 구성된다. 무선 업데이트로 고객은 서비스 센터 방문 없이 최신 소프트웨어를 설치한다.

테슬라 경쟁력을 뒷받침하는 또 다른 요인은 방대한 현실 세계 데이터다. 2025년 기준 700만 대 차량에서 매일 수집된 데이터는 자율주행 알고리즘을 개선한다. 세계 최대 데이터 센터와 학습 능력을 보유한 테슬라는 이를 처리하며 실시간으로 AI 모델을 훈련한다. 자율주행을 위한 인공지능에는 세 가지가 필요하다. 모델 model, 데이터 data, 컴퓨팅 파워 compute 다. 테슬라는 세 가지 모두를 보유한 유일한 기업이다.

테슬라의 비즈니스 모델은 자동차를 넘어 기하급수적으로 확장된다. 이 성공의 선순환 루프에는 공장, 자율주행차, 네트워크의 세 가지 요인이 공헌한다.

a 더 빠르게 전기차를 생산할 공장에 투자한다.

b 더 많은 자율주행 자동차를 만든다.

c 자율주행 네트워크로 현금을 창출한다.

반복…

a 공장에 재투자하며 선순환 사이클을 가속화한다.

자율주행 네트워크는 차량 생산을 위한 자본을 창출한다. 이는 공장에 투자되어 제품 생산 비용을 낮추고 자율주행차 기반을 확장한다. 테슬라 고객은 소프트웨어 베타 테스터이자 주행 데이터 제공자다. 고객으로부터의 피드백으로 테슬라는 경쟁사보다 저렴한 비용으로 방대한 데이터를 확보한다.

데이터 센터로 수집된 주행 정보는 인공 신경망 학습을 통해 실시간으로 업데이트 가능한 소프트웨어에 반영된다. 개선된 소프트웨어는 도로 위 테슬라 자동차에 다시 재배포되어 자율주행 성능을 빠르게 높인다. 특정 장소에서 발생한 엣지 케이스가 전체 차량에 전파되어 자율주행의 정교함이 높아진다. 이런 눈덩이 효과Snowball Effect는 연 50~60퍼센트 성장을 정당화한다.

테슬라가 전기차 생산 능력을 지속 확장할 이유는 사명 선언문에 나와 있다. '지속 가능한 에너지로의 전환을 가속화'하기 위해서 투자 여력을 유지하고 확대해야 한다. 테슬라는 제조업체를 넘어 우버나 리프트와 같은 차량 호출 서비스에도 위협이 된다. 자율주행차는 인건비를 필요로 하지 않기 때문에 주행 거리 단위당 비용이 훨씬 저렴하다. 경쟁력 있는 차량 하드웨어 확보 능력에서도 큰 차이가 난다. 테슬라의 로보 택시는 공장에서 출하되자마자 승객을 태울 수 있다. 에너지 저장 장치 매출이나 보험 등 가치 사슬의 확장도 테슬라 미래 이익에 크게 기여하고 경쟁 우위를 강화할 것이다. 오너가 차량을 로보택시로 전환해 돈을 벌거나 테슬라가 차량 호출 서비스의 대체재로 인식되기 시작하면 시장의 인식은 크게 달라질 것이다.

반대 의견에도 불구하고 테슬라가 촉발한 모빌리티 혁명은 화석 연료와 기존 산업 지형에 멀지 않아 지속적으로 압력을 줄 것이다. 석유 소비와 시추는 지구의 미래에 대한 위협이 된다. 대안은 반드시 필요하다. 사우디 아람코 최대 주주인 사우디 국부 펀드 Public Investment Fund 가 전기차 제조업체 루시드 Lucid 의 최대 주주로 올라선 사실은 이런 변화를 상징적으로 보여준다.

융합으로
혁신하라

"우리는 세상을 변화시키려 노력합니다. 탄소 배출에 의미 있는 영향을 주려면 많은 전기차가 필요합니다. 2020년까지 연간 50만 대의 전기차를 생산할 것입니다."

"We're trying to make a difference in the world, and so we need to be doing significant volume to have a meaningful impact on carbon emissions. By 2020, we want to be able to produce 500,000 electric cars per year."

머스크가 과거 목표로 삼았던 연간 50만 대 생산은 2020년에 이미 실현되었다. 그해 테슬라는 49만 9,550대를 인도했다. 이후의 성장은 놀랍다. 2021년에는 100만 대를 판매하며 전년 대비 100퍼센트 성장했고, 2022년은 130만 대로 30퍼센트, 2023년에는

180만 대로 40퍼센트 성장을 이뤘다. 승용차 시장 규모를 8000만 대로 잡으면 2020년의 50만 대는 점유율 0.6퍼센트다. 장기적으로 연간 1000만 대를 판매한다면 시장의 12.5퍼센트, 2000만 대라면 25퍼센트를 차지하게 된다.

혁신의 속도는 목표 달성의 핵심이다. 아직 정해지지 않았지만, 미래에 보급형 모델의 생산 비용을 절반으로 줄인다면 목표는 더 빨리 실현될 것이다. 경쟁사들도 노력을 하겠지만 그 속도를 따라잡기 쉽지 않을 것이다.

혁신 속도와 문제 해결 과정

혁신의 속도는 '회사가 문제를 인지한 시점부터 고객에게 더 나은 가치를 전달하기까지 걸리는 시간'으로 정의된다.[142] 새로 출시한 자동차에서 문제가 발견되면 전통 제조업체는 연식 변경 주기에 맞춰 부품 개선을 검토한다. 문제가 정의되면 품질 부서와 설계 부서가 함께 논의하고, 벤더사에 새 부품을 발주해 다음 주기에 적용한다. 부품 생산, 차량 적용, 규제 승인, 고객 전달까지 시간이 꽤 걸린다.

반면 테슬라의 혁신 속도는 스프린트 단위로 측정된다. 단위는 평균 3시간이다. 사안에 따라 더 짧아지기도 한다. 전통 제조업체가 연간, 월간, 주간 주기로 개선을 추진한다면, 테슬라는 시간 단위로 움직인다.[143] 기존 업체에선 상상도 못 할 속도다. 빠른 혁신 주기를 통해 테슬라는 지속적으로, 실시간으로 가치를 제공하고 매일 더 나은 제품을 만든다.

전통 제조업체가 연간 10퍼센트의 개선을 이룬다고 하자. 일반적으로 모델 완전 변경에 5~7년이 걸리므로 다음 신제품까지 약 50~70퍼센트의 가치 향상을 기대할 수 있다. 반면 테슬라가 매일 0.1퍼센트의 개선을 이루면 연간 30퍼센트 향상이고, 5년이면 150퍼센트다. 경쟁사가 5년 후 완전 신제품을 출시해도 모델 변경 없이 꾸준히 개선된 테슬라 차량보다 가치가 낮을 수 있다. 테슬라에 부품을 납품하는 벤더사들도 회사가 상시적 개선을 요청한다고 증언한다. 기존 업체의 정형화된 프로세스는 이 속도를 따라갈 수 없다.

테슬라 공장 운영 방식은 기존 방식과 완전히 다르며 끊임없는 개선으로 유명한 토요타의 제조 혁신보다 속도면에서 더 빠르다. 테슬라에서는 "누가, 무엇을 개선하라"는 지시가 없다. 자율적으로 모인 자율 팀self-organizing team이 혁신의 중심이다. 생산 현장에서 구성원들은 개선 주제에 대해 수시로 의견을 나누지만 미팅 준비나 보고에 시간을 낭비하지 않는다. 자율적으로 주제에 참여하고 해당 사항이 없으면 즉시 다른 주제로 이동한다.

이렇게 나온 개선 아이디어는 개발 담당이나 소프트웨어 팀에 바로 전달되고 자체적으로 개선 가능한 방법이 동원된다. 부품의 개선이 필요하면 담당자는 즉시 전 세계 벤더사에 연락을 취한다. 낭비 없는 순수한 개선의 번개모임은 상시 일어난다. 이런 문화는 구성원들이 지속 가능한 에너지로의 전환을 가속화한다는 전사적 미션에 집중하기 때문에 가능하다. 변화의 한계 비용도 제로에 가깝다.

자발적 모임에서 나온 혁신의 아이디어가 버려지지 않는다는 점이 특징이다. 테슬라에는 실패에 대한 두려움이 없다. 조직은 실패를 당연한 과정으로 여긴다. 머스크의 말처럼 충분히 실패하지 않으면 혁신은 일어나지 않는다. 혁신과 실패의 양은 비례한다.

실패의 두려움은 혁신의 큰 적이다. 실패를 피하려 책임을 회피하고, 외부 의견에 의존하며, 실행을 미룬다. 실패는 실행에서 비롯된다. 실행하지 않으면 실패는 없다. 테슬라는 실패를 장려해 직원들이 아이디어를 즉시 실행하도록 한다. 혁신을 가로막거나 소통을 방해하는 사람은 엄중히 처벌받는다. 실패는 학습의 자양분이자 성공의 기반이다. 고객에게 가치 있는 아이디어는 즉각 실행되고 고객이 느끼는 테슬라의 가치를 실시간으로 높인다.

관료주의는 끼어들 자리가 없다. 매니저의 실적 쌓기용 혁신도 없다. 대리인 이론 Agency Theory 은 팀장, 매니저, 경영진이 고객 가치보다 자신의 이익을 우선시하는 이유를 설명한다. 테슬라의 제품은 인도 후에도 소프트웨어를 통해 지속적으로 업그레이드된다. 구입 후 고정된 가치를 가지는 제품과 구입 후 실시간으로 가치가 커지는 제품은 비교 대상이 아니다. 후자는 보유하고 사용할수록 가치가 높아진다.

제조 혁신에 소프트웨어적 관점을 더하라

머스크는 실리콘밸리에서 시작된 CI/CD, 즉 지속적인 통합과 배포 Continuous Integration & Continuous Deployment 개념을 테슬라에 처음 적용했다. 소프트웨어적 개발 사고를 공장 기반 물리 시스템 혁신에 반영한 것이다. CI/CD는 소프트웨어가 항상 최신 상태로 유지되며 제대로 작동하도록 해 유저가 최상의 상태로 사용할 수 있도록 돕는 자동화 시스템이다. 개선된 코드가 기존 제품에 통합되고 배포를 위한 검증 작업이 따른다. 개선은 주기적으로 끊임없이 이뤄진다. 결국 소프트웨어는 더 짧은 주기로 고객에게 제공된다.

이해를 위해 케이크를 굽는다고 가정해 보자. 모든 재료를 한 번에 섞고 결과를 확인하는 대신, 중간중간 짧은 주기로 상태를 점검한다 치자. 밀가루, 달걀, 설탕을 섞을 때마다 맛을 확인하고, 문제가 있으면 바로 고친다. 이것이 지속적 통합이다. 소프트웨어 개발자는 코드 변경을 단계마다 공유하고 자동화된 테스트로 모든 것이 제대로 작동하는지 확인한다. 문제가 있으면 조기에 신속히 해결한다.

다시 케이크로 돌아가자. 이 반죽으로 케이크를 구웠는데 맛이기가 막히다. 코드(소프트웨어)가 준비되고 테스트를 통과하면 유저가 사용할 수 있도록 자동 배포 준비가 된다. 케이크를 자르고 장식해 서빙 트레이에 올리는 것이다. 준비가 완료되면 시장에 소프트웨어를 신속히 내놓는다. 이것이 지속적 배포다.

CI/CD로 개발자는 문제를 조기에 파악하고 해결하며, 사용자는 고품질 업데이트를 빠르게 받을 수 있다. 머스크의 대단한 점은 자동차 산업 100년 관성을 깨고 소프트웨어적 공정 혁신을 접목한 것이다. 신속한 반복과 프로토타입 제작이 강조된다. 테슬라는 제조 공정 중 수많은 프로토타입을 개발하고, 테스트하며, 반복 개선하여 제품과 생산 프로세스의 지속적 향상을 촉진한다.

테슬라는 외부 변화에 빠르게 적응할 수 있도록 유연한 생산 프로세스와 민첩한 제조 원칙을 철저하게 적용한다. 기존보다 더 간소화된 모듈형 설계로 구성 요소를 쉽게 교체한다. 따라서 신규 개선 사항과 기술이 차량에 신속히 통합될 수 있다. 차량 소프트웨어는 무선 업데이트를 통해 자주 변경된다. 성능, 안전 및 사용자 경험 향상을 위해 상시·정기 소프트웨어 업데이트가 진행되고 CI/CD의 지속적 통합, 배포 관점이 적용된다.

테슬라 차량은 카메라로 방대한 주행 데이터를 수집한다. 데이터는 자율주행 개발뿐 아니라 성능과 안전성 향상에도 활용된다. 고객으로부터 불만, 불량 신고가 없어도 문제가 미리 식별되고 개선된다. 생산 라인에는 로봇과 첨단 기계를 활용해 공장 자동화가 추진되었다. 자동화 가능성을 극대화해 정밀 제조를 가능하게 하고 숙련공에 대한 의존 없이 기존 공정을 신속히 변경할 수 있도록 했다.

글로벌 공급망에 대한 접근도 독특하다. 테슬라 공급망은 환경에 민첩하게 적용하도록 설계되었다. 벤더사 의존도가 기존 제조업체보다 낮다. 그들은 다양한 공급업체에서 부품을 소싱하고, 필요 시 신속히 변경한다. 부품 공급의 지속성을 보장하고 생산 병목은 줄인다. 핵심 철학 중 하나는 낭비 없는 린 생산이다. 낭비 최소화, 자원 활용 최적화, 효율성 향상 방법을 끊임없이 탐색한다. 개선을 중시하는 토요타 생산 방식이 CI/CD 철학과 만나 테슬라에서 더 강력한 제조 혁신으로 재탄생했다.

테슬라는 품질 관리와 피드백 루프 혁신에서도 성과를 냈다. 품질 문제가 생기면 신속히 해결하고, 교훈을 생산 프로세스에 반영해 유사 문제를 방지한다. CI/CD의 지속적 통합이다. 배터리 제조 같은 원천 기술의 개발도 병행한다. 역시 지속적 통합의 사례다. 효율성, 에너지 밀도, 비용 효율성이 꾸준히 개선되며 차량 성능과 경제성에 영향을 준다.

고객 의견과 피드백도 적극 수렴한다. 머스크는 X에서 실시간으로 고객 의견을 받아 수정 가능한 사항을 즉석에서 약속하기도 한다. 피드백 중시 문화로 사용자 요구와 선호도를 이해하고 차량 기능과 디자인을 지속 발전시킨다.

공장이 혁신의 플랫폼

테슬라에서 공장은 혁신을 확장하는 플랫폼이다. 전 세계에 빠르고 쉽게 확장 가능한 기가팩토리를 건설하는 방식은 확장성과 적응성을 중시하는 철학을 반영한다. 기가팩토리 생산 시설은 애초에 확장을 염두에 두고 설계되어 증가한 시장 수요를 흡수하고 실시간으로 개선된 사항을 통합한다. 테슬라는 차량 설계를 반복하며, 민첩한 제조 방식을 구현하고, 데이터 분석을 활용해 품질 향상과 고객 피드백에 집중한다. 소프트웨어 개발 CI/CD 원칙을 자동차에 적용해 전례 없는 속도로 혁신하고, 고품질 제품을 생산하며, 충성도 높은 고객 기반을 확보한다.

하드웨어 구조가 간결할수록 품질 문제는 소프트웨어로 해결 가능하다. 2023년 2월 기준, 테슬라가 리콜한 509만 3,690대의 차량 중 81퍼센트는 2022년 1월 이후 조치되었다. 그 99퍼센트는 서비스 센터 방문이나 부품 교체 없이 소프트웨어 조치로 해결되었다.[144] 이 정도가 가능한 제조업체는 현재 테슬라뿐이다.

테슬라의 성공은 CI/CD 개념이 현실의 물리 제조 프로세스에도 적용될 수 있음을 보여준다. 차량 소프트웨어 개발, 하드웨어 생산, 공장 설계, 장비 운영, 출고 후 고객 사용 라이프사이클까지 포함해 지속적 배포가 광범위하게 활용된다. 현장 팀에서 변경한 사항은 바로 제조에 통합되고 자동적으로 테스트되며 최종 릴리스 승인된다. 소프트웨어적 사고와 하드웨어 생산의 융합은 비용을 줄이고, 실패의 두려움을 낮추며, 혁신 가능성을 높인다.

테슬라는 원래 대량 생산의 경험이 없었다. 소프트웨어 사고를 제조에 융합한 계기 중 하나는 오랜 기간 업계의 혁신 리더로 군림한 토요타와의 협력이다. 2023년 7월, 테슬라는 창립 20주년을 맞았다. 하지만 2010년 5월의 테슬라는 창립 7년 차의 작은 스타트업에 불과했다. 자동차업계 영향력은 거의 없었고 대량 생산 시설도 없었다. 머스크는 캘리포니아 프리몬트 공장에서 토요타 사장 토요다 아키오 Akio Toyoda 와 함께 전기차 생산을 위한 파트너십을 발표했다. 브랜드의 철자(Tesla-Toyota)와 컬러(붉은색)가 비슷한 두 회사가 제휴를 선언한 것이다.

언론의 하이라이트를 받은 것은 테슬라가 아닌 토요타였다. 머스크는 거인 토요타의 투자 결정에 뛸듯이 기뻐했으며 뿌듯함을 감추지 않았다. "토요타가 우리를 인정했다!" 같은 해 11월, 도쿄에서 열린 기자회견에서 머스크는 토요타 웨이를 "세계 최고"라고 치켜세우며 "제조에 대해 한 수 배우고 싶다"고 말했다.[145]

시간을 거슬러 올라가 보자. 2010년 봄, 캘리포니아에 위치한 토요타와 GM의 합작 법인 NUMMI 공장이 폐쇄되었다. 신연합 자동차 제조 주식회사 NUMMI; New United Motor Manufacturing Inc 라는 이름의 이 법인은 1983년 처음 문을 열었을 때부터 화제였다. 80년대 미국과 일본의 제조 합작 프로젝트는 신선한 충격이었다. 원래 토요타는 미국에 독자 생산 기지를 세울 계획을 가지고 있었지만 결과적으로 합작을 택했다. 낙점된 제조 시설은 프리몬트에 위치한 기존 GM의 공장이었다. 이 시설의 평판은 최악에 가까웠다. 이런 형편없는 곳에 직원들을 파견하게 된 토요타 내부에선 반발이 심했다.

합작은 양사의 이해가 맞았기 때문에 성사되었다. GM에 몇 가지 비즈니스 목표가 있었다. 첫째, 소형차를 수익성 있게 생산하는 방법을 배운다. 둘째, 유휴 공장(프리몬트)을 활용하고 인력을 줄인다. 셋째, 토요타 생산 방식을 직접 배워 전사적으로 전파한다.

당시 토요타 생산 방식은 미국 기업으로선 생소했다. GM 같은 초거대 공룡 기업에 효율성은 미덕으로 여겨지지 않았지만, 합작은 토요타가 무엇을 잘하는지 배울 수 있는 좋은 기회였다. NUMMI 프리몬트 공장은 초기에 GM 차종을, 문을 닫은 2010년 4월 즈음에는 코롤라 등 토요타 소형 차종을 생산했다.[146]

80년대 토요타는 미국에서 생산할 명분이 있었다. 혼다 Honda 와 닛산이 이미 오하이오와 테네시 주에 생산 시설을 짓고 있었다. 토요타는 GM으로부터 프리몬트 공장을 넘겨받아 독자 운영을 할 수도 있었다. 그것이 절차적, 경제적으로 더 빠르고 간단했다.

그러나 토요타는 합작이 더 빠르게 현지화 경험을 쌓는 길이라고 생각했다. 경영진의 접근은 명확했다. 목표는 학습이었다. NUMMI는 양사 모두에 학습 기회를 제공했다. 토요타는 우선 미국 직원을 트레이닝시킬 내부 인원을 일본 내에서 육성했다. 1983년 연말에는 일본 타카오카 공장 Takaoka Plant 라인에서 프리몬트 미국 직원의 연수가 시작되었다.

미국 직원들은 토요타 생산 프로세스를 처음부터 새로 배워야 했다. GM 내 생산 거점 중에서도 최악이던 프리몬트 공장은 노동자의 질이 낮고 전미 자동차 노조 회원들이 빈번히 파업하며 생산 라인에 의도적으로 문제를 일으키던 곳이었다. 결근율이 20퍼센트 이상이었고 형편없는 제품이 만들어졌다. 80년대 미국 제조업의 현실이었다. 토요타는 이런 현장에 자신의 철학을 심는 것에 주저하고 있었다. 고유의 방식이 제대로 작동할지 알 수 없었다.

나중에 밝혀졌지만 현장 노동자는 큰 장애물이 아니었다. 그들은 오히려 토요타를 환영했다. 결근율은 2퍼센트로 떨어졌고 1년 만에 GM 내 최고 생산 시설로 다시 태어났다. 똑같은 직원들이었지만 생산 시스템과 문화 culture 가 달라졌기 때문이다.

토요타에서는 행동이 사고를 바꾼다. 새로운 사고방식이 필요하면 새로운 행동을 시작하라는 것이다. 책상머리 이론 교육에 의존하지 말고 직원이 다르게 행동할 수밖에 없도록 시스템의 디자인을 바꾸라는 것이다.

경영에 기업 문화corporate culture 개념을 적용한 것이 MIT 슬론 경영대학원의 에드거 샤인Edgar Schein이다. 그에 따르면 기업 문화는 쉽게 변화시킬 수 있는 것이 아니다. 문화는 중요하지만 문화를 직접 바꾸려는 시도로 문화를 바꿀 수 없다You don't change the culture by trying to directly change the culture. 조직 변화organizational change에 대한 서구의 전형적인 접근은 사람들이 올바른 사고방식을 갖도록 하는 것이다. 사고가 가치values와 태도attitudes를 변화시켜 달라진 행동을 낳는다는 것이다.

그러나 NUMMI는 반대로 행동 변화에서 출발했다. 행동으로 새 사고방식을 얻는 것이 그 반대보다 쉽다고 본 것이다. 토요타는 근로자들이 과업을 성공적으로 수행할 수단을 주었다. 대표적인 것이 안돈行燈, Andon이다.

안돈은 토요타 생산 방식의 핵심으로, stop-the-line이라 불리기도 한다. 작업 스테이션 위 색상 디스플레이는 현황을 보여주어 누구나 생산 흐름을 쉽게 파악하도록 한다. 안돈 코드라 불리는 줄을 당기면 라인의 흐름이 멈춘다. 리더는 달려와 문제 해결을 돕는다. NUMMI 직원은 이를 일본에서 배웠다. 합작 논의 초기에 생산 흐름을 멈출 안돈 코드 설치 여부는 주요 쟁점이었다.

안돈 시스템은 직원이 품질을 향상시킬 수 있는 수단이다. 직원은 라인에 들어갈 때마다, 문제를 찾고^{finding problems}, 개선하는 making improvements 역할을 한다. 그러려면 경영진이 수단을 제공해야 한다. 하지만 GM 경영진은 안돈 설치에 의문을 제기했다. "당신들은 작업자에게 라인을 멈출 '권리'를 주는 겁니까?" 토요타는 "아니요. 우리는 문제 발견 시 멈출 '의무'를 주어야 합니다"라고 답했다.

토요타 생산 방식에서 작업자는 비정상적 상황이 발생하면 리더에게 문제를 즉각 보고하도록 교육받는다. 문제가 생기면 리더는 자신의 작업 사이클이나 가용 시간 내에서 문제 발생 위치로 달려간다. 라인은 특정 고정 지점 fixed position 에 도달해 멈춘다. 리더는 상황을 평가하고 함께 조치한다. 경영진은 직원들이 작업 사이클 내에서 문제를 발견하면 도움을 받을 수 있을 것이라 약속했다. 이는 분 단위로 일하는 근로자들에게 큰 의미를 가진 약속이다. 높은 작업 품질을 실현하고 문제를 해결하고 개선하는 데는 전제조건이 있다는 사실을 모두가 수긍하기 시작했다. NUMMI의 문화는 달라졌다. 직원은 높은 품질을 달성할 기회를 얻고, 세계의 다른 공장들과 경쟁할 수 있다는 확신을 가졌다. 품질 우선주의, 경영 지원, 주인의식이 직무에 결합되었다.

당시 디트로이트에서는 조립 라인의 자동화가 진전되고 있었다. 작업자가 부품을 잘못 조립한 것을 인지한 이후 차량이 해당 작업 구역을 떠나는 경우가 많았다. 실수를 만회할 방법이 없었다. 하지만 NUMMI에서는 이런 일이 없었다. 토요타 방식은 실수가 발생하기 어렵게 공정을 설계하고, 문제가 눈에 잘 보이도록 하며, 관리자가 문제를 신속히 해결하도록 일관성을 부여한다.

미국의 일반적인 자동차 공장엔 안돈 코드도, 문제 해결을 돕는 리더도 없었다. 공장 전체를 멈추는 붉은 버튼은 문제 해결이 아닌 책임 추궁을 의미했다. 작업자는 실수를 알아채도 조치하지 않았다. NUMMI의 문화를 변화시킨 건 직원 참여employee involvement, 학습 조직learning organization, 문화 같은 거창한 개념이 아니라 현실적이고 구체적인 지원 수단이었다. 명확한 과제와 수행을 위한 도구와 교육을 제공한 것 뿐이다.

라인을 멈추는 안돈 프로세스는 행동으로 사고방식을 변화시켰다. 이제 직원은 현장에서 무엇을 해야 할지 정확히 알 수 있었다. 문화 변화cultural shift 는 현장의 문제problem 에 집중할 때 자연스럽게 발생한다. 안돈의 핵심은 문제를 드러내 품질을 높이는 것이다. 문제를 노출하는 것은 얼핏 위험해 보인다. 하지만 이것이야말로 개선과 혁신의 기반이다.

프리몬트 합작 전, GM과 토요타는 문제를 바라보는 관점이 달랐다. GM 직원은 "문제 없다No problem "를 입에 달고 살았다. 미국 작업자들이 외치던 일본어 "문제 없다問題ない, Mondai-Nai "는 토요타 주재원에게 "Monday night!"처럼 들렸다. 일본인이 상황을 물으면 미국인은 "월요일 밤!"이라고 대답할 뿐이었다.

일본인들에게 이것은 문제였다. 토요타에서 문제가 없는 것은 문제다No problem is problem . 모든 곳에는 문제problem 가 있고, 대책countermeasure 과 더 나은 방법better way 이 있다. 토요타 생산 방식 도구들은 문제를 찾아 해결하고 학습을 지원하도록 설계되었다. 실패로부터의 학습을 쉽게 만들어 문제에 대한 태도를 바꾼다. 이것이 린 문화 변혁의 힘이다.

제조 혁신의 다음 시대로

토요타 생산 방식과 조직 문화가 반영된 프리몬트 공장은 2010년 4월까지 운영되었다. 합작 종료로 가동이 멈춘 그해, 토요타는 테슬라의 지분을 인수했다. 보통주 2.5퍼센트, 약 5000만 달러의 금액이었다.[147] 테슬라는 토요타로부터 확보한 자금으로 프리몬트 공장의 설비와 인력을 4200만 달러에 사들였다. 테슬라는 코롤라를 생산하던 NUMMI 공장, 프리몬트를 대량 생산 전략 거점으로 삼았다. 토요타 생산 방식에 정통한 엔지니어와 관리자들도 흡수했다.

이제 테슬라 대량 생산의 역사가 시작되었다. 80년대 토요타의 미국 전초기지였던 이곳에서 2012년, 모델S의 생산이 시작되었다. 비록 토요타가 제공한 5000만 달러는 크지 않은 금액이었지만 신생 스타트업이 세계 무대로 나아가는 데 결정적인 역할을 했다.

당시 캘리포니아에서 열린 공동 기자회견에서 머스크는 토요다 아키오와 함께 저녁을 먹고 로드스터를 타고 LA 일대를 달렸다며, 토요타의 지원 제스처에 감사를 전했다. 테슬라는 기술 파트너십을 통해 토요타의 대량 생산 노하우를 배웠다. 토요타는 전기차 합작 생산으로 기술을 습득하고, 2008년 경제 위기 때 파산한

GM이 4,500명의 직원 해고와 함께 폐쇄를 결정한 프리몬트 공장의 활용처를 찾음으로써 체면을 살릴 수 있었다.

토요다 아키오는 기자들에게 테슬라의 기업가적 추진력이 공룡 토요타에 시사점을 준다고 말했다. 연간 40만 대 생산 능력을 갖고 있던 프리몬트 공장은 테슬라로서는 너무 컸다. 2012년 모델S 생산 목표는 2만 대에 불과했다. 캘리포니아 주정부는 공장이 너무 크다며 승인에 주저했다. 하지만 결과적으로 양사의 파트너십은 테슬라 성장의 발판이 되었고 토요타의 투자 결정은 전기차의 잠재력을 인정하는 신호로 여겨졌다.

양사는 전기차 공동 개발 협력에 합의했다. 제조에서 풍부한 경험을 가진 토요타가 대량 생산 및 품질 관리 역량을 제공하고 테슬라는 첨단 배터리 시스템, 전기 파워트레인 기술을 지원하기로 했다. 토요타의 성과는 인기 SUV 모델 Rav4의 전기차 버전에 테슬라 구동계를 얹어 소량 생산한 것이 전부였다.

파트너십에서 더 많은 것을 얻은 건 테슬라다. 테슬라는 가장 중요한 제조업체와 협력해 제조 역량의 근간을 세우고 소프트웨어 중심 접근으로 확장하는 통찰을 얻었다. 공정 개선, 기존 자동차 공급망에 대한 접근에도 도움을 받았다. 전기차 실현 가능성에 대한 시장 신호가 강화되자 투자자와 대중의 신뢰는 커졌다. 전기차에 대한 인식이 제고되기 시작했다. 존경받는 제조업체 토요타와의 협력은 테슬라의 시장 가치 산정과 신뢰도 향상에 긍정적인 영향을 주었다.

하지만 둘의 밀월관계는 오래가지 못했다. 2016년 말, 공동으로 개발한 전기차의 판매 부진을 계기로 토요타는 테슬라 지분을 전량 매각했다. 파트너십 이후 13년이 지난 2023년 7월, 창립 20년을 맞은 테슬라는 토요타로부터 물려받은 공장과 대량 생산 노하우로 전기차 혁명의 중심에 섰다.

거꾸로 토요타는 테슬라를 전기차 제조 롤모델로 삼아야 하는 처지가 되었다. 익명의 일본 전문가는 "드디어 토요타가 테슬라로부터 배워야 할 때가 왔다"고 평가했다. 기존 토요타 생산 방식으로는 전기차의 원가를 충분히 빠르게 낮출 수 없다는 깨달음을 얻은 것이다.

2023년 6월, 토요타는 테슬라가 업계 최초로 도입한 알루미늄 차체 주조 방식, 기가캐스팅을 채택하겠다고 발표했다. 기존의 차체는 수십 개의 판금 부품을 용접해 조립했다. 기가캐스팅은 차체를 한두 조각으로 만들 수 있게 한다. 테슬라는 2020년 모델Y에 이 기술을 도입해 차체 제조 비용을 절반으로 줄였다. 그러나 토요타는 부품 벤더 생태계의 축소를 우려해 기술 도입을 미뤘다.

2010년 파트너십 당시, 토요타 내부에서는 아무도 테슬라의 미래 성장을 예상하지 못했다. 2016년 지분 청산 때도 테슬라에 대한 회의론이 지배적이었다. 2010년의 테슬라는 대중 시장을 겨냥한 첫 차량 모델S 대량 생산에 어려움을 겪고 있었다. 보유 현금은 1억 달러로 줄었고 적자 상태였다. 위태로운 시점에 NUMMI 공장 인수로 추가 비용을 들이지 않고 대량 생산 기반을 확보한 것이다.

머스크는 정말 운이 좋았고 필요로 하는 모든 것을 손에 넣었다.

토요타는 너무 느리게 움직이는 R&D 부서에 자극을 주어야 했다. 그러나 내부에서는 "전기차는 마음만 먹으면 언제든 할 수 있다. 안 하는 것일 뿐"이라는 태도가 팽배했다. 프라이드가 높은 토요타의 엘리트 엔지니어들은 장래가 불확실한 스타트업에서 배우려고 하지 않았다. 결국 토요타는 파트너십을 통해 얻은 것이 별로 없었다.

테슬라는 업계 최고의 대량 생산 노하우를 흡수한 뒤 산업의 약점을 파고들면서 기존 질서를 무너뜨리는 데 집중했다. 그들은 확실히 토요타로부터 많이 배웠다. 토요타 생산 방식과 린 프로덕션 문화는 테슬라에서 소프트웨어 관점과 결합해 새롭게 업그레이드되었다.

테슬라가 토요타에서 가져온 최고 자산은 원가 절감 역량이다. 마른 수건도 짜내는 일본 기업의 철학은 테슬라에서 극대화되었다. 새로운 기가팩토리를 건설할 때마다 생산 라인은 재평가되고 매번 50퍼센트의 비용 절감을 목표로 했다. 테슬라는 기존 제조업체의 추격을 받는 위치에 섰다.

토요타가 테슬라와 파트너십을 종료하고 투자를 철회한 데는 여러 요인이 작용했다. 첫째, 토요타의 미래 모빌리티 초점 변화. 토요타는 전기차 기술을 흡수해 성장 동력으로 삼으려 했다가 이후 수소 연료 전기차 FCEV; Fuel Cell Electric Vehicle 로 방향을 틀었다. 대형 상용차 등 고출력을 필요로 하는 분야에서는 높은 배터리 제조 비용 탓에 수소가 더 유망하다고 본 것이다. 이에 FCEV 승용차 미라이 Mirai(일본어로 미래)를 출시하며 시장의 반응을 살폈다. 둘째, 전략 차이. 테슬라는 제한된 자원을 전기차 운송 혁신과 에너지 제공자 역할에 집중시켰다. 반면 토요타는 하이브리드와 수소 등 다양한 선택지를 추구했다. 다른 방향성은 장기 협력을 어렵게 했다. 셋째, 협력 범위의 제한. 토요타가 순수 배터리 전기차로의 전환에 진지하지 않았기 때문에 Rav4 전기차의 판매는 저조했고 협력이 진전되지 못했다.

토요타와의 협력은 테슬라 성장의 한 챕터를 열었다. 부자의 장난감을 만드는 걸로 알려졌던 스타트업은 전기차 대량 생산의 새 시대를 열고 모델S, 모델3, 모델X, 모델Y를 출시했다. 전기차 시장 지배력은 시간이 지날수록 커졌다. 이 파트너십이 없었다면 지금의 테슬라는 존재하지 않았을지도 모른다.

토요타는 오랜 기간 자동차 혁신을 이끌었고 이제는 테슬라가 그 바통을 이어받았다. 머스크는 기존의 것을 분해하고 재창조하는 능력에서 독보적이다. 소프트웨어 사고를 하드웨어 제조에 접목해 투입 input을 최소화하고 산출 output을 극대화한다.

과거와 미래의 장점을 흡수하고 하드웨어와 소프트웨어를 융합하라. 융합이 곧 혁신이다 Integration is innovation. 모든 것이 빨라지는 현대 경영에서 결국 경쟁 우위는 혁신의 속도다. 머뭇거리면 순식간에 뒤처지고 백미러 속으로 사라진다. 누군가는 당신의 기업을 점으로 만들어 버릴 준비가 되었다는 것을 기억해야 한다.

Pace of
Innovation

"혁신의 속도가 중요합니다. 경쟁 우위의 결정 요인입니다."
"What matters is the pace of innovation-that is the
fundamental determinant of competitiveness."

2018년 5월, 테슬라 실적 발표회에서 일론 머스크는 "해자垓子 *
개념은 구식 Moats are lame"이라고 말했다. 이는 경쟁사가 따라 하는
것을 막는 모방 장벽 barriers to imitation 비유로 해자 용어를 사용한 워
런 버핏을 비판한 것으로 보인다. 머스크는 "적에 대한 유일한 방
어가 해자뿐이라면 오래 버티지 못할 것"이라며, "진정 중요한 건

---

* 해자: 중세시대에 적의 침입에 대비해 성을 둘러 참호를 파고 물을 채운 것. 여기서는 경제
적 관점의 해자를 말한다.

혁신의 속도이며, 이것이 경쟁 우위의 근본적 요인"이라고 주장했다.[148]

버핏은 다시 버크셔 해서웨이 주주총회에서 해자 개념을 옹호했다. 머스크는 풍자적 트윗으로 응수했다. 두 억만장자의 흥미로운 공개 논쟁은 기업 경쟁 우위를 창출하고 유지하는 전략이라는 오랜 주제에 대한 논의를 다시 불러일으켰다.

1980년대 하버드 경영대학원의 마이클 포터는 "최고의 경쟁 우위는 경쟁하지 않는 것"이라고 했다. 이는 경쟁을 피하는 전략적 접근에 대한 통찰이다. 포터보다 2,500년 앞서 춘추시대 전략가 손무孫武는 "싸우지 않고 이기는 것winning without fighting"이 전략 중의 전략이며 으뜸이라고 강조했다. 경쟁과 해자에 대한 논의는 오랜 역사를 가졌다. 포터는 경쟁을 피하려면 기업이 진입하려는 산업 내에서의 위치를 고민해야 한다고 조언했다. 적절한 위치 선점이 경쟁 우위를 제공한다는 것이다.

포터는 기업이 우월한 포지션을 가지도록 하는 전략 형성의 다섯 가지 힘five forces 프레임워크를 제시했다. 산업 내 경쟁을 분석하는 다섯 가지 핵심 요소가 포함된다.

첫째, 기존 업체 간 경쟁rivalry among existing competitors. 시장 경쟁 강도를 평가한다.

둘째, 신규 진입자 위협threat of new entrants. 신규 기업의 진입 가능성을 검토한다.

셋째, 구매자의 협상력^{bargaining power of buyers}. 고객의 가격·품질 영향력을 분석한다.

넷째, 공급업체 협상력^{bargaining power of suppliers}. 협력업체의 비용·공급 영향을 평가한다.

다섯째, 대체재 위협^{threat of substitute products or services}. 대체재의 존재와 위협을 고려한다.

이 프레임워크는 경쟁 환경을 이해하고 효과적 전략을 세우는 데 유용하다. 포터는 "전략이란 무엇인가^{What is strategy?}"라는 질문을 통해 기업이 고유한 이점을 기반으로 지속 가능한 위치를 체계화해야 한다고 했다. 이는 경쟁을 막을 해자를 구축하라는 의미로 해석할 수 있다.[149] 하지만 이후 이론가들은 오늘날 경영 환경에서 "경쟁 우위는 고정적이지 않고 구축된 우위도 유지하기 어렵다"고 주장한다. 어떤 산업이든 경쟁 우위의 원천에 고정 관념을 가져선 안 된다는 것이다. 역동적으로 변화에 대응하는 것이 더 중요하다. 성공적인 기업은 변화를 추구하며 산업 최전방에 서기 위해 항상 노력한다.

경쟁의 역동성을 고려하면 속도가 핵심이라는 것을 알 수 있다. 1990년대에는 동적 역량^{dynamic capabilities} 개념이 등장했다. 곧 변화하는 환경에 빠르게 적응하는 능력이다. 자원 기반 관점^{resource-based view}도 등장했다. 이는 기업 내부에 보유한 고유의 자원과 역량이 경쟁 우위의 주요 원천이라고 본다. 일하는 방식, 구성원의 지식 창출·공유 능력 같은 메커니즘은 모방 불가한 핵심 자원으로서 지속 가능한 경쟁 우위를 만든다.

머스크는 성에 해자를 파고 적을 기다린다는 방어적 태도를 비판한다. 테슬라의 강점은 유형·무형 자산이나 전기차가 진입할 틈새시장이 아니라, 더 빠르게 지속적 혁신을 일으키는 능력에 있다고 주장한다. 그는 자사가 보유한 특허를 보호해 경쟁사 진입을 막는 전통적 방식에서 다른 길을 걸었다. 2014년 6월 12일, 머스크는 테슬라가 보유한 전기차 특허를 모두 공개하겠다고 발표했고, 2019년 실제 오픈 소싱을 완료했다.[150] 테슬라는 보유 특허를 개방한 최초의 순수 전기차 회사로 기록된다. 이는 경쟁 우위가 전통적 유무형 자산이 아닌, 시장 기회를 인식하고 빠르게 대응하는 회사 메커니즘에서 나온다는 그의 신념을 보여준다.

컬럼비아 경영대학원의 리타 맥그래스 Rita McGrath 는 2013년 저서 《경쟁 우위의 종말》에서 두 가지 핵심 아이디어를 제시했다.[151] 첫째, 기업은 지속 가능한 sustainable 경쟁 우위라는 생각을 버리고 모든 경쟁 우위가 일시적임을 받아들여야 한다. 둘째, 전략은 혁신을 고려해야 하며 지속 가능한 우위를 전제로 삼는 기업은 현재에 안주해 치명적 결과를 맞이할 수 있다.

맥그래스는 장기적인 우위를 목표로 하지 말고 민첩성과 유연성을 수용하라고 조언하며 일시적 경쟁 우위 transient competitive advantage 를 제안했다. 끊임없이 적응하고 혁신하며 새로운 기회를 잡아야 한다는 의미로, 정적이고 방어적인 접근이 아닌 능동적이고 기업가적인 사고가 필요하다 말하고 있다. 이는 혁신 속도가 경쟁 우위의 핵심이라는 머스크의 주장과 맞닿는다.

전통적인 경영의 가정은 급속한 기술 발전과 시장 변화 앞에서 무너진다. 생존하려면 혁신 경계를 지속적으로 확장해야 한다. 이는 지속적인 과정이며 혁신 기회를 꾸준히 파악하고 활용하는 기업가적 접근이다.

머스크는 경쟁 우위의 원천인 기술 혁신에 아낌없이 투자한다. 2023년 4월, 스페이스X는 거대 로켓 스타십의 시험 비행으로 혁신의 속도를 입증했다. 머스크는 발사 두 달 후에 열린 트위터 대담에서 1,000개 이상의 설계 변경이 진행 중이라고 밝혔다. 시험 발사를 통해 충분한 데이터를 확보하고 로켓은 자체 파괴^{self-destruct}되었다. 원래 목표 중 하나는 지구를 한 바퀴 돌고 하와이 인근 태평양에 낙하하는 것이었다. 그러나 로켓에 2단계 분리 실패 등 문제가 발생하자 단기간에 수많은 설계 변경 결정을 내린 것이다.

예를 들어 상부 엔진의 초고온 플라즈마 방출을 위해 부스터에 통풍구를 추가했다. 시험 비행은 텍사스 남부 걸프만 연안에 위치한 스타베이스 발사대에도 손상을 입혔다. 재발 방지를 위해 1,000세제곱미터 규모의 고강도 철근 콘크리트를 타설하고 급수 냉각 시설을 강화했다. 발사 패드의 엄청난 열은 거대한 샤워 헤드 형태의 급수 장비가 물을 분사해 식히도록 했다.

스타십 1단계 로켓에는 랩터 엔진 33기, 50미터 위 상단 로켓에는 6기가 장착된다. 시험 데이터를 기반으로 랩터 엔진들은 균일한 출력을 내도록 개선되었다. 스페이스X는 새로운 스타십과 발사 패드를 6주 안에 준비한다는 목표를 세웠다. 물론 통제가 어려운 외부 변수도 발생한다. 환경 단체는 연방 항공국[FAA]을 상대로 소송을 제기해 로켓이 텍사스 지역사회와 환경에 미친 영향을 충분히 평가하지 않았다고 주장했다.[152]

빠르게 변하는 기술 산업에서 해자로는 경쟁을 방어할 수 없다. 혁신은 새로운 제품, 서비스, 비즈니스 모델의 원동력이다. 혁신을 중시하는 기업은 늘 앞서고 새로운 시장을 만들기 원한다. 따라서 기존에 파놓은 해자는 쓸모가 없어진다. 테슬라의 전기차 시장 개척으로 기존 제조업체의 내연기관 노하우는 가치가 떨어졌다.

복잡하게 연결된 글로벌 시장에서는 기술 발전, 소비자 선호의 변화, 파괴적인 신규 진입자가 기존의 해자를 무력화한다. 기업은 혁신으로 변화에 적응하고 시장을 선제적으로 형성해야 한다. 디지털 기술은 민첩성과 적응력을 요구한다. 혁신을 우선시하는 기업은 학습과 실험 문화를 조성해 시장 변화에 신속히 대응할 수 있다. 장기적인 기업 가치를 형성하며 선도적 위치를 유지할 가능성이 크다. 언젠가 사라질 해자에 의존하지 말고 진화하는 고객의 요구를 만족시키며 트렌드의 선두에 서서 사회 발전을 이끌어야 한다.

"진보, 혁신, 개선이 없으면 경쟁에서 뒤처진다If you're not progressing, if you're not innovating, if you're not improving, then you're falling behind." 기술 혁신을 우선시하라는 그의 주장은 기존 경영 통념에 대한 도전이기도 하다. 워런 버핏은 소비자가 미래에 여전히 면도를 할 것이고, 콜라를 마시며, 전통적인 자동차 보험에 가입한다는 가정을 좋아한다. 10년 후에도 변하지 않는 것은 무엇인가? 그는 해자 개념을 선호하며 독과점 기업에 투자한다.

그러나 머스크는 안정 지향적인 경영을 우회적으로 비판하며 혁신을 강조한다. 10년 후에 변할 것은 무엇인가? 누가 절대적으로 옳다고 말할 수는 없다. 하지만 혁신의 속도가 현대적 해자의 대안이라는 점은 확실하다.

2014년 인터뷰에서 머스크는 "기술적 리더십은 특허가 아니라 세계에서 가장 재능 있는 엔지니어를 유치하고 동기를 부여하는 기업의 능력으로 정의할 수 있습니다 Technology leadership is not defined by patents but rather by the ability of a company to attract and motivate the world's most talented engineers "라고 말했다. 그가 만들려 애쓰는 것은 오직 속도와 혁신의 시스템이다.

09

혁신은
돈으로 살 수 없다

"저는 워런 버핏이 아니고 투자자도 아닙니다. 엔지니어, 제조업 종사자, 기술자입니다. 제 일은 제품을 설계하고 개발하는 것입니다. 투자 포트폴리오를 운영할 생각은 없습니다."
"I'm not Warren Buffett and I'm not an investor, I'm an engineer and a manufacturing person and a technologist. So I actually work and design and develop products. We're not going to have a portfolio of investments."

창업자라면 망설일 결정이라도 투자자는 과감하게 실행할 수 있다. 2023년 5월, 버핏은 버크셔 해서웨이 연례 주주총회에서 중국 전기차 제조업체 BYD로부터 투자 자본을 회수할 것이라고 밝혔다. 버핏과 그의 오랜 동료였던 고故 찰리 멍거 Charlie Munger 부회

장은 지난 1년간 BYD 주식을 지속적으로 매각했다고 설명했다.[153]

두 사람은 BYD 매각과 관련한 질의 응답에서 테슬라 CEO 일론 머스크를 언급하며 칭찬을 아끼지 않았다. 청중이 머스크와 테슬라에 대한 생각을 묻자 두 사람은 자신들이 테슬라 비즈니스나 머스크의 열렬한 팬이 아니었기에 투자를 못 했고 큰 부를 축적할 기회를 놓쳤다고 했다. 그러면서 머스크가 치열한 경쟁 속에서 테슬라를 주요 제조업체로 성장시켰고 스페이스X로 화성 식민지 개척의 꿈을 키우고 재사용 로켓 기술을 실현했다고 평가했다. 로켓 폭발로 세간의 주목을 끌었던 사실도 빼놓지 않았다.

그들은 머스크와는 경쟁하고 싶지 않다는 속내를 밝혔다. 멍거는 "우리는 그렇게 많은 실패를 원하지 않는다"라고 말했다. 머스크가 자신들보다 큰 꿈을 꾸고 어려운 문제에 도전하기 때문에 위대한 일을 이루긴 하지만 많은 실패를 경험한다는 것이다. 즉, 머스크가 불가능에 도전하며 성취를 즐기는 사람이라는 뜻이다. 그러면서 머스크가 "극단적 목표를 추구하지 않았다면 지금의 성취는 없었을 것"이라고 덧붙였다. 반면 버크셔 해서웨이는 쉬운 일을 추구하며 실패를 피한다고 했다.

버핏은 도전과 성취가 자신들에겐 고문 같다고 농담하며 전기차로 전환 중인 자동차 산업을 선호하지 않는다고 밝혔다. 전동화는 결국 진행되겠지만 시장의 승자를 예측하기 어렵다는 것이다. 그는 "자동차는 오랫동안 힘들고 어려운 분야였고 수많은 제조업체가 치열하게 경쟁하지만 누구도 영구적인 자리를 차지하지 못하는 산업"이라고 평가했다. 동시에 버크셔가 BYD에 대한 일회성 투자로 만족하며 앞으로 자동차 산업에 거액을 투자할 가능성이 적다는 신호를 보냈다.

성장주의 특징으로 주가 변동성이 상대적으로 높은 테슬라는 보수적 투자자들에게 외면받기 쉽다. 버핏과 멍거는 미국 기업 대신 BYD에 베팅했고 십여 년간 핵심 주주로 큰 성공을 거뒀다. 초기 2억 달러의 투자로 주가 성장, 분할, 배당을 통해 수십억 달러의 이익을 얻었다. 머스크의 올인 스타일이 매력적이지 않다고 말하긴 했지만 BYD가 장기적으로 테슬라와 경쟁해야 한다는 부담이 작용했을지도 모른다.

머스크는 버핏과 멍거의 후한 평가에 트윗으로 감사를 전하면서도 자신은 투자자가 아닌 비즈니스와 제품을 만드는 사람이라고 선을 그었다. 투자로 1000억 달러 제국을 세운 버핏의 능력은 인정했지만 재무제표를 검토하며 안정적인 수익을 내는 기업에 투자하는 버크셔 CEO 업무는 "매우 지루하다 super boring "고 했다.[154] 버핏의 기업 검토 역량과 투자 능력이 미국 재무장관 자리에 적합할 정도로 뛰어나다고 칭찬했지만 BYD에 2억 달러나 되는 돈을 투자하면서 2023년 6월 기준으로 8000억 달러가 넘는 기업 가치를 가진 테슬라에 투자할 기회는 놓쳤다고 비꼬았다.

투자자와 혁신가의 관점은 다르다. 버크셔 해서웨이는 원래 1839년 섬유 제조회사로 시작했는데 버핏이 1962년부터 주식을 매입해 인수했다. 해외 경쟁업체들과의 경쟁이 심화하자 섬유 사업에서 철수하고 투자 다각화를 시작했다. 다양한 산업에 관심을 가졌는데 특히 보험업에 주목했다. 1967년 보험 회사 내셔널 인뎀니티 National Indemnity Company 를 인수하고 대기업으로 성장하는 발판을 다졌다.

버크셔는 독특한 투자 철학을 세웠다. 단기 이익보다 장기 가치 투자에 집중하며 강한 펀더멘털, 지속 가능한 경쟁 우위, 유능한 경영진을 갖춘 회사를 선정하는 것이 원칙이었다. 그들은 장기간에 걸친 투자로 지분을 확장했다. 가이코 Geico 보험사, 미국 2위 철도 업체 BNSF Railway, 코카콜라 Coca-Cola, 아메리칸 익스프레스 American Express 등 유명 기업의 지분을 매입해 보험, 에너지, 제조, 서비스, 소매 산업에서 영향력을 키웠다.

버크셔는 버핏의 투자 능력과 동의어가 되었다. 2025년 클래스 A 주식 가격은 70만 달러를 넘었다. 버핏의 가족과 지인은 1969년에 주식을 43달러에 매입했다. 이제는 일반 투자자가 접근하기 어려운 수준이고 개인 주주는 몇천 명에 불과하다. 제국의 연간 매출은 2400억 달러를 넘었고,[155] 2022년 기준 자회사 종업원 수는 38만 명 이상이었다.[156]

버핏은 투자를 통한 인수 합병에 주력하며 자회사 경영에 간섭하지 않는다. 따라서 네브래스카의 작은 본부 사무실과 25명의 관리 인력으로 운영이 가능하다. 버크셔는 역사상 가장 성공적인 투자 회사다. 그 중심에는 버핏의 통찰력이 있었다. 하지만 머스크가 지적하듯 최고의 투자자라고 해도 혁신의 비전으로 자원의 한계를 넘고 이상을 현실로 만들 능력을 가진 것은 아니다.

혁신가 머스크는 기존 산업의 경계를 허물고, 야심찬 목표를 추구하며, 기술과 혁신의 한계를 넓히기 위해 충분히 위험을 감수한다. 그는 회사 운영에 깊이 관여하는 실무형 리더다. 강한 의지와 추진력을 강조하고 누구도 해결하려 시도하지 않은 인류의 문제를 해결해 줄 혁신 기술의 잠재력을 믿는다. 실현 불가능해 보이는 공격적 목표를 세우고 구성원에게 끊임없이 목표 달성을 독려한다. 직설적 화법, 파격적 언행으로 전통적인 기업 규범에 도전한다. 트위터 등 소셜 미디어에서 스스로의 아이디어를 전하고, 대중의 관심을 유발하며, 유명인들이 꺼리는 공개 논쟁도 마다하지 않는다.

반면 버핏은 낮은 위험과 안정적인 경영을 선호한다. 가치 투자와 안전 마진 관점에서 접근한다. 인수 합병 포트폴리오로 부를 축적하고, 예측 가능한 현금흐름을 중시하며, 시장 변동성에 흔들리지 않는 차분한 리더십을 보인다. 투자 결정을 하기 전에 신중하게 위험을 평가하고, 시간의 복리 효과를 극대화한다. 연례 주주 서한과 인터뷰로 투자 통찰을 공유한다.

파괴적 혁신 기술과 공격적인 올인 스타일의 비전형 리더 머스크, 기업 내재 가치와 저위험 전략을 중시하는 안정적 장기 투자자 버핏은 서로 다른 접근 방식을 가졌다. 이는 틀림이 아닌 다름의 문제다. 그러나 혁신은 재무 투자 참여만으로 얻어지는 것이 아니다. 인류 문명의 진전은 문제 해결을 위해 집요하게 노력한 혁신가들에 의해 이루어졌음을 기억해야 한다.

10

혁신과
제일원리

"작동을 위한 설명서가 필요한 제품은 문제가 있습니다."

"Any product that needs a manual to work is broken."

유저가 매뉴얼을 공부해야 하는 제품에는 문제가 있다는 것이 머스크의 생각이다. 그는 단순함과 사용자 편의를 중시하는 고객 중심적 디자인 철학을 강조한다. 이상적인 제품은 매뉴얼 없이 직관적으로 바로 사용할 수 있는 제품이다. 좋은 제품은 생활에 자연스럽게 스며든다. 복잡한 설계는 설명을 필요로 한다. 뛰어난 설계자는 사용자 요구를 미리 예측함으로써 제품의 만족도와 채택률을 높인다.

혁신은 단순할 때 가장 강력하다. 복잡한 기술은 접근성을 떨어뜨려 사용률을 낮춘다. 구글의 검색 엔진이 대표적이다. 1990년

대 후반에 등장한 구글은 단순하고 깔끔한 인터페이스를 유지하고 있다. 알고리즘 업데이트나 기능이 추가되어도 핵심 디자인은 변함없다. 직관적이고 빠르며 관련성 높은 결과를 제공해 수많은 광고와 불필요한 링크로 가득했던 과거의 검색 엔진들과 차별화되었다. 그들은 하나의 검색창과 간결한 결과를 제공하면서 빠르게 시장을 장악했다.

세계 최대의 가구 브랜드 이케아IKEA도 비슷하다. 이케아는 복잡한 설명 없이도 쉽게 조립할 수 있는 제품을 만드는 데 초점을 맞추었다. 플랫팩flat-pack(분해 상태에서 얇게 포장된 제품) 가구는 단순성을 염두에 두고 설계되어 최소한의 도구와 노력만으로 조립할 수 있다. 이는 생산과 배송에 필요한 비용을 줄여 제품 가격을 낮춘다. 직관적이고 간단한 조립은 고객 만족도 향상에 기여한다. 이케아의 성공은 소비자가 단순함, 편리함, 사용자 친화성을 중요하게 생각한다는 점을 정확히 이해한 데서 비롯된 것이다.

단순함은 높은 소비자 참여와 시장에서의 성공으로 연결된다. 과거에 트위터는 입력 가능한 글자 수를 140자로 제한해 사용자가 우선 자신의 생각을 간결하게 정리하도록 했다. 이런 제약은 복잡한 아이디어가 쉽게 공유되고 소비되도록 만들었다. 또한 플랫폼의 단순성은 트위터의 빠른 확산과 세계적인 영향력에 기여했다. 제품 설계와 혁신에서 단순함은 사용자 경험을 향상시키고, 채택을 촉진하며, 공감을 불러일으킨다. 많은 경우 단순한 것이 복잡한 것보다 뛰어나다. 사물을 간결하고 단순한 요소로 분해하면 기존 아이디어를 깨뜨리는 새로운 접근법을 찾을 수 있다.

여기서 머스크가 강조하는 제일원리 기반 사고가 등장한다. 제일원리의 유용성에 대해 그는 이렇게 설명한다.

"유추보다 제일원리*에 근거한 사고가 중요합니다. 우리는 일반적으로 유추적 방식으로 삶을 영위합니다. '과거에 그랬고, 남들도 그렇게 해'라는 식입니다. 제일원리를 이용하면 사물을 가장 근본적인 진리로 분해한 후 그곳으로부터 다시 사고해 나갈 수 있습니다I think it's important to reason from first principles rather than by analogy. The normal way we conduct our lives is we reason by analogy. We are doing this because it's like something else that was done, or it is like what other people are doing. With first principles, you boil things down to the most fundamental truths and then reason up from there."

미 해군 제독이자 수학자였던 그레이스 호퍼Grace Hopper는 프로그래밍 언어 코볼COBOL; Common Business-Oriented Language을 만들어 현대 컴퓨팅의 기초를 닦았다. 그는 "가장 위험한 말은 '우린 항상 이렇게 해왔어'라는 말이다The most dangerous phrase in the language is, 'We've always done it this way'"라는 표현으로, 제일원리 중심 접근의 중요성을 강조했다. 평생 수학을 공부하다가 마흔이 넘어 처음 컴퓨터를 접

---

*   제일원리: 기초적이고 근원적인 가정 혹은 제안으로, 다른 가정·제안에서 유도될 수 없는 근원적인 것. 수학의 공리(가장 기초적 근거가 되는 명제로 더 증명할 필요가 없는 것)가 이에 해당한다.

한 그는 프로그래밍 언어와 코딩을 배우며 어려움을 겪었다. 그리고 그 과정에서 영어의 지시문과 유사하게 설계된 코볼을 개발했다. 이는 전문가부터 일반 슈퍼마켓 계산원까지 누구나 쓸 수 있는 언어로, 오랜 기간 동안 사랑을 받았다.

호퍼의 업적은 문제 해결 전략의 본질을 보여준다. 그는 제일원리 관점에서 복잡한 컴퓨팅 문제를 기본 요소로 분해하는 것이 중요하다고 보았다. 이에 복잡한 프로그래밍 과정을 간단하고 이해하기 쉬운 단위로 분해해 유저가 프로그램 논리와 기능에 집중하도록 했다. 이 접근은 현대 컴퓨팅에 새로운 패러다임을 열어 코볼과 같은 고급 프로그래밍 언어 개발의 초석이 되었다. 그의 최대 업적은 컴퓨팅의 기본 원리를 단순화하고 추상화하는 제일원리적 접근을 취한 것이다.

머스크는 제일원리 사고의 장점을 이렇게 말한다. "저는 물리학 틀에서 접근합니다. 물리학은 유추보다 제일원리로 추론하도록 가르치기 때문입니다I tend to approach things from a physics framework. And physics teaches you to reason from first principles rather than by analogy."

철학·과학에서 제일원리란 가장 기초적이고 근원적인 가정이나 제안을 의미한다. 논리학·수학에서는 더 증명할 필요 없는 자명한 진리, 즉 공리公理나 공준公準을 뜻한다. 그 자체가 다른 명제를 증명하는 기반이다. 예를 들어 유클리드 기하학에서 '두 점을 지나는 직선은 하나만 존재한다'거나 '삼각형의 내각의 합은 180°'와 같은 명제들이 이에 해당한다. 이들은 증명 없이 받아들여지며 이를 바탕으로 다양한 정리theorem가 도출된다.

　물리학에서 제일원리는 추론에 근거하는 가정이나 현실 세계를 단순화해서 만든 모델이 아닌, 기본 물리 법칙에 기반한 계산이다. 머스크는 제일원리적 접근이 복잡한 문제를 분해해 독창적 해결책을 제시할 수 있는 가장 효과적 전략이라고 본다. 이미 입증된 기본적 사실에 뿌리를 두고 추론하므로, 혁신가들은 스스로 사고하고 문제를 해결하는 힘을 키울 수 있다.

　로켓 산업은 물리학에 뿌리를 두고 있다. 지구의 중력을 극복하고 정밀하게 착륙 지점을 계산해야 한다. 인류의 지적 거인들이 쌓아온 과학 유산을 철저히 활용하는 것이다. 자본과 지식이 집중된 이 산업에 스페이스X는 제일원리 기반 사고를 최우선으로 적용했다. 머스크가 로켓에 뛰어들면서 느낀 문제는 발사 비용이 너무 높다는 점이었다. 한 번 발사하는 데 6500만 달러 이상이 든다면 아무리 부유한 국가나 단체라도 충분한 경험을 쌓기 어렵다. 경험 부족은 기술 발전을 막는다. 인류가 다행성 종족을 지향하는 여정에 장애물이 된다. 그러니 비용은 반드시 해결해야 할 문제다. 때문에 머스크는 유추 기반 사고를 피하고 제일원리에서 시작했다. 당시까지의 모든 고정관념, 공식처럼 자리 잡은 로켓 제작의 프로세스를 모두 버렸다.

　그에게 가장 중요한 질문은 "로켓은 왜 그렇게 비싼가?"였다. 그는 모든 사고를 더 나눌 수 없는 기본 원리로 돌렸다. 낭비를 줄이기 위해 로켓의 구성 요소를 철저히 분해했다. 그 결과 로켓을 구

성하는 알루미늄, 티타늄, 구리 등 원자재 비용이 전체의 2퍼센트
에 불과하다는 사실을 알게 되었다. 따라서 나머지 98퍼센트 영역
에 비용 절감의 여지가 있다는 결론에 이르렀다. 그러기 위해서 기
존 틀에서 완전히 벗어나야 한다는 확신을 얻었다.

혁신적인 해결책은 전통적인 지식에 도전할 때 탄생한다. 스페
이스X는 재사용 로켓 설계 과정에서 기존의 제품을 참고하지 않
았다. 대신 재료와 연료 같은 기본 구성 요소만 남겨 두고 처음부
터 새롭게 비용 효율적 디자인을 고려했다. 많은 외부 벤더사에서
부품을 소싱하던 방식을 버리고 개발과 생산을 내재화했다. 소재
발굴 단계와 제조 공정에 엔지니어링 혁신을 적용해 비용을 획기
적으로 낮출 수 있었다.

아리스토텔레스는 제일원리 사고를 더 이상 추론할 수 없는 기
본 가정으로 정의하며 어떤 사물을 이해하는 첫 번째 근거로 강조
했다. 과학자처럼 생각하라는 것이다. 기존 지식 기반에서 절대적
으로 확신할 수 있는 것을 찾는데 진실만 남을 때까지 파고드는
것이다. 데카르트의 방법론적 회의 cartesian doubt 는 사람의 믿음 중
무엇이 참이라고 확신할 수 있는지를 탐구하는 구조적 과정으로서
고안되었다. "나는 생각한다, 고로 존재한다 Cogito, ergo sum"는 문장
은 내가 생각하고 있다는 사실이 부정할 수 없는 진리이자 내 존재
의 증거임을 의미한다.

마지막 요소만 남을 때까지 분해한 후 비로소 재구성을 시작
하는 제일원리는 혁신의 기본 문법이다. 군사 전략가 존 보이드

John Boyd는 이를 군사 전략에 적용했다. 그가 개발한 프레임워크인 OODA 루프는 전투 상황에서 복잡한 실제 상황을 단순화하고 빠른 결정을 내리도록 돕는다. 적의 행동을 관찰하고 Observe, 대응 방향을 설정하며 Orient, 결정을 내리고 Decide, 행동한 뒤 Act, 지속적인 피드백으로 재조정한다. 루프를 반복해 동적·불확실한 환경에서 우위를 확보하는 것이 목표다.

보이드의 제일원리 질문은 유명하다. "수상스키가 연결된 모터보트, 군용 탱크, 자전거로 무엇을 만들 수 있습니까?" 각 요소를 분해한 후 재결합하면 스노우모빌 snowmobile 이라는 새로운 폼팩터 form factor가 나온다. 그의 유산은 군사 전략 외에 비즈니스, 공학, 리더십, 최첨단 기술 설계 분야에도 영향을 미쳤다. 제일원리는 관련 없는 분야의 요소 재결합으로 혁신을 탄생시킨다. 역사적으로 새로운 발명은 기존의 것을 분해·분석하고 그 핵심 요소를 대체한 경우가 많다. 3,000년 전 솔로몬 왕이 "태양 아래 새로운 것은 없다"고 한 것처럼 말이다.

요하네스 구텐베르크 Johannes Gutenberg는 금속활자 인쇄술 printing press로 15세기 유럽의 지식 혁명을 이끌었다. 그는 하나하나 손으로 원고를 필사해 책을 제작하는 방식에 의문을 품었다. 필사는 노동 집약적이고 시간 소모적이며 오류가 많았다. 문제를 분해해 보니 책의 핵심 요소는 문자 (글자, 숫자 및 기호)라는 것을 알 수 있었다. 문자를 정확히 재생산하는 것이 책 제작의 핵심이었다. 효율적인 반복 생산 방법을 고민한 끝에 문자와 기호의 금속 조각 (활자)

을 만들고 이를 재배치해 빠르게 다양한 텍스트와 페이지를 구성할 수 있었다.

영어에서는 인쇄기를 press라 부른다. 그 이유는 종이를 활자 위에 올린 뒤 스크루와 레버를 사용해 압력을 가해 찍어내기 때문이다. 인쇄 기계는 포도주를 제조하는 압착기를 변형시킨 것이다. 압착기에 금속활자를 얹으니 인쇄기가 되었다. 작은 요소의 변경과 재조합이 이전에 없던 가치를 창출했다. 구텐베르크의 금속활자 인쇄술 덕에 필사보다 빠르고 정확하게 책을 대량 생산할 수 있었다. 이는 책을 저렴하고 접근 가능하게 만들어 지식, 정보, 아이디어의 확산을 촉진하며 르네상스 시대에 종교 개혁, 과학, 문화, 교육 진보의 기폭제가 되었다.

제일원리 추론 방식에는 어려움도 있다. 인간에게는 기능보다 형태를 최적화하려는 모방 경향성 imitative tendency 이 있다. "자동차엔 엔진이 있어야 한다"거나 "비행기엔 긴 날개가 필요하다"는 고정관념이 그렇다. 형태에 대한 집착은 기존 사고를 뛰어넘지 못하게 한다. 네 바퀴와 네 문짝이라는 자동차의 형태에 익숙해지면 형태의 개선에만 집중하게 된다. 비행기의 날개와 엔진도 마찬가지다. 이 모양에 익숙해지면 그것을 개량하는 데 초점을 맞춘다. 결국 새로운 가치를 창출하는 데 장애물이 된다.

진정한 혁신 솔루션은 기능이 주는 혜택에 집중해야 한다. 버나드 새도우 Bernard Sadow 는 바퀴 달린 여행가방 wheeled luggage 을 처음 고안해 여행하는 방식을 완전히 새롭게 바꿨다. 지금은 너무나 흔한 물건이지만 그 역사는 의외로 짧다. 1970년, 새도우는 공항 직원이 고객의 짐을 바퀴 달린 수레로 운반하는 것을 보고 아이디어를 얻었다. 바퀴와 가방은 수천 년간 역사에 존재했다. 하지만 이 둘을 결합할 생각을 한 사람은 없었다. 제일원리 사고의 사례다.

그는 여행자의 무거운 짐 문제(가방은 들고 다녀야 한다)를 인식하고 기본 요소로 분해했다. 본질은 짐을 최소한의 물리적 노력으로 이동시키는 것이었다. 그는 들거나 어깨에 메는 방식에 의문을 품었다. 그리고 왜 여행 가방에는 바퀴가 달리지 않았는지 물었고 두 요소를 결합했을 뿐이었다. 두 요소의 시너지는 막대한 가치를 제공했고 이 간단한 디자인은 물리적인 노력 문제를 해결하며 여행자 편의를 극대화했다.

레이 크록Ray Kroc은 맥도날드McDonald's를 세계적인 프랜차이즈로 키운 패스트푸드 산업의 개척자다. 패스트푸드는 크록 이전에도 존재했다. 하지만 그는 제일원리 사고로 산업을 혁신했다. 그는 외식 산업의 근본적인 문제, 즉 제공자에 따른 음식 질, 서비스 속도, 고객 경험의 불일치를 파악하고 핵심 요소로 구분했다. 신속한 서비스, 균일한 음식 품질, 낮은 비용을 동시에 실현하는 것이 목표였다.

그는 일관성과 효율성에 초점을 맞추고 표준화된 메뉴와 간소화된 주방 운영에 집중했다. 핵심 품목으로 구성된 표준화 메뉴를 도입하고 공장 생산 라인에서 영감을 얻은 주방을 설계했다. 음식 맛과 품질 유지를 위한 엄격한 관리 기준도 적용했다.

크록은 맥도날드를 다른 지역에서 손쉽게 복제할 수 있도록 통일된 운영 모델로 구상했다. 이는 프랜차이즈의 확장성과 성공을 보장하는 핵심 요소가 되었다. 결과적으로 제일원리 사고는 속도, 일관성, 경제성, 편의성을 높여 고객의 음식 소비 방식을 변화시켰고 세계 패스트푸드 산업에 지대한 영향을 주었다.

혁신은 제일원리 사고로 스스로 생각하는 능력이 기본이다. 형태에 대한 집착 같은 장애물도 넘어야 한다. 누군가는 느린 기술 진보 속도를 비판하며 "왜 아직 하늘을 나는 자동차가 없냐"고 묻는다. 하지만 제일원리로 사고하는 사람은 하늘을 나는 자동차를 비행기라 부른다. 핵심은 형태가 아닌 제공되는 가치다. 하늘을 나는 자동차라는 형태 집착은 유추 사고의 전형이다. 이는 사고에 경계를 만들고 창의력을 제한한다.

새로운 아이디어를 현실화하려면 더 이상 나눌 수 없는 기본 사실에서 시작해야 한다. 그리고 해당 분야의 제일원리를 이해하고 반복 적용한다. 특정 형태에 대한 지속적 개선continuous improvement은 중요하다. 하지만 획기적인 방향의 선회는 지속적 개선만으로 이루어지지 않는다. 생각의 방향을 근본적으로 바꾸는 제일원리 접근이 없었다면 스노우모빌도 없었을 것이다. 기존의 신념과 프로세스를 유지하려면 지속적인 개선이 유용할 수 있다. 하지만 혁신에는 제일원리 사고가 필수다.

머스크는 말한다. "나는 고차원 개념을 논하는 데 시간을 낭비하지 않습니다. 공학과 제조 문제를 해결하는 데 시간을 사용합니다.I don't spend my time pontificating about high-concept things; I spend my time solving engineering and manufacturing problems." 유추에 시간을 낭비하지 않고 기능과 혜택에 집중하는 실용적 접근이다.

다음 발언은 그의 지식 이해 방식을 보여준다. "지식을 의미론적 나무로써 이해해야 합니다. 끝단의 나뭇잎이나 세부 사항에 앞서 줄기와 큰 가지에 해당하는 근본적인 원칙을 확실하게 습득해야 합니다.It is important to view knowledge as sort of a semantic tree make sure you understand the fundamental principles, i.e., the trunk and big branches, before you get into the leaves/details or there is nothing for them to hang on to." 사물의 기본 원리와 구성 요소에 대한 이해가 응용의 기반이라는 것이다.

혁신을 원하면 제일원리에 집중하라. 내 지식 체계의 제일원리를 확인하고 앞으로 제공할 기능, 혜택, 가치를 정의해야 한다. 가장 만연하고 일반적인 형태를 비판적으로 검토하는 것이 혁신으로 가는 지름길이다.

혁신의
교차점

"다양한 산업 내 다른 직업, 기술을 가진 각계각층의 사람들과 이야기를 나누세요."

"Talk to people from different walks of life and different industries and professions and skills."

르네상스 맨 Renaissance Man 은 예술, 과학, 문학 등 여러 분야에서 재능을 발휘하는 사람을 뜻한다. 르네상스 시대 사람들은 호기심으로 다양한 지식과 기술을 익혀야 재능을 꽃피울 수 있다고 믿었다. 레오나르도 다빈치 Leonardo da Vinci 가 대표적 인물이다. 그는 예술가, 발명가, 과학자 등 수많은 타이틀을 가진 천재였다. 오늘날의 르네상스 맨은 일론 머스크다. 둘을 비교하면 몇 가지 측면에서 놀라운 유사점이 드러난다.

첫째, 다양한 지식 영역의 경계를 넘나든다. 다빈치는 미술, 과학, 공학, 해부학, 식물학 등의 분야를 아우르며 통찰을 쌓았다. 머스크는 전기차, 항공우주, 재생 에너지, 뇌과학, 인공지능 등 넓은 분야에 걸친 기업 활동으로 관심을 드러낸다. 이들의 성공은 다방면의 융합적 관점에서 비롯된 바가 크다.

둘째, 시대를 앞선 비전 제시 능력이다. 다빈치의 노트엔 비행 기계, 장갑 차량 등 당시 기술로는 실현할 수 없었던 설계가 가득하다. 그의 노트는 당대에 현실이 되지는 않았지만 후대 사람들에게 영감을 주었다. 머스크는 우주 탐사 기술을 통해 화성 식민지를 세우고, 인류를 다행성 종족으로 만들고, 문명의 지속 가능성을 연장하는 꿈을 현실로 만들기 위해 노력한다.

셋째, 사회 경제적 영향력이다. 다빈치의 예술과 과학은 다음 세대의 예술가와 과학자들에게 영감의 불씨가 되었다. 머스크는 로보틱스를 포함한 물리 인공지능, 교통, 에너지, 우주 기술 같은 파괴적인 혁신 기술로 현대 사회의 산업 지형을 바꾼다.

다빈치는 넘치는 호기심으로 독학하며 세상을 탐구했다. 머스크도 정식으로 로켓에 대한 기술 교육을 받은 적이 없지만 제일원리로 사물의 본질을 파악하며 혁신을 이끈다. 엔비디아 CEO 젠슨황Jensen Huang은 머스크를 "엔지니어 중의 엔지니어The engineer of engineers"라고 추켜올리며 그의 공학적 통찰을 높이 평가한다.

차이도 있다. 다빈치는 인간의 잠재력과 창의성을 찬양했지만 그 시대에는 기술적 자원이 부족했다. 그의 많은 뛰어난 아이디어가 검증되지 못한 채 개념 단계에 머물렀다. 작업 실현을 위해 후원에 의존해야 했고 종종 재정과 자원 부족에 부딪혔다. 반면 머스크는 첨단 기술과 자본으로 아이디어를 현실화할 수 있는 21세기에 살고 있다. 초기에는 재정적 어려움을 겪었지만 성공적인 사업 운영 기반과 안정적인 이익 창출 능력을 구축했다. 다빈치는 도안, 실험 결과, 도표, 그리고 성찰이 담긴 수천 페이지의 노트를 남겼다. 이는 그의 사후 수 세기가 지나서야 세상에 알려졌다. 하지만 머스크의 업적은 실시간으로 공유되고 전달되며 즉각적인 인지도를 얻는다. 다빈치와 머스크는 인간의 잠재 능력에는 한계가 없다는 깨달음을 준다.

이 둘의 성과는 시너지 효과Synergy Effect와 관련이 있다. 두 가지 이상의 요소가 결합해 산술적인 합계보다 큰 결과를 만드는 것이다. 다른 업무 기술을 가진 팀원들이 함께 협력하면 혼자 일할 때보다 훨씬 뛰어난 결과물을 낼 수 있다. 1+1+1이 3이 아니라 5나 10이 되는 셈이다. 비슷한 개념이 메디치 효과Medici Effect다. 다양성이 창의성과 혁신을 키운다는 개념이다. 화가, 과학자, 음악가, 프로그래머가 함께 대화하면 이질적 관점이 충돌하면서 틀을 깨는 획기적인 아이디어가 나올 수 있다. 서로 다른 학문과 문화의 조합이라는 환경에서 새로움이 태어난다.

유럽의 르네상스는 융합과 혁신의 상징이다. 모든 것을 절대자인 신 관점에서 바라보며 인간성을 제한하던 어두운 중세가 끝나고 예술성과 창의력이 폭발하는 인류 문화의 부흥기가 도래했다.

르네상스의 새벽은 피렌체의 메디치 가문에서 시작되었다. 그들은 15세기 유럽의 부유한 무역상, 사업가, 은행가였을 뿐 아니라 열렬한 문화의 후원자로써 과학과 예술을 폭넓게 지원했다. 레오나르도 다빈치, 미켈란젤로, 갈릴레오 같은 인재들이 그들의 후원을 받으며 활약했다. 예술가와 천문학자, 철학자와 엔지니어가 토론하며 여러 관점과 지식이 어우러졌다. 파티의 주최자인 메디치는 이질적인 것들을 끌어모아 문화, 예술, 과학, 철학의 대변혁 시대를 이끌었다.

프란스 요한슨Frans Johansson은 저서 《메디치 효과》에서 학문과 문화의 교차점에서 발생하는 혁신 과정을 탐구한다.[157] 메디치의 후원은 과학자, 예술가, 학자들의 상호작용을 낳았다. 그들의 지식과 통찰력은 획기적 아이디어로 연결되었다. 이는 단지 역사적 관찰의 결과물에 머물지 않는다. 현대에도 혁신을 이끄는 실용 전략으로 사용될 수 있다. 핵심은 서로 다른 분야의 교차점, 그리고 다양성의 힘이다. 이 결과물은 교차적 혁신intersectional innovation으로 불린다.

생물학자와 컴퓨터 과학자가 같은 문제에 접근한다고 하자. 생물학자는 수백만 년에 걸친 진화 패턴을 다루고 컴퓨터 과학자는 알고리즘과 코드로 사고한다. 두 관점의 결합은 개미의 행동이나 인간의 유전자 구조에서 영감을 얻은 새로운 알고리즘으로 기술과 의학 분야에서 새 가능성을 열지 모른다.

교차적 혁신은 머스크의 비즈니스에서 여실히 드러난다. 재사용 로켓의 개발 과정은 우주 탐사 기술 외에도 경제성, 환경적 측면의 지속 가능성, 엔지니어링 원칙의 재정의 및 적용을 포괄적으로 고려했다. 테슬라의 성공은 전기차의 기계적 엔지니어링 외에도 소프트웨어 및 배터리 관리를 포함한 IT 기술, 직접 판매 채널 등 마케팅 전략까지 포함한 통합적 접근의 결과물이다.

다양한 배경의 팀도 혁신의 열쇠다. 구성원의 직업적 배경, 문화적 경험, 사고방식, 문제 해결 방식의 다양성이 혁신 잠재력을 키운다. 다양성을 존중하고 통합하면 메디치 효과를 발휘할 환경이 만들어진다. 동질적이고 고립된 환경에서 얻기 힘든 성과도 가능해진다. 머스크는 출신이나 학력 상관없이 능력에 기반해 인재를 배치한다. 회사는 다양한 전문성을 다각도로 활용해 문제 해결을 시도하는 학제 간 조직interdisciplinary organization처럼 운영된다. 자율주행 소프트웨어 개발 담당 엔지니어가 휴머노이드 로봇 개발 직군으로 이동하기도 한다.

요한슨은 전통 학문 사이의 장벽이 혁신을 방해한다고 주장한다. 이 허들을 허물어야 메디치 효과가 발현된다. 머스크는 인터넷의 태동기에 전자상거래 지불 수단을 개발하던 회사에서 커리어를 시작한 이래 우주, 자동차, 에너지 산업까지 경계를 넘어 새로운 영역에 도전해 왔다. 사업을 제한하는 장벽을 무시하고 무관해 보이는 분야의 연결고리를 찾아 작은 가능성의 씨앗을 키웠다. 언론과 전문가들은 그의 시도를 위험한 모험으로 폄하했다. 하지만 혁신은 본질적으로 위험을 수반한다. 어떤 교차점에서 무엇이 시작될지는 알 수 없다. 자동차 하드웨어와 AI 자율주행 소프트웨어의 결합이라는 이질적인 요소들의 결합은 산업의 지형을 뒤흔드는 게임 체인저다. 교차적 혁신은 다른 분야에서도 패러다임을 변화시킬 가능성을 품고 있다.

메디치 효과는 서로 다른 전문성을 모아 혁신을 촉진하는 것의 중요성을 강조한다. 복잡한 문제를 해결하고 새로운 기회를 찾는 기업은 획기적인 제품과 서비스를 만들어낼 확률이 높다. 스티브 잡스는 "기술만으로는 충분하지 않다. 인문학과 결합해 마음을 울리는 결과를 만드는 것이 바로 기술"이라고 말했다. 그는 엔지니어도 개발자도 아니었지만 이 철학으로 애플을 세계적인 혁신 기업으로 키웠다. 켈리그라피 손글씨에서 발견한 인간 중심적 요소를 애플의 디자인과 기능에 녹여 성공할 수 있었다고 고백한다. 이는 첨단 기술과 직관적이고 아름다운 인터페이스 디자인이 결합된 아이폰 같은 매력적인 제품을 개발하는 원동력이 되었다. 예술과 기술의 융합이다.

잡스가 애플을 떠났을 때 운영했던 픽사 애니메이션 스튜디오에서도 메디치 효과가 발현되었다. 픽사는 스토리텔링과 기술을 결합해 업계를 변화시켰다. 작가, 아티스트, 컴퓨터 과학자로 구성된 팀은 관객에게 정서적 공감을 주는 이야기를 만들어냈다. 이 결합이 탄생시킨 놀라운 결과로 픽사는 선두주자가 될 수 있었다.

이 융합적인 접근은 다양한 산업에 적용될 수 있다. 군사 항법용으로 개발된 GPS는 우주 과학, 컴퓨터 공학, 물리학의 통찰을 융합한 결과물이다. 이는 내비게이션, 농업, 재난 대응, 스포츠 분석 등 많은 분야에서 필수적인 기술이 되었다. 혁신 결과물이 원래의 목적을 넘어 사용될 수 있음을 보여준다. 생명공학 분야의 유전자 가위 크리스퍼 CRISPR; Clustered Regularly Interspaced Short Palindromic Repeats도 마찬가지다. 박테리아의 면역 체계에서 발견된 메커니즘에서 영감을 받은 이 기술은 과학자들이 다른 유기체의 유전자를 정밀하게 편집하도록 한다.

크리스퍼는 정밀성, 단순성, 다용도성을 특징으로 의학 연구, 농업, 생명공학 분야에서 폭넓게 활용되며 유전적 결함의 교정, 질병 예방, 작물 회복력의 개선 등 성과를 이뤘다. 이 기술은 미생물학, 유전학, 생명공학의 교차점에서 탄생했다. 서로 다른 지식을 가진 연구자 간의 협력이 없었다면 탄생하기 어려웠을 것이다.

스페이스X의 성공은 기존 항공우주업계의 전통적인 사고방식의 결과물이 아니다. 소프트웨어, 기계 공학, 항공우주 공학 등 다양한 엔지니어링 분야의 통찰이 결합되었다. 테슬라는 전기자동차로 운송 수단의 미래를 제시했지만 그 성공은 배터리 기술, 소프트웨어, 자동차 엔지니어링을 통합한 총체적 접근에서 비롯되었다. 기술의 교차점에서 고효율, 고성능을 양립시키고 내연기관을 뛰어넘으며 지속 가능한 미래의 기반을 마련했다.

뉴럴링크는 신경과학과 첨단 컴퓨터 기술을 융합하는 새로운 시도로 두뇌-컴퓨터 인터페이스 BCI; Brain-Computer Interface 개발을 추진한다. 이 프로젝트는 인간의 뇌와 인공지능의 공생이라는 목표를 추구한다. 이 여정에는 뇌과학, 신경과학, 로봇공학, 소프트웨어

지식이 통합된다. 성공한다면 신경 질환 치료법을 혁신하고 인간이 기술과 상호작용하는 방식을 근본적으로 혁신할 것이다. 사지가 마비된 이가 다시 걸을 수 있고, 뇌와 연결되는 의수·의족으로 정상적 삶을 되찾는 세상이 가능해질 것이다. 인간과 기계의 융합은 사이보그화 가능성까지 열게 된다.

머스크의 뛰어난 점은 산업의 경계를 넘어 지식을 융합함으로써 혁신적인 제품과 서비스를 만든다는 것이다. 다양한 지식·기술의 교차점에서 산업을 뒤흔드는 그의 방식은 메디치 효과의 현실 버전이다. 융합은 창의성과 혁신의 촉매다. 다양한 분야가 만나는 환경을 조성하고 협업, 통섭^{consilience}*을 장려하며 기존 통념에 도전할 때 복잡한 글로벌 수준의 인류 문제를 해결하고 새로운 가능성을 열 수 있다. 점점 연결되고 복잡해지는 세상에서 해결책은 경험과 지식, 관점의 교차점 상에 존재한다. 미래를 위해 새로운 방식으로 협력하면서 불가능을 현실로 바꾸는 도전을 이어가야 한다.

---

* 통섭: 서로 다른 학문 분야의 지식과 통찰을 융합해 새로운 이해와 혁신을 도모하는 개념. 생물학자 에드워드 윌슨(Edward Wilson)이 저서 《Consilience: The Unity of Knowledge (1998)》에서 주창했다.

사고의 틀에서
벗어나라

세계 최대 제조업체인 토요타의 회장 토요다 아키오는 자동차 애호가로 유명하다. 모리조 Morizo라는 이름의 마스터 드라이버 master driver로, 모터 스포츠에 직접 참가해 대중의 관심을 끈다. 경영 일선에서 물러난 후에도 미디어 앞에 설 때마다 "자동차를 사랑한다 I love cars"는 말을 반복한다. 반면 일론 머스크는 자동차업계 출신이 아니다. 130년간 지속된 업계의 전통에 얽매이지 않고 자유롭게 업계를 파괴한다.

21세기 초, 자동차 산업은 전례 없는 변화를 맞이했다. 핵심은 내연기관에서 전동화로의 전환, 거스를 수 없는 시대의 흐름이다.

기존 제조업체와 신생 전기차 기업 사이에서 생존을 위한 치열한 경쟁과 프로파간다가 펼쳐졌다. 이 변화 물결을 이끈 것은 자동차의 본산인 디트로이트나 유럽이 아니었다. 실리콘밸리의 대담한 혁신가들, 급성장한 중국 전기차 업체들이 주인공이다. 이 흥미진진한 경쟁을 촉발한 것이 테슬라 CEO 일론 머스크다.

전기차 제조가 지속 가능할 수 있다는 것을 처음 입증한 것이 테슬라다. 2024년 전 세계에서 판매된 자동차 다섯 대 가운데 한 대가 전기차였다. 실리콘밸리의 혁신 문화, 높은 위험 감수, IT 전문성은 자동차 설계와 제조의 가능성을 재정의했다. 새로운 업계 표준과 기대치가 제시되었고 그 혁명의 전위대는 테슬라와 머스크였다.

혁신의 요람

실리콘밸리는 획기적인 아이디어와 벤처 자본이 넘치는 기술 혁신의 중심지다. 실패를 좌절이 아닌 성공의 필수 디딤돌로 여기는 독특한 문화를 가지고 있다. 전통 산업의 위험 회피 성향이 높다면 실리콘밸리는 위험 감수를 미덕으로 여긴다. 헨리 체스브로 Henry Chesbrough 는 오픈 이노베이션 이론 Open Innovation Theory 을 제시하면서 내부·외부 혁신의 결합으로 빠르게 발전하며 새로운 시장에 효과적으로 진출하는 전략을 설명했다.[158] 그의 연구는 기업이 기술을 발전시킬 때 어떻게 회사 안팎의 아이디어를 활용하고 시장 진출 경로를 설정하는지에 대한 이해를 제공했다.

테슬라의 전기차 시장 지배력 확대는 실리콘밸리 생태계의 역동성과 효과성을 보여준다. 머스크는 이곳의 자원을 적극 활용해 무선 소프트웨어 업데이트와 하드웨어를 결합한 새로운 패러다임을 제시했다. 이에 따라 자동차는 시간이 지날수록 가치가 상승하는 제품으로 변모했다.

전통 자동차 산업에는 제약 조건^{limiting factors}이 많다. 업계는 100년이 넘는 시간 동안 점진적으로 느리게 발전해 왔다. 복잡한 규제, 방대한 글로벌 공급망, 내연기관 기술에 대한 충성심이 산업을 지배했다. 전통 제조업체는 과거의 기술적 선택에 얽매여 있었다. 그들에게 전기차로의 전환은 단순한 전략 변화가 아닌 총체적 문화 격변이다. 반면 테슬라는 짧은 역사와 기존 관성의 부재로 유연하게 움직일 수 있었다. 지금 시장에 존재하는 고객의 니즈를 넘어 미래 잠재력과 발전 가능성까지 고려한 제품으로 시장을 선도했다.

실리콘밸리 출신의 업계 파괴자 머스크는 자신은 실리콘밸리 사람이며 자동차 출신이 아니라고 선언했다. 그리고 기존 산업을 재편할 패러다임 전환을 강조했다. 그가 전기차에 뛰어든 것은 자동차의 본질적 매력에 매료되었기 때문이 아니다. 미래의 지속 가능 교통수단이 반드시 필요하다는 신념 때문이다. 지속적인 소프트웨어 개선 방법론으로 무장한 혁신 실행 플랫폼으로서의 자동차에 대한 정의를 제시한다. 이는 기존 자동차 설계 및 제조 관행에서 크게 벗어난다. 테슬라는 실리콘밸리 사고로 제품 디자인, 생산,

마케팅, 판매를 혁신하는 과정에서 기존 업계 관행에서 자유롭다는 인상을 주었다.

치열한 경쟁 시장에 진입한 신규 진입자 테슬라는 전기차 핵심 기업으로 부상하며 업계 표준을 세웠다. 그 도전은 선구적인 것으로 평가받기에 충분했다. 부정적인 업계 의견에도 불구하고 배터리 기술 개발을 가속화해 비용을 낮추고 주행 거리를 늘려 전기차를 실용적인 선택지로 만들었다. 완전 자율주행의 가능성을 비웃는 시장 반응에도 불구하고 현실 세계 AI의 실현 가능성에 집중했다. 자율주행 소프트웨어, 안전 기술의 우위는 테슬라를 경쟁업체와 확연히 차별화시켰다. 직접 판매 방식은 딜러 및 대리점 기반 사업 모델을 파괴하며 실리콘밸리 혁신 문화를 증명했다.

담대한 비전과 혁신 기술로 산업을 빠르게 재구성하고 재정의하는 것이 실리콘밸리 문화의 특징이다. 이 문화는 기술 진보 이상의 것을 추구한다. 유니콘 기업* 육성을 넘어 기술로 새로운 비즈니스와 미래 사회에 공헌하기를 원한다. 인공지능, 지속 가능 에너지, 생명공학 등 다양한 분야에 혁신 기술이 적용되고 발전 속도는 빨라진다. 제약이 없는 지속 가능한 미래에 대한 헌신이 산업을 재정의하는 원동력이다. 머스크가 실리콘밸리 정신을 강조하는 것은 혁신, 위험 감수, 관습 탈피의 중요성 때문이다.

---

*   유니콘 기업: 신생 기업을 10억 달러 비즈니스로 키우는 것.

5단계 혁신 프로세스

머스크는 실리콘밸리 문화를 바탕으로 5단계 프로세스five-step process[159]라 불리는 혁신 원칙을 제안했다. 그는 "똑똑한 엔지니어의 가장 흔한 실수는 존재해서는 안 될 프로세스를 최적화하는 것 Possibly the most common error of a smart engineer is to optimize a thing that should not exist "이라 말했다. 산업을 파괴하고 현상 유지 메커니즘에 도전하는 이 실행 중심 프레임워크는 문제 해결, 질문, 반복, 개선에 대한 포기 없는 추진력을 포함하는 다음의 다섯 단계로 구성된다.

1. 요구 사항을 더 합리적으로 만들기Making the Requirements Less Dumb

혁신 활동을 시작하기 전 가장 중요한 것은 기존 가정에 의문을 제기하는 것이다. 엔지니어는 다양한 요구를 받는다. 하지만 모두가 정말 필요한 것인지 따져봐야 한다. 요구 사항이 무의식적인 가정에서 나온 것이 아닌지 질문을 통해 확인하라는 뜻이다.

똑똑한 사람도 잘못된 제약 조건을 가정할 가능성이 있다. 이를 인정하는 것이 혁신의 출발이다. 요구 사항을 비판적으로 평가한다. 머스크 철학의 핵심은 안일함을 경멸하는 것이다. 다수가 의심 없이 받아들이는 상식일수록 면밀히 검토하라. 이는 실리콘밸리 기업가 에릭 리스Eric Ries의 린 스타트업 방법론이 강조하는 빌드 build – 측정measure – 학습learn 사이클과 통한다.

이 관점은 가능 최소 자원의 사용을 강조한다. 최소한의 자원으로 불필요한 가정을 제거하고 최소 기능 제품MVP; Minimum Viable

Product으로 결과를 확인하며 불확실성을 제거해 유효 학습한다. 선순환 사이클을 통해 혁신가는 요구 사항 이면의 가정에 의문을 제기하며 확증 편향과 매몰 비용 오류*를 피하고 존재하지도 않는 문제에 대한 엔지니어링 솔루션 투자를 없앤다.

예를 들어 머스크는 전기차는 비용 효과가 낮고 장거리 주행이 어렵다는 가정에 도전했다. 주행거리와 고성능을 양립시킨 테슬라 모델S를 출시하며 '전기자동차 = 단거리 출퇴근용'이라는 인식에 마침표를 찍었다. 스페이스X에서도 '로켓 = 재사용 불가'라는 상식을 깨라고 조직을 독려했다.

2. 부품이나 프로세스 삭제 Deleting the Part or Process

기존 가정을 깼다면 핵심이 아닌 것을 제거한다. 머스크는 백지에서 시작해 불필요한 것을 모두 삭제하고 필수적인 것만 남긴다. 구성 요소나 프로세스를 제거해 미니멀리즘을 강조한다. 꼭 필요한 경우에만 삭제된 요소를 다시 반영한다. 제품 개발 속도를 높이고 낭비를 줄이기 위해 단순성을 옹호하는 최소 기능 제품을 중시한다.

각 요구 사항에 대해 담당자가 필요성이나 제약 조건을 정당화하도록 해 책임감과 비판적 사고를 장려한다. 평평한 조직 구조로

---

* 매몰 비용 오류: 선택 결과가 만족스럽지 않지만 투자한 비용이 아까워 선택을 정당화하는 심리로 더 몰입하는 현상.

관료주의는 줄인다. 혁신은 창조하는 것만이 아니다. 복잡성을 제거하는 것도 혁신이다. 엘리야후 골드랫 Eliyahu Goldratt 의 제약이론 Theory of Constraints 은 효율을 저해하는 제약 조건을 찾아내고 극복하는 시스템 개선이 중요하다고 주장한다.[160] 머스크는 생산 프로세스 병목 현상과 제약을 제거해 효율성과 성과를 개선하며 빠른 성장을 현실화한다. 스페이스X는 저비용 로켓 개발 과정에서 불필요 부품을 제거했고 테슬라는 부품 수를 대폭 줄여 조립을 간소화해 제조 효율성의 새 기준을 제시했다.

3. 디자인 단순화 · 최적화 Simplify or Optimize the Design

가정에 도전하고 불필요한 것들을 삭제했다면 제품 설계 최적화가 필요하다. 머스크는 최적화 전에 설계가 충분히 단순한지 확인한다. 나중에 되돌리려면 엄청난 자원이 소요되므로 성급한 최적화는 지양한다.

결과의 80퍼센트가 20퍼센트의 원인에서 비롯된다는 파레토 법칙을 생각하면 애초에 존재하지 않아야 할 것을 최적화하지 않는 것이 중요하다. 오컴의 면도날 Ockham's razor 원칙과 통한다. 14세기 영국 프란치스코회 수도자였던 오컴의 윌리엄 William of Ockham 은 쓸데없이 복잡하게 만들지 않는 단순함의 중요성을 강조했다. 다른 모든 요인이 동일하다면 단순한 것이 최고로 좋다. 경제성의 원리 Principle of Economy , 단순성의 원리 Principle of Parsimony 와 같다. 단순한 솔루션이 더 정확하고 고장이나 오작동도 적다. 단순한 설계로 엔지니어와 디자이너는 더 중요한 것에 최적화 노력을 집중하며 혁신의 효과와 효율성을 확보한다.

아이작 뉴턴Isaac Newton은 "진리는 복잡함과 혼란이 아닌 단순함에서 발견된다Truth is ever to be found in simplicity, and not in the multiplicity and confusion of things"고 했다. 테슬라 수퍼차저 네트워크는 이 철학의 결과물이다. 타사 충전기 대비 훨씬 단순한 디자인과 효율성은 네트워크의 빠른 확장을 가능하게 했다. 다른 충전 사업자는 경쟁력을 잃었다.

4. 사이클 타임 가속화Accelerate Cycle Time

이제 속도를 가속화한다. 혁신 프로세스의 민첩성과 속도 개선을 하기 전에 1~3단계의 확인이 이루어져야 한다. 머스크는 방향 확인 없는 가속은 "무덤을 파는 일"이라 경고한다. 빨리 파면 죽는 시간만 가까워진다.

린 스타트업의 애자일 방법론은 생산 확장 전 신속 반복과 빠른 피드백을 강조한다. 사이클 시간을 단축해 혁신 제품과 서비스를 더 빨리 출시하고 경쟁 우위를 확보할 수 있다. 스페이스X는 스타십 로켓 개발 과정에서 시제품을 통해 신속 반복적으로 개선품을 제작했다. 이전 버전 실패를 토대로 차세대 우주선 개발이 가속화된다. 혁신 주기는 지속 단축된다. 속도는 머스크의 핵심 경영 요소다. 실패로부터 최대한 빨리 배우려는 의지는 관성으로 인해 느리게 움직이는 우주 탐사 분야에서 성공의 원동력이 되었다.

5. 자동화^{Automate}

개발 주기 단축에 이어 자동화가 필요하다. 앞서 네 단계에서 프로세스가 최적화되고 간소화되면 자동화가 양산 단계에서 일관된 품질, 높은 효율성을 보장한다. 생산 과정의 낭비 시간과 인적 오류를 줄이고 운영을 단순화해 비용 절감과 자원 최소화를 꾀한다. 자동화는 시스템 전반을 이해하고 최적화한 후에 이루어져야 한다. 다양한 변수의 상호작용을 복잡계에서 이해하려는 시스템 사고^{systems thinking}가 필요하다. 자동화는 잘 설계된 시스템의 효율성을 극대화하지만 검증되지 않은 과정상의 결함을 빠르게 확대시켜버릴 가능성도 있다.

2018년 테슬라는 모델3 생산의 완전 자동화를 시도했다. 한 번도 시도된 적 없는 과감한 도전이었다. 그러나 이 고도로 자동화된 생산 라인은 예상치 못한 결함을 발생시켰다. 테슬라는 심각한 생산 차질을 겪으며 어려움에 빠졌다. 머스크는 자동화의 한계를 깨달았다. 프로세스를 신속하게 재평가하고 개선하는 작업에 착수했다. 이후 수정된 자동화 프로세스로 병목 현상을 극복하고 생산성을 회복할 수 있었다.

이 경험은 완전한 자동화 실행 전에 충분한 검증과 신중함이 필요하다는 교훈을 남겼다. 이후 테슬라는 충분한 테스트를 통해 모든 변수를 검증한 후 자동화를 적용한다. 예상치 못한 결함이 전체 시스템의 효율을 저해하지 않도록 주의한다. 머스크는 인간의 창의성과 기계의 효율성 사이에서 균형을 잡는 것이 중요하다는 것을 배웠다. 자동화는 신중한 설계와 인간 개입이 결합될 때 가치를 발휘한다.

하드웨어에서 소프트웨어로

전통적인 제조업체들은 기존 하드웨어 중심 자동차를 소프트웨어 중심 자동차 SDV; Software-Defined Vehicle 로 전환하는 과정에서 많은 문제를 겪고 있다. SDV는 소프트웨어로 차량 기능을 제어해 안전 기능, 엔터테인먼트, 자율주행 등을 강화한다. 이 전환은 산업의 새로운 경쟁 시대를 알린다. 소프트웨어 중심 변화의 최전선에 선 것은 이동을 근본적으로 재정의하려는 테슬라다. 그들에게 자동차 自動車 는 한자 그대로 스스로 움직이는 이동수단 auto-mobile 이다.

포드, GM, 스텔란티스 Stellantis 그룹 중심의 미국 빅3, 메르세데스 벤츠, BMW를 중심으로 한 유럽, 토요타 중심의 일본 모두 이 패러다임 paradigm 변화에 적응하지 못하고 있다. 패러다임이란 무언가를 이해하거나 접근하는 방식의 기초를 형성하는 일련의 지배적 아이디어나 패턴을 뜻한다. 1962년 토마스 쿤 Thomas Kuhn 은 《과학혁명의 구조》에서 특정 시기의 과학 분야를 정의하는 관행을 설명하기 위해 이 개념을 제시했다. 패러다임의 변화는 사물에 대해 생각하고 행동하는 일반적인 방식이 도전을 받고 새로운 표준으로 바뀐다는 것이다. 사회가 이해하고 행동하는 방식은 새로운 발견이나 아이디어의 등장에 의해 영향을 받는다.

테슬라는 최초의 설계 때부터 바퀴 달린 컴퓨터로 미래의 이동

수단을 정의했다. 기존 업체들은 한 세기 이상 바퀴 달린 탈 것에 갇혀 있었기에 혼란을 겪었다. 2023년 포드 CEO 짐 팔리는 기존 제조업체가 SDV 개발 과정에서 혼란과 어려움에 빠져 있다고 공개적으로 인정했다. 같은 해 12월 메르세데스 벤츠는 자사의 전기차 통합 플랫폼 EQ를 폐기하고 제로 베이스의 시작을 선언하며 하드웨어 중심 사고의 한계를 드러냈다.

그렇다면 전통 업체는 왜 테슬라처럼 하지 못할까? 첫째, 조직 구조와 문화. 테슬라는 기술 회사다. 조직 역시 기술 중심으로 통합되어 있다. 태생부터 소프트웨어 개발에 중점을 두며 조직은 이를 뒷받침한다. 빠른 개발 주기, 임원을 통하지 않는 부서 간 직접 소통, 차량 전체 통합 소프트웨어를 실현한다.

소프트웨어 개발은 운영의 최우선 사항이다. 하드웨어에 소프트웨어를 입히는 것이 아니다. 소프트웨어에 하드웨어를 통합하는 방식으로 테슬라는 더 빠른 속도로 혁신한다. 포드 같은 기존 업체에는 기능 부서 분리, 소프트웨어 개발 분리, 아웃소싱이 흔하다. 이는 SDV 개발과 소프트웨어 업데이트에 필요한 민첩성과 일관성을 저해한다. 전통 제조업체는 설계, 제조 및 소프트웨어 개발을 위한 부서들을 가지고 있고 소프트웨어는 하드웨어 위에 얹혀진다. 하드웨어 중심 조직 문화는 빠르게 혁신하는 기술 회사의 사이클을 따라잡기 어렵다.

사일로silo는 작물이나 목초를 보관하기 위해 만들어진 저장탑이다. 기업에서 한 지붕 아래 존재하지만 다른 조직과 분리된 시스템, 프로세스, 부서 혹은 그룹을 가리킨다. 사일로 현상은 정보, 목표, 도구, 우선순위 등이 공유되지 않을 때 발생한다. 이는 비효율성, 사기 저하, 조직 목표 달성의 저해로 이어진다.

패트릭 렌치오니 Patrick Lencioni에 따르면 사일로는 리소스, 지식, 전문성의 공유를 방해해 중복 노력을 초래하거나 시너지 효과 창출의 기회를 파괴한다.[161] 때문에 효과적인 리더는 사일로를 무너뜨리는 데 집중한다. 《초격차》 신화의 권오현 전 삼성전자 부회장은 사일로를 없애기 위해 부문장 교체를 통한 조직의 상호 이해를 유도했다. 머스크는 명확한 조직 목표, 건강한 조직 문화, 결속력 있는 리더십을 중요시한다.

둘째, 학습 문화와 기업가정신. 테슬라는 지속 학습과 혁신 문화를 수용하며 실패를 성장과 개선 기회로 여긴다. 이는 새로운 기술과 프로세스에 빠르게 적응하는 데 유리하다. 반면 기존 제조업체는 파괴적 혁신보다 점진적 개선을 선호하는 위험 회피적 문화에서 운영된다. 기존 메커니즘을 중시하므로 소프트웨어 중심으로의 전환이 어렵다. 여기서 개발된 것이 아니라면 거부하는 NIH Not-Invented-Here 증후군도 혁신 채택의 걸림돌이다. 외부의 혁신적 아이디어나 기술을 거부하고 내부에서 개발된 솔루션만 선호하는 태도다. 이는 성과, 효율성, 창의성을 향상시킬 외부의 아이디어나 기술적 관행의 잠재적 가치를 간과하도록 만든다. 새롭고 효과적인 솔루션을 차단하는 보이지 않는 장벽을 세우고 이미 익숙한 내부 솔루션이나 차선책을 선호하도록 한다. 결과적으로 내연기관, 하드웨어 중심 시스템의 기존 강점을 고수하게 하며, 변화에 둔감하도록 만든다.

테슬라의 기업가정신은 단기 수익보다 장기 목표에 중점을 둔다. 위험 감수를 장려하고, 급진적 혁신을 포용하며, SDV의 실현 과정에 맞춰 구성원의 행동을 조정한다. 기존 제조업체는 현재의 시장 지위와 수익, 마진 유지에 집중하는 보수적 리더십 스타일로 SDV에 필요한 파괴적 기술 투자를 꺼리게 된다.

셋째, 레거시 시스템과 소프트웨어 역량. 기존 내연기관은 수십 년간 축적된 레거시 엔지니어링 관행에 기반해 제작되었고 하드웨어 중심 기계적 설계에 의존한다. 정교한 소프트웨어 시스템 개발, 기존 플랫폼과의 통합은 도전이다. 테슬라는 소프트웨어에서 출발한 설계 덕에 새로운 기능과 업데이트를 차량에 원활히 통합할 수 있다. SDV에는 수십만 줄의 프로그램 코드가 필요하다. 테슬라의 소프트웨어 우선software-first 접근은 복잡성 관리와 지속적 업데이트에서 기존 업체 대비 확실한 이점을 제공한다.

실리콘밸리 문화에서 탄생한 테슬라는 최고의 엔지니어를 유치하는 데도 유리하다. 테슬라의 자동차는 지속적 업데이트와 개선을 위한 플랫폼이다. 구매 후에도 무선OTA; Over-The-Air 업데이트를 통해 끊임없이 성능이 향상된다. 기존 제조업체는 자체 운영체제operating systems도 갖추지 못한 상태에서 개별 어플리케이션까지 개발하려니 여간 어렵지 않다. 기계 공학 중심 사고에서 소프트웨어 중심 사고로 전환하는 것이 쉽지 않다. 소프트웨어 인재를 확보하고 육성하는 데는 많은 시간과 노력이 필요하다.

넷째, 데이터와 통신 활용. 테슬라는 차량 문제를 소프트웨어 업데이트로 해결하고 개선 프로그램을 빠르게 배포한다. 통신 연결성으로 새로운 기능을 신속히 출시하고 버그나 보안 취약성에도 즉각 대응한다. 차량 이용 데이터를 분석해 고객이 자주 사용하는 기능은 강화하고 사용하지 않는 것은 제거해 비용 절감과 고객 만족을 꾀한다. 기존 제조업체는 이런 데이터 수집과 활용 역량이 부족하다. 테슬라는 자율주행 기술에도 선제적인 투자를 한다. 각 차량은 데이터 수집 노드node 역할을 한다. 방대한 실시간 데이터는 데이터 센터로 전송되어 자율 신경망을 훈련시킨다. 이와 같은 데이터 활용 능력은 스마트카 시장에서 강력한 경쟁 우위가 된다.

머스크의 혁신에 대한 접근은 실리콘밸리에서 배운 것이다. 기존 가정에 의문을 제기하고, 설계를 단순화·최적화하며, 자동화를 전략적으로 활용한다. 5단계 혁신 프로세스에 더해 민첩성과 책임감을 공유하는 조직 구조와 문화로, 비판적 사고에 기반한 미니멀리즘, 효과적인 문제 해결, 가능성의 한계를 뛰어넘는 도전 정신을 강조한다. 기술이 산업 진화를 가속화할수록 기존 통념의 재검토와 혁신에 대한 역동적인 수용이 중요하다. 기존 업체가 테슬라와 경쟁하려면 소프트웨어 역량 외에도 이를 촉진하는 문화적·구조적 변화가 필요하다. 소프트웨어를 자동차 디자인과 기능의 핵심 요소로 받아들이는 의지도 중요하다.

그러나 소프트웨어 회사 정체성이 SDV 리더십을 보장하지는 않는다. 2024년 2월, 애플은 10년 넘게 공들인 자율주행 기반 스마트카 애플카AppleCar 프로젝트 폐기를 공식 선언했다. 과거 애플은 자체 제조 역량을 갖추고 있었다. 그러나 어느 시점부터 폭스콘Foxconn 같은 하드웨어 파트너를 통한 아웃소싱 체제로 전환했다. 애플의 사업 포기는 제조 역량 없이 소프트웨어 역량만으로 충분한 경쟁력을 갖출 수 없다는 판단에 따른 것으로 보인다. 머스크의 말처럼 기술이 스스로 발전한다는 생각은 잘못되었다. 기술은 수많은 이들의 끊임없는 노력으로 향상된다.

지속 가능한
풍요

"경제와 기술의 본질을 깊이 이해하려는 노력이 중요합니다. 세계의 문제를 푸는 열쇠가 되기 때문입니다."

"It's important that we strive to have a deep understanding of the economy and the nature of technology, because it will be the key to solving many of the world's problems."

기술이 경제에 기여하는 방식을 알면 많은 사회적 문제를 해결할 수 있다. 경제의 핵심은 시장이다. 이는 동네 식료품점부터 취업 시장까지 다양한 거래 참여자, 구매자와 판매자의 거래로 이루어진다. 경제 성장, 인플레이션, 국내총생산GDP; Gross Domestic Product 같은 개념은 일견 복잡해 보이지만 기본 틀을 알면 쉽게 다가갈 수 있다.

경제의 주체는 가계, 기업, 정부다. 가계는 노동을 제공하고 그

소득으로 상품·서비스를 구매한다. 기업은 이윤을 위해 상품·서비스를 생산하고, 정부는 세금을 징수하고 공공 서비스와 경제 성장을 지원하며 거래를 촉진한다.

경제의 상호작용은 요소 시장 factor markets 과 재화 시장 goods market 을 중심으로 이뤄진다. 요소 시장에서 가계는 기업에 토지, 노동, 자본, 기업가 기술을 공급하고 임대료, 임금, 이자, 이윤을 받는다. 재화 시장에선 기업이 요소 시장의 자원으로 제품·서비스를 만들어 가계에 판매하고 가계는 소득으로 이를 구매한다.

이 과정은 순환적 자금 흐름을 형성한다. 가계가 요소 시장에서 창출한 소득은 재화 시장에서 상품과 서비스에 대한 지출로 이어진다. 모든 생산 요소의 총소득은 상품·서비스의 총생산량과 일치하며 이를 통해 GDP가 정의된다. 예를 들어 비즈니스의 손익계산서를 보면 상품 시장의 생산량과 요소 시장의 소득을 숫자로 확인할 수 있다. 경제 시스템에서 부가가치가 어떻게 창출되고 이동하는지 이해할 수 있다. 요약하면 경제는 화폐의 순환 흐름으로 작동하며, 요소 시장에서 발생한 소득은 재화 시장으로 재분배되고, 가계와 기업은 상호 공존한다.

이 기본 구조를 알면 인플레이션, GDP 성장률, 이자율 같은 복잡한 경제 모델을 탐구할 기반이 생긴다. 경제학은 희소성 개념을 이해하고 자원을 효율적으로 활용하도록 사회를 조직하는 방법을 탐구한다. 이는 기술이 국가, 지역, 도시의 경제 성장을 이끄는 핵심 동력임을 보여준다. 기술은 더 나은 상품·서비스를 효율적으로 생산해 궁극적으로 사회 번영을 가져온다.

일론 머스크는 "경제와 기술에 대한 깊은 이해가 세계 문제를 해결하는 열쇠"라고 말한다. 자원 희소성을 극복하고 기술 혁신으로 자원의 활용도를 높여 부가가치를 창출하고 경제의 가치를 높여야 한다는 뜻이다. 이는 경제 발전과 혁신을 설명하는 원리인 조지프 슘페터 Joseph Schumpeter 의 창조적 파괴 creative destruction 개념과 닿는다. 그는 끊임없는 제품·프로세스 혁신이 자본주의 경제 성장을 이끌며, 기술 발전이 기존 제품, 서비스 및 산업을 파괴하거나 시대에 뒤처지게 만들고 생산성을 향상시키며 경제 성장을 견인하는 새 산업을 연다고 보았다.

슘페터에 따르면 경제는 희소성에 기반하며 자원의 효율적 배분과 활용이 중요하다. 기술 혁신은 자원에 대한 접근성을 높이고 새로운 성장과 발전 기회를 창출하는 촉매제 역할을 한다. 사회는 자원 부족으로 인한 제약을 극복하며 경제의 가치와 역량을 향상시킨다.

창조적 파괴 현상은 많은 역사적 사례에서 확인된다. 산업혁명은 농업 경제에서 산업 경제로 전환하는 과정에서 기술 혁신이 어떻게 경제 지형을 바꾸었는지 보여준다. 기계화와 생산 공정 혁신은 효율성과 생산성을 높이고 새로운 산업을 발전시키며 기존 산업을 쇠퇴시켰다. 산업혁명은 인류가 혁신으로 경제와 사회 근간을 변화시킨 연대기다. 각 산업혁명은 기술 발전의 뚜렷한 시기로 구분된다. 각 시기에 혁신은 막대한 경제적 부와 사회 변화를 촉발했다.

　　1차 산업혁명(18세기 말~19세기 초): 증기기관을 이용한 기계 생산 도입이 농업 기반 경제를 산업화 경제로 변화시켰다. 1776년 제임스 와트 James Watt가 개량한 증기기관의 도입은 산업 전반에 변화를 일으켰다. 광산에서 효율적으로 물을 퍼올리고, 방직 공장에서 기계를 구동했으며, 최초의 증기 기관차와 선박에 동력을 제공했다. 공장 기반 생산 시스템은 생산량과 효율성을 획기적으로 높였고, 섬유 제조, 철 생산, 운송 시스템 변화는 현대 산업 자본주의 토대를 마련했다.

　　2차 산업혁명(19세기 후반~20세기 초): 대량 생산과 전기화 시대는 제조업 효율성과 규모를 크게 높였다. 내연기관과 전기의 광범위한 보급은 자동차, 비행기, 통신 시스템 등 새로운 산업과 기술 발전을 가속화했다. 1913년 헨리 포드가 도입한 대량 생산 컨베이어 벨트 생산 라인은 효율성과 대규모 생산을 중시한 시대적 특징을 보여준다. 생산 비용은 크게 낮아졌고 대중이 쉽게 상품을 구입할 수 있었다. 생산성 확대는 화학, 석유, 철강 산업 발전으로 이어지며 경제 확장이 가속화되었다.

　　3차 산업혁명(20세기 후반): 기계식·아날로그 방식에서 디지털 기술로의 전환은 정보 통신에 혁신을 가져왔다. 개인용 컴퓨터와 인터넷 등장은 정보 처리, 커뮤니케이션, 비즈니스 운영 방식을 근본적으로 변혁시켰다. 정보의 급속한 보급과 글로벌 경제를 특징으로 하는 정보화 시대의 탄생이다. 반도체, 개인용 컴퓨터, 인터넷 등 기술 혁신은 생산성을 비약적으로 올렸고 소프트웨어 개발, 디지털 마케팅 등 새로운 산업이 탄생해 신 시대의 경제 토대가 마련되었다.

4차 산업혁명(2010년대~): 물리적, 디지털, 생물학적 영역의 경계를 허무는 기술 융합은 전례 없는 상호 연결과 스마트 자동화를 실현했다. 인공지능, 로봇공학, 사물 인터넷IoT; Internet of Things, 유전공학, 양자 컴퓨팅 및 관련 기술의 획기적인 발전이 특징이다. 스마트 자동화, 고도로 개인화된 서비스, 디바이스와 시스템 전반의 연결이 그 동인이다. 디지털 기술로 기업은 방대한 데이터를 활용해 운영을 최적화하고 소비자 맞춤형 제품과 서비스를 제공할 수 있다. 혁신은 새로운 일자리 창출, 생산성 향상, 새로운 시장과 산업의 발전에 기여한다.

그러나 창조적 파괴의 과정은 도전 과제를 동반한다. 산업혁명은 생산성과 사람들의 생활 수준을 높였으나 환경 파괴, 사회 혼란, 경제적 격차라는 부작용을 낳았다. 혁신의 이점을 살리되 부정적인 영향을 줄이는 균형 감각이 필요하다.

기술 혁신은 종종 근로자 실직과 전통 산업의 쇠퇴로 이어진다. 실업, 불평등, 사회 불안정의 우려다. 이를 완화하기 위해 교육 및 훈련, 사회 안전망 강화, 기업가정신 육성 등 정책적 수단도 필요할 것이다. 일과 직업의 미래, 프라이버시, 윤리 문제에 대한 관심도 필요하다. 기술 사회에서 인간의 역할이 무엇인지에 대한 고민도 있어야 한다.

인간은 기술이 초래한 문제를 기술로 해결하려 한다. 재생 에너지 확산은 자원 부족과 환경 문제 해결 가능성을 보여준다. 태양광·풍력 에너지가 효율적이고 저렴해지면서 화석 연료 의존성을 줄이고 지속 가능한 탄력적 에너지원 확보에 기여하고 있다. 이는 자원 고갈 문제, 기후 변화의 장기적 영향을 완화해 사회적 혜택을 가져온다.

제러미 리프킨Jeremy Rifkin은 저서 《한계 비용 제로 사회》[162]에서 기술이 사물 인터넷, 재생 에너지, 공유 경제로 사회를 바꾼다고 했다. 그 핵심적인 주장은 기술 진보로 거의 모든 것의 비용이 제로에 가까워지는 세상이 온다는 것이다. 한계 비용이 극단적으로 낮아지는 미래는 유토피아적 환상이 아닌 현실이다. 기술 혁명은 한계 비용을 0에 가깝게 낮추려는 시도를 가속화한다. 생산, 유통, 소비 비용은 급감하고, 적은 자원으로 더 많은 일을 할 수 있는 풍요로운 미래가 열린다. 사회를 희소성 제약에서 해방시켜 창의성, 협업, 공동 번영의 시대를 연다.

사물 인터넷은 물리적 사물·장치를 인터넷과 연결해 소통 가능한 지능형 네트워크를 만든다. 지구 자원을 실시간 모니터링하고 관리하는 글로벌 스마트 인프라의 기반이 된다. 수십억 개 센서가 농경지, 교통망, 제조 공급망, 에너지 그리드에 내장되어 상호 통신한다. 토양의 수분 수준부터 산업 기계 에너지 효율까지 모든 것을 모니터링해 전례 없는 효율성이 달성되고 폐기물은 줄어든다. 냉장고부터 자동차까지 다양한 기기가 연결되면 에너지 사용이 최적화되고, 생필품 비용은 제로에 가깝게 낮아진다.

높은 연결성은 곧 효율성이다. 운송, 에너지, 제조 분야에서 한계 비용이 줄어들고 사물 인터넷 서비스 제공 비용도 거의 무료에 가까워진다. 개인·소기업도 대기업과 경쟁할 경제적 기반이 생긴다. 정보 서비스 비용은 이미 크게 낮아졌다. SNS, 인공지능 업무 도구 등은 거의 무료로 이용 가능하다. 유료 전환하더라도 합리적인 비용으로 쓸 수 있으며 생산성 도구는 도처에 널려 있다.

리프킨은 재생 에너지를 한계 비용 제로 사회의 핵심 요소로 본다. 태양·바람은 무료 에너지원이다. 설비 비용이 회수되고 나면 추가 생산 비용은 무시할 만한 수준이다. 이런 기술은 상당히 성숙해 있다. 생산 및 설치 비용은 지속적으로 줄고 있다. 화석 연료 이상의 경쟁력을 갖추며 다른 에너지를 선택하는 것이 비합리적으로 여겨지는 티핑 포인트에 다다랐다.

사물 인터넷은 재생 에너지를 전력망에 효율적으로 통합해 실시간으로 공급·수요를 조정하고 비용을 더 절감시킨다. 이는 환경을 보호하고 자원 고갈 없는 지속 가능 경제에 기여한다. 에너지 생산 및 소비 방식은 근본적으로 변화된다. 희소함은 풍요로움으로, 중앙 집중형 전력 그리드는 분산형 시스템으로, 높은 비용은 제로 비용으로 전환된다.

공유 경제shared economy는 기술 발전에 의한 경제 성장이 사회에 가져올 보편 편익을 설명하는 핵심 키워드다. 기술로 상품, 서비스, 경험에 대한 접근을 공유해 권력과 기회가 재분배되는 현상이다. 직접 소유권보다 접근권이 더 가치 있다. 인터넷으로 차량 공유, 숙박 공유, 도구·전문 지식 공유의 한계 비용이 줄었다. 리눅스 소프트웨어처럼 유저는 프로그램을 자유롭게 사용하고 의견을 나누며 함께 개선한다. 개인이 개발한 코드는 무료로 공개되고 공유된다. 유료로만 제공되던 전문 지식과 학술 논문도 오픈 액세스open access 형태로 무료화된다. 과거 접근이 어려웠던 지식과 콘텐츠도 제로에 가까운 비용으로 사용 가능하다.

기업·개인은 독점 자산을 수익원으로 전환하고 소비자 비용을 낮추며 플랫폼으로 유저를 확보한다. 이는 산업을 파괴하고 새로운 경제 모델을 형성한다. 플랫폼의 부작용이나 기득권 논의와 별개로 공유 경제의 확산은 분명하다. 공유 경제는 마이크로그리드를 통한 에너지 공유, 3D 프린팅 허브 같은 제조 시설, 온라인 플랫폼을 통한 공유 학습까지 확장되며 공동체 의식, 지속 가능성, 경제 회복력을 키운다. 자원 사용을 최적화하고 희소성이 아닌 풍요 경제 촉진의 기반이 된다.

하지만 부작용도 있다. 디지털 시대의 시급한 문제 중 하나는 노동 시장 변화다. 자동화, 인공지능, 로봇공학은 생산성을 높이지만 전통적인 일자리를 줄인다. 물리적 노동의 종식, 기업이나 토지에 부과한 세금으로 생활을 지원해야 한다는 급진적 주장도 있다. 챗GPT의 샘 올트먼이 대표적이다. 특정 일자리는 줄지만 새로운 일자리도 생긴다. 증기기관 시대에 마부의 일자리는 줄었지만 엔지니어 수요는 늘어났다. 미래에는 창의성, 혁신, 협업 능력이 중요하다.

인적 자원에 대한 교육과 훈련이 핵심이다. 유연성, 디지털 리터러시, 창의성을 갖춘 인재가 필요하다. 기술은 온라인 플랫폼, 디지털 교과서, 오픈 소스 자료로 교육 접근성을 높이고 격차를 줄인다. 누구나 양질의 교육을 무료로 받을 수 있다. 이는 교육 비용 이상의 의미가 있다. 지식과 학습 장벽을 허물고, 개인이 흥미와 재능을 추구할 권한을 부여하며, 평생 학습 문화를 조성하는 것이다.

우리는 지난 두 세기와 비교해 근본적으로 다른 원칙에 따라 작동하는 경제의 시대에 살게 될지 모른다. 경제학은 희소 자원을 활용해 상품을 생산·분배하는 방법을 연구하며 고전 경제학classical economics과 신고전주의 경제학neoclassical economics 학파를 낳았다.

18세기 후반 애덤 스미스Adam Smith는 《국부론》에서 고전 경제학 관점을 제시했다. 자유 시장은 수요와 공급의 힘으로 스스로를 조절할 수 있다. 보이지 않는 손invisible hand은 개인이 자신의 이익을 추구하지만 결과적으로 사회 전체에 경제적 번영과 효율을 끌어낸다는 것이다. 경쟁과 최소한의 정부 개입이 중요하다.

산업혁명 초기에는 기술 발전과 공장 생산이 빠르게 증가했다. 시장은 수요에 따라 생산될 재화를 결정했고, 자유 시장과 경쟁은 전례 없는 경제 성장과 세계 무역 확장을 이끌었다. 물론 실제로는 보호무역, 식민주의, 제국주의 등도 동시에 작용했지만 말이다.

19세기 후반 등장한 신고전주의 경제학은 수학적 정밀성과 개인 행동에 대한 분석을 통합하며 한계주의 marginalism를 도입했다. 재화나 서비스를 한 단위 더 소비하거나 생산함으로써 얻는 한계 효용을 중심으로 설명한다. 예를 들어 피자 한 조각을 더 먹을 때의 만족은 줄어든다. 한계주의는 경제학자와 기업이 추가 단위를 소비하거나 생산할 때 발생하는 비용과 편익의 변화를 분석하도록 했다. 소비자는 상품과 서비스에서 효용을 극대화하고 생산자는 이윤을 극대화한다.

공급이 수요와 같을 때가 시장 균형 market equilibrium 이다. 주택 시장에서는 주택 구매자가 소유로부터 얻는 효용과 비용을 비교하여 수요를 형성하고, 판매자는 시장 조건에 따라 이윤을 극대화할 수 있도록 공급을 조절한다. 이 과정에서 생성된 균형 가격 equilibrium price은 금리, 인구, 소득 수준 등의 변화에 따라 달라지며 이는 한계 효용과 시장 균형에 대한 신고전주의 관점을 반영한다. 시장은 이러한 가격 조정 과정을 통해 자원이 가장 효율적으로 배분될 수 있도록 하는 메커니즘을 제공한다.

고전 경제학은 자유 시장의 자기 조절을, 신고전주의는 개인 의사결정과 균형을 강조했다. 고전 경제학은 노동, 자본, 토지의 가치 창출 과정에서 자원 사용에 초점을 맞췄다. 신고전주의 경제학은 수요와 공급 곡선을 통해 시장의 자원 배분 과정을 분석한다. 또한 희소성 전제를 유지하며 효용과 한계주의 개념을 더했다. 희소 자원 효용(또는 만족)을 극대화하기 위해 개인이 어떤 결정을 하는지가 중요하다. 시장 균형 가격이 자원 배분을 중재한다.

한정된 자원과 무한한 욕구 사이의 균형을 맞추는 것이 근본적 경제 문제로 여겨지던 시기에는 희소성 개념이 가장 중요했다. 그러나 기술 발전은 일부 산업에서 한계 비용을 최대한 낮추고 환경 영향을 최소화하며 생산성을 극대화할 방안을 제시하고 있다. 기술은 지속 가능한 사회를 구축하고 탄소 발자국을 줄이며 미래 세대를 지탱할 원동력이다. 기후 변화, 자원 고갈, 불평등 해결에 기여하며 부와 기회를 분배하는 도구로써, 희소성 기반 경제 모델에 도전한다.

개인의 이기심과 시장의 균형 가격 메커니즘을 중심으로 한 전통 경제 이론을 넘어서 기술이 부와 기회를 더 공정하게 분배하는 수단이 될 수 있다는 관점이 주목받는다. 한계 비용이 제로에 가까운 사회는 재화와 서비스를 풍부하게 공급하고 희소성을 전제로 한 기존 경제 모델에 도전을 던진다. 결과적으로 기존의 경제 이론과 모델이 모든 상황에서 적절히 작동하지 않을 수 있다는 의식도 확산된다.

추가 생산 비용이 지속적으로 낮아지면 가격과 자원 배분을 결정하는 전통적 수요·공급 역할도 도전을 받는다. 이에 따라 시장 기능이 축소되고 소비자 행동 역시 변화할 수 있다. 재생 에너지로의 전환이 본격화되고 에너지 생산의 한계 비용이 낮아지면 기존 에너지 시장 구조도 근본적인 변화를 겪게 될 것이다. 공짜에 가까운 재화와 서비스가 늘어나면 사회는 새로운 형태의 풍요를 어떻게 관리할지, 그리고 어떤 경제 원칙을 적용할지에 대한 과제를 안게 된다.

정부와 정책의 역할 역시 달라질 것이다. 공공의 이익을 보호하면서도 혁신을 촉진하는 유연한 규제 프레임워크가 요구된다. 인공지능과 같은 기술은 낮은 비용으로 빠르게 확산되며 경험하지 못한 풍요를 가져올 수 있다. 그러나 동시에 기술이 초래할 위험성과 윤리적 문제에 대한 면밀한 고려도 필요하다. 경제 성장과 기술 혁신, 지속 가능성, 사회적 형평성 간의 균형을 모색하는 정책적 접근이 필수적이다.

미래 기술에 대한 일론 머스크의 발언은 인상적이다. "공장이란 기계를 만드는 기계입니다The factory is the machine that builds the machine." 그는 재생 에너지 추구, 생산 한계 비용 감소가 인류의 풍요로움을 가져오는 핵심 요소라 본다. 기술이 발전하면 기계가 기계를 만들고 만들어진 기계가 제품을 생산하는 자율화 공정이 가능할 것이다. 이 변화에서 가장 중요한 역할을 할 사람은 머스크다. 테슬라는 전통 제조업체의 한계를 넘어 공정 자체를 혁신한다. 그 과정에 필요한 기계와 설비도 직접 제조한다.

2023년 마지막 콘퍼런스 콜에서 머스크는 "토요타처럼 품질 좋고 저렴한 제품을 만드는 회사와 경쟁하기 위해 상품성 높은 2

만 5,000달러 가격대 대중 전기차 양산을 곧 시작할 것*"이라고 말했다. 그리고 "공정 혁신을 위한 기계는 테슬라가 자체적으로 만들기 때문에 다른 기업들이 이 생산 프로세스를 쉽게 흉내 내지 못할 것"이라고 덧붙였다.[163] 주요 발언은 다음과 같다.

"2023년 테슬라 팀은 놀라운 일을 해냈습니다. 180만 대가 넘는 차량의 기록적 생산, 배송을 달성했습니다. 4분기에 연간 200만 대의 자동차 생산이 가능한 수준의 가동률을 보이고 있습니다. 경이로운 성과였습니다. 프리몬트 공장은 56만 대를 제조했습니다. 신기록입니다. 북미에서 생산량이 가장 많은 공장입니다. 사람들은 북미 최대의 생산량을 가진 공장이 샌프란시스코 베이 지역에 있다는 사실에 놀랍니다. 고정관념에 반하는 사실이죠. 이 공장은 지역 경제에 믿을 수 없을 정도로 긍정적인 영향을 미쳤습니다. 쇠퇴했던 지역이 아메리카 대륙에서 생산성이 가장 높은 공장 지대가 되었습니다. 우리가 이 시설을 손에 넣었을 때는 용도 폐기된 공업 지역에 불과했지만 이제는 세계에서 가장 생산적인 공장입니다. 이곳은 다양한 방식으로 지역사회를 풍요롭게 했습니다. 보석 같은 존재입니다. 여기서 일하는 사람들이 정말 자랑스럽습니다.

모델Y는 예측대로 전 세계에서 가장 많이 팔리는 차량이 되었

---

* 로보택시(사이버캡) 외 소비자 판매를 위한 저가형 자동차 생산 계획은 2026년 현재 연기되었고, 옵티머스를 중심으로 한 로보틱스 양산은 2026년, 테슬라의 전략 중심에 있다.

고 120만 대 이상 인도되며 전기차를 포함해 모든 범주를 통틀어 베스트셀링 모델이 되었습니다. 에너지 저장 사업은 2023년 15기가와트시GWh의 배터리를 공급했는데 이는 전년도 6.5기가와트시와 비교됩니다. 전년 대비 세 자릿수의 엄청난 성장입니다.

스토리지 분야는 강력한 성장을 지속할 것으로 생각합니다. 저는 오랫동안 스토리지가 자동차 사업보다 훨씬 빠르게 성장할 것이라고 말했고, 그렇게 되고 있습니다. 미래 프로젝트에 대한 기록적 지출에도 불구하고, 잉여 현금흐름은 2023년 44억 달러로 여전히 견조합니다. 우리는 인상적인 투자와 비용 지출, R&D를 기록했습니다.

2024년에 기대할 것이 많습니다. 테슬라는 현재 두 가지 주요 성장 물결 사이에 있습니다. 차세대 차량, 에너지 저장 장치, 완전 자율주행 외 프로젝트로 차세대 성장 물결을 최대한 현실화하는 데 중점을 둡니다.

완전 자율주행은 이전 버전에 비해 아키텍처를 새롭게 재구성한 FSD 버전 12를 출시했습니다. 엔드 투 엔드 방식으로 출발점부터 인공지능입니다. (인공지능이 보낸) 전기 신호가 들어오면 차는 스스로를 통제합니다. 기존 규칙 기반rule-based 소프트웨어와 비교하면 큰 차이가 있습니다. FSD는 현재 테슬라 직원과 일부 고객에게 적용되지만 앞으로 몇 주 안에 원하는 미국 내 모든 고객에게 제공할 것입니다.

사물 인식 외에 경로 계획, 차량 제어에도 AI가 사용되는 건 이

번이 처음입니다. 33만 줄의 C++ 코드를 인공 신경망으로 대체했습니다. 정말 놀랍죠. 저는 테슬라가 AI 추론 분야에서 세계에서 가장 효율적이고 앞선 회사라고 생각합니다. 미래의 많은 분야에서 중요한 지표가 될 것입니다.

새로운 모델3가 전 세계적으로 출시됩니다. 이전과 비슷해 보이지만 모든 면에서 좋게 만들기 위해 노력을 기울였습니다. 훨씬 조용하고, 세련되고, 좋은 장비를 갖추었으며, 길어진 주행 거리 외에 많은 개선 사항이 있기 때문에 시승해 보기를 권합니다.

차세대 저가형 차량 개발의 큰 진전을 이루었습니다. 오늘은 제품이 아닌 실적 발표이므로 신제품 질의가 많지 않지만 신형 모델에 큰 기대를 하고 있습니다. 이는 차량 자체 설계 외에 제조 시스템 디자인에도 매우 중요합니다. 이는 혁신적 제조 시스템으로, 세계의 다른 어떤 자동차 제조 시스템보다 훨씬 발전된 것입니다. 몇 년 전 저는 미래 테슬라의 가장 중요한 경쟁적 특징은 제조 기술이 될 것이라 말했습니다.

여러분은 이것이 차세대 차량에 적용되는 것을 실제로 보게 될 것입니다. 적용되는 첫 제조 시설은 텍사스 오스틴 기가팩토리 및 본사가 될 것입니다. 멕시코에 건설될 공장이 두 번째, 아마도 올해 말이나 내년 초 북미 외 세 번째 제조 시설 입지를 정할 것입니다.*

확실하지 않지만 제가 볼 수 있는 길은 다음과 같습니다. 테슬

---

* 2025년 기준 멕시코 공장 건립은 트럼프 행정부의 관세 이슈 등으로 중단되었다.

라는 언젠가 세계에서 가장 가치 있는 회사가 될 수 있습니다. 쉬운 길이 아니라 어려운 길이라는 것을 강조하고 싶습니다. 과거에는 불가능하다고 생각했을지 모르지만 이제는 가능한 결과의 집합 위에 존재합니다.

저는 시간에 관해 때때로 낙관적입니다. 하지만 현재 일정에 따르면 2025년 하반기쯤 차세대 저가형 자동차 생산을 시작할 것입니다. 수많은 혁신적 제조 기술이 반영됩니다. 이 새로운 혁신 제조 라인을 기가 텍사스에 설치하는 이유는 엔지니어들이 라인에서 생활하도록 하기 위한 것입니다.

이런 혁신은 선반에서 꺼내 쓸 수 있는 기성품이 아닙니다. 도전적인 생산량 때문에 우리는 생산 라인에서 잠을 자게 될 겁니다. 하지만 이것이 실현되면 전 세계의 그 어떤 제조 기술보다 월등한 차세대 단계가 될 것으로 확신합니다. 제조의 S곡선*이 어떤 모습일지 예측하기는 어렵습니다. 느리게 시작해서 기하급수적으로 성장합니다. 중간 곡선 예상은 어렵습니다. 향후 생산 단위가 어떻게 될지 말하기 어렵지만 내년에 생산을 시작할 가능성이 큽니다.

과거 모델3 생산 경험은 지옥이었습니다. 인생 최악의 몇 년이었고, 그 3년의 트라우마가 아직 남아 있습니다. 모델Y는 모델3의 변

---

* 제조의 S곡선: S자 형태로 나타나는 성장 패턴. 제조 산출량 등이 새로운 제조 공정 도입 시점에서는 천천히 오르지만 학습 속도가 증가하면 기하급수적으로 성장하고 이후 완만한 속도로 안정된다.

형이었고 생산 관점에서 훨씬 쉬웠습니다. 기존 제조 공정을 기본으로 개선된 버전을 만들 수 있었습니다. 상하이와 베를린 공장 모델Y 생산 라인이 개선 버전입니다. 이것은 생산 능력을 향상시키는 합리적 방법입니다. 즉, 제조 라인의 핵심 기술을 파악한 후 다른 곳에 복제하는 것입니다. 이렇게 전 세계적 개선이 이루어졌습니다.

인내심을 가지고 기다려 준 사이버트럭 예약 고객에도 감사의 말씀을 전합니다. 사전 예약에서 실제 주문으로의 전환율은 고무적입니다. 이 추세라면 2024년 생산량이 곧 매진될 것입니다. 출시 이후 신규 주문이 계속 늘어나고 있습니다. 고객 대기 시간을 줄이도록 생산량 증가에 집중하고 있습니다. 수요가 제한된 상황이 아니라 생산이 제한된 상황이라는 점을 강조합니다. 실제로 수요가 통제 불가능한 정도로 높습니다. 궁극적으로는 북미에서 연간 25만 대 사이버트럭을 판매할 것으로 예상합니다.

세계에서 가장 잘 팔리는 자동차들의 평균 가격은 모델Y보다 저렴합니다. 토요타 Rav4나 코롤라, 혼다 시빅은 테슬라보다 가격이 저렴합니다. 고객들은 테슬라를 구입하기 위해 경제적 능력 이상으로 무리를 하고 있습니다. 경쟁 대중 모델에 비해 가격이 훨씬 높은데도 단위 판매량 기준 베스트셀링 모델이라는 건 주목할 만합니다. 우리에게는 차세대 저가형 자동차 생산에 필요한 기계를 만드는 특수 설비가 많이 있습니다. 이건 경쟁사들이 거래처에서 주문할 수 있는 형태의 것이 아닙니다.

기존에 없던 방식으로 자동차를 만들기 위해서는 존재하지 않는 기계를 설계해야 합니다. 경쟁사가 기계를 만드는 기계The machine that makes the machine를 카피하기는 매우 어려울 겁니다. 다른 메이커들은 차세대 자동차 제조를 위한 기계를 주문할 수 없습니다. 때문에 이것이 매우 강력하고 지속 가능한 이점이라고 생각합니다. 주요 부품에서 비용을 1페니만 줄여도 10억 달러가 됩니다. 오래전 일이 아닙니다. 테슬라가 일주일에 고작 10대의 차를 만들던 때가 있었습니다. 최종적으로 테슬라가 높은 경쟁 우위를 가진 제조 혁신을 실현한다면 세계에서 가장 가치 있는 회사가 될 거라 생각합니다."

머스크는 제조 혁신으로 사람들이 풍요의 혜택을 누리기를 원한다. 테슬라는 전기차가 부유층의 전유물이던 시절에 고가 전기차에만 집중해 높은 이익을 취하기를 선택할 수 있었다. 하지만 머스크는 전기자동차 혁명을 일으켜 내연기관을 대체하기로 결정했다. 대량 생산과 원가 절감으로 모두가 전기차를 구매할 수 있는 미래다. 헨리 포드의 모빌리티 혁명에서 영감을 받아 저렴한 전기차 확산으로 재생 에너지 수요를 늘리고, 사회의 한계 비용을 더욱 낮추는 것이다.

테슬라 모델3의 생산 지옥 당시 생산 비용 8만 4,000달러는 2022년 원자재 폭등, 인건비 인상 등의 요인에도 불구하고 3만 6,000달러로 낮아졌다.[164] 머스크는 인류가 한 명당 한 대 이상의 비율로 인간형 휴머노이드 로봇을 가지게 될 것으로 전망한다. 로봇에 의한 노동 대체는 전통적 경제 이론과 사고방식에 적잖은 영향을 미칠 것이다. 테슬라가 양산할 휴머노이드 옵티머스는 자동차보다 높은 단위 질량당 복잡도에도 불구하고 자동차 생산 원가의 절반 이하, 혹은 2만 달러 이하로 출시될 것으로 알려진다.[165]

경제와 기술에 대한 이해를 강조하는 머스크의 발언은 창조적 파괴로 뒷받침된다. 기술 혁신은 희소성 기반 전통 경제 이론을 약화시키고 한계 비용 제로 사회에 가까운 미래를 앞당길지도 모른다.

2025년, 머스크는 미래학자 피터 디아만디스 Peter Diamandis 와의 토론에서 "테슬라의 궁극적인 마스터플랜은 모두를 위한 지속 가능한 풍요로움 sustainable abundance 을 창출하는 것"이라고 밝혔다. AI와 로봇공학이 상품과 서비스 비용을 제로에 가깝게 낮출 수 있을 것이며 이것이 풍요로 이어진다는 것이다. "기본적으로 모든 상품과 서비스가 모든 사람에게 충분히 제공될 것이다. 기본적으로 원하는 것이 있다면 그냥 가질 수 있을 것이다."

이에 대해 기술 유토피아주의자의 위험한 망상에 불과하다는 반론도 있다. 기술 혁신은 희소 자원의 분배에 기여하나 경제학의 기본 가정인 희소성 자체를 제거할 수는 없다는 점, 인간 욕망의 크기나 주관적 가치의 차이를 무시할 수 없다는 점, 지속적 화폐 팽창과 국가 권력 개입으로 인해 한계 비용이 제로에 가까워질 수 없다는 점을 이유로 든다.

하지만 기술에는 기회를 확대하고, 생산성을 높이고, 사회적 문제를 해결할 잠재력이 분명히 있다. 머스크는 자율주행 비전에 관한 테슬라의 활동을 설명하며, "우리는 '자동차'에 '자동'을 더하고 있다 We're putting the actual 'auto' in 'automobile' "고 했다. 자동차가 아직 충분히 자동화되지 못했듯, 기술 발전이 개입해 해결해야 할 인류의 문제는 수없이 남아 있다.

함께 그리는 문명의 미래

X, 미지 未知 에서 전부 全部 로

2017년, 팰컨9의 재활용 부스터가 상업 발사를 성공적으로 마치고 그림 같은 궤적을 그리며 내려앉았다. 역사적인 순간이었다. 나는 그 영상을 수십 번 돌려 보며 일론 머스크와 그의 기업들이 그리는 비전에 완전히 매료되었다. 지금도 영상을 볼 때마다 벅찬 감정이 앞선다.

2023년부터 자료를 모으고 글을 쓰기 시작했다. 그러나 시간이 지날수록 글을 쓰기는 더 어려워졌다. 그들은 도저히 펜으로 따라잡을 수 없는 속도로 가속하고 있었다. 잠시 눈을 돌리는 동안에도 머스크의 X 제국은 스스로의 기술과 제품, 서비스를 파괴하고 완전히 새로운 방향으로 나아갔다.

2026년, 우리는 역사의 변곡점에 서 있다. 일론 머스크가 만들어낸 궤적은 기존 산업 질서가 따라잡을 수 없는 영역에 진입했다. 한때 흩어져 있던 그의 비전은 이제 X라는 하나의 문자로 수렴하며 워프 속도로 돌진한다. 중력, 회의론, 그 모든 것을 초월하면서.

원고가 마무리되는 2026년 1월, 테슬라와 스페이스X의 합병이 논의되고 있다. 단순한 기업 통합이 아니다. 인류 문명의 미래를 하나의 방정식으로 재편하려는 시도다. 누군가는 이를 현대판 버크셔 해서웨이에 비유한다. 워런 버핏의 버크셔가 보험, 철도, 에너지, 소비재 등 다양한 산업을 하나의 지붕 아래 운영하며 안정적 성장을 추구했다면, 머스크의 통합 제국은 미래 기술로 무장한 벤처들을 하나의 우산 아래 결집시킨다.

통합이 현실이 된다면, 가칭 'X Corporation'이라는 지주회사가 첨단 미래 산업 전체를 주도하게 될 것이다. 테슬라는 전기차, 자율주행, 로보틱스, 재생 에너지, 미래 반도체를, 스페이스X는 스타십, 우주 탐사, 스타링크 통신망, 우주 데이터 센터를 맡을 것이다. 여기에 두뇌 역할을 하는 xAI가 더해지면 AI-우주-에너지-모빌리티를 아우르는 수직 통합 생태계가 완성된다.

통합의 시너지가 발현될 것이다. 테슬라의 AI 칩과 태양광 기술이 스페이스X 위성에 탑재되고, 옵티머스 로봇이 달과 화성 기지 건설에 투입된다. 그록 AI가 스타십과 로봇을 구동하고, 스타링크가 지구와 화성의 데이터를 연결한다. 자본 조달은 용이해지고, 자원 낭비는 줄어들며, 운영은 최적화된다. 수익성 높은 부문이 장기 투자가 필요한 분야에 자금을 공급하는 선순환이 만들어진다.

통합된 X 제국은 그 비전에 공감하는 장기 투자자들을 끌어들일 것이다. 투자자들은 하나의 주식으로 머스크 제국 전체를 소유하게 된다. 기업이라 부르기엔 부족하다. 이것은 '문명 인프라'다. 화성 테라포밍 같은 SF적 도전도 현실의 지원을 받을 수 있게 될 것이다. 규제와 지배구조라는 장애물이 남아 있지만, 이 통합이 현실이 되는 순간 미지의 영역X을 향한 잠금은 해제되고 모든 가능성X을 여는 열쇠가 탄생한다. 머스크의 방정식은 이미 풀리기 시작했다. 그리고 우리 모두는 그 해解의 일부가 될 것이다.

추월 불가능한 궤적의 끝에 서서

2018년 팰컨 헤비를 타고 우주로 간 로드스터와 스타맨은 아직 태양 주위를 돈다. 수백만 년 동안 지속할지 모른다. 불가능에 대한 조롱이다. 로켓은 재사용할 수 없다고, 전기차는 섹시할 수 없다고, 민간 기업은 우주에 갈 수 없다고 했다. 그래서 머스크는 우주로 쏘아 올렸다. 왜냐하면 할 수 있었으니까.

'질문'을 '행동'으로 바꿀 뿐이다. 손끝에서 불가능은 프로토타입이 되고, 양산이 되고, 문명의 인프라가 된다. 네 개의 벡터는 결국 하나였다. 비전은 실행의 지도였고, 비즈니스는 비전의 엔진이었으며, 리더십은 방향을 정렬하는 힘, 기술과 혁신은 미래 실현의 실험실이자 나침반이었다. 그리고 모든 것이 인류의 생존, 번영을 가리킨다.

수소에서 의식으로, 의식에서 별까지

"우리는 기본적으로 진화한 수소입니다 We are Hydrogen, evolved." 138억 년 전, 빅뱅에서 수소가 탄생했다. 별이 탄소로 만들었고, 초신성이 철로 만들었고, 행성이 생명으로 만들었고, 진화가 의식으로 만들었다.

호모 사피엔스는 30만 년을 지구에서 살았다. 화석 연료를 태웠고, 전쟁을 반복했고, 재앙에 취약했다. 그래서 머스크는 '분산'을 설계한다. 지구와 화성. 생물학과 AI. 인간과 로봇. 화석 연료와 태양광. 단일점 실패 single point of failure 를 제거하는 시스템. 다차원 문명, 다행성 문명이다.

더글러스 애덤스는 지구를 이렇게 정의했다. "대체로 무해함 mostly harmless." 우주적 관점에서 인류는 하찮은 존재다. 우리가 사라져도 우주는 계속된다. 별은 타오르고, 은하는 회전하고, 시공간은 팽창한다. 칼 세이건의 말처럼 "우리는 우주가 스스로를 인식하는 방법이다 We are a way for the cosmos to know itself."

지구는 아름답지만 취약하다. 소행성, 팬데믹, 핵전쟁으로 의식의 빛이 사라질 수 있다. 화성은 플랜 B다. 달은 전초기지다. 우리는 은하수를 여행하는 히치하이커다. 엄지손가락을 치켜들 필요는 없다. 우리는 우리의 우주선을 가질 것이다.

추격당하지 않으려면 경쟁을 무효화하면 된다. 전기차 대 내연기관이 아닌 지속 가능한 에너지 문명. 우주 관광이 아닌 다행성 종족. 자율주행이 아닌 이동성의 재정의. 로봇이 아닌 풍요의 경제학. 싸우지 않고 시장을 '만든다.' "실행 없는 비전은 환각이다 Vision without execution is just hallucination." 이 책의 진짜 주제는 머스크가 아니다, 구조다. 불가능해 보이는 비전은 어떻게 현실이 되는가? 한 사람의 생각이 어떻게 협업으로 전환되는가? 기술이 어떻게 문명의 토대를 바꾸는가? 어떻게 이를 삶에 적용하는가? 머스크의 모든 것은 불가능에서 시작되었다. 우리도 자신에게 물어야 한다. 마스터플랜은 무엇인가? 재정의되어야 할 전제는 무엇인가? 팀은 같은 방향을 보고 있는가, 아니면 벡터가 상쇄되는가? 경쟁하고 있는가, 아니면 게임을 바꾸고 있는가?

벡터 정렬과 가속

모든 사람은 벡터다. 이는 조직론을 넘어선 문명론이다. 올바른 사람을 버스에 태우고, 모두 같은 방향을 보게 만들어라. 방향을 명확하고, 측정 가능하며, 의미 있도록 만들어라. 테슬라 직원은 "지속 가능한 에너지로의 전환 가속화"라는 미션을, 스페이스X의 엔지니어는 "인류를 다행성 종족으로" 만들겠다는 목표를 공유한다. 이는 의사결정 프레임워크다. 모든 제품, 프로젝트, 채용은 이 선 위에 정렬된다. 벡터 정렬, 그리고 가속. 머스크 경영의 핵심이다. 그는 "답이 무엇인가?"를 묻지 않고 "어디로 가는가?"를 묻는다.

여전히 문제는 남는다. 유발 하라리의 경고처럼 기술은 중립이 아니다. "21세기의 가장 중요한 질문은 기술적 질문이 아니라 정치적 질문이다. 우리는 이 기술을 어떻게 사용할 것인가?" AI는 누구의 의사결정을 증폭할 것인가? 로봇은 누구의 노동을 대체하고 부를 누구에게 분배할 것인가? 뉴럴링크의 의식 연결은 해방인가 통제인가? xAI의 진실은 누구에 의해 정의되는가?

미래를 어떻게 사용할지는 우리가 '함께' 결정한다. 벡터의 집합체로서, 가속의 결정권을 가진다. 기술은 도구이며, 도구는 방향을 정하지 않는다. 다음 10년은 인류 역사에서 가장 중요한 시기가 될 것이다. 머스크는 이렇게 조언한다.

"세상에 대한 이해를 높이고, 우주를 더 깊이 이해하려 노력하는 건 해 볼 만한 일이라고 생각해요. 헛수고면 어떡하냐고 걱정하지 말고요. 그저 시도하고 즐기세요. 왜냐하면 사실 인생은 꽤 괜찮거든요. 정말로요 The thing that's worth doing is trying to improve our understanding of the world and gain a better appreciation of the universe and not to worry too much about there being no meaning. And, you know, try and enjoy yourself. Because, actually, life's pretty good. It really is."

책은 끝나지만 여정은 시작되지 않았다. 관객으로 남을 것인가, 참여자가 될 것인가? 머스크는 불가능을 믿지 않는 것이 아니라 구조를 분해할 줄 안다. 포기하지 않고 '불가능을 즐긴다.' 정렬과 가속의 힘이 가능성을 키운다. 첫째, 마스터플랜을 작성하고 비전을 단계별로 분해하라. 순서를 세워라. 둘째, 제일원리로 분해하고, 관행을 의심하라. 근본 구성 요소에서 사물을 재구성하라. 셋째, 수직 통합을 고려하라. 핵심 역량에 집중하라. 넷째, 벡터를 정렬하고 상충 목표는 제거하라. 다섯째, 실행, 학습, 반복하라. 프로토타입을 만들고 실패를 데이터로 전환하라. 여섯째, 게임을 바꿔라. 경쟁하지 말고 범주를 재정의하라.

미래에 대한 도전, 불가능해 보이는 것들에 대한 도전이 계속될 때 벡터는 더해진다. 세대는 이어지고 꿈은 커진다. 실행이 전염된다. 우리는 무엇을 추월 불가능하게 만들 것인가? Don't Panic. 속도는 수단이다. 방향은 목적이다. 약간의 유머 감각은 선택이다. 이제, 가속을 준비하라.

1. DeBord, M. (2018). Tesla just crushed its most recent crisis - here's a look back at the ones it's overcome in the past. Business Insider. https://www.businessinsider.com/teslas-history-of-crisis-2018-8

2. Third Row Tesla. (2020). Third Row Tesla Podcast - Episode 7 - Elon Musk's Story - Director's Cut. https://www.youtube.com/watch?v=J9oEc0wCQDE

3. Morris, D. Z. (2016). Today's Cars Are Parked 95% of the Time. Fortune. https://nz.news.yahoo.com/finance/news/today-cars-parked-95-time-210616765.html

4. Maccoby, M. (2004). Narcissistic Leaders: The Incredible Pros, the Inevitable Cons. Harvard Business Review. https://hbr.org/2004/01/narcissistic-leaders-the-incredible-pros-the-inevitable-cons

5. Sarasvathy, S. D. (2009). Effectuation: Elements of entrepreneurial expertise. Edward Elgar Publishing.

6. Time. (2015). Elon Musk Could Be the Next Henry Ford. Time. https://time.com/4005107/elon-musk-tesla-henry-ford/

7. The Henry Ford. (2021). Henry Ford: Case Study of an Innovator. https://www.thehenryford.org/collections/explore/articles/henry-ford-case-study-of-an-innovator

8. Ford, H., & Crowther, S. (1926). Today and tomorrow. Doubleday Page.

9. KAMA. (2016). 고급 자동차는 왜 검은색일까. https://www.kama.or.kr/jsp/webzine/201608/pages/story_02.jsp

10.	Hadi, M. (2018). Here's why it says 'DON'T PANIC!' on the dashboard of the car Elon Musk just shot toward Mars. Business Insider. https://www.businessinsider.com/falcon-heavy-launch-falcon-heavy-roadster-says-dont-panic-on-the-dashboard-2018-2

11.	Musk, E. R. (2018). Foundation Series & Zeroth Law are fundamental to creation of SpaceX. Twitter. https://twitter.com/elonmusk/status/1007668113591005184

12.	Blumberg, Y. (2018). Billionaire Elon Musk once kept his food spending to $1 a day. CNBC. https://www.cnbc.com/2018/05/21/elon-musk-once-lived-spending-1-a-day-on-food.html

13.	Deccan Chronicle. (2018). Stephen Hawking's final warning: Leave Earth in next 200 years or face extinction. Deccan Chronicle. https://www.deccanchronicle.com/lifestyle/viral-and-trending/150318/stephen-hawkings-final-warning-leave-earth-in-next-200-years-or-face.html

14.	NASA. (2022). NASA's DART Mission Hits Asteroid in First-Ever Planetary Defense Test. NASA. https://www.nasa.gov/news-release/nasas-dart-mission-hits-asteroid-in-first-ever-planetary-defense-test/

15.	Cheema, S., Akram, A., & Javed, F. (2015). Employee engagement and visionary leadership: Impact on customer and employee satisfaction. Journal of Business Studies Quarterly, 7(2), 139-148.

16.	Mahon, E. G., Taylor, S. N., & Boyatzis, R. E. (2014). Antecedents of organizational engagement: exploring vision, mood and perceived organizational support with emotional intelligence as a moderator. Frontiers in Psychology, 5. https://doi.org/10.3389/fpsyg.2014.01322

17.	Morgan, R. E., & Strong, C. A. (2003). Business performance and dimensions of strategic orientation. Journal of Business Research, 56(3), 163-176. https://doi.org/10.1016/S0148-2963(01)00218-1

18. Kim, S. (2024). Strategic orientation, innovation, and the effects of entrepreneurial support mechanism in SMEs in South Korea: an application of subject-mechanism-performance congruence model. Asia Pacific Business Review, 1-27. https://doi.org/10.1080/13602381.2022.213 4966

19. Usman, A. S., & Danjifari, S. (2022). Implementation of Balanced Score Card: A Case Study of Philips Electronics. TSU-International Journal of Accounting and Finance, 1(3), 298-312.

20. Isaacson, W. (2023). Elon Musk. Simon & Schuster.

21. Hess, A. J. (2018). How to land a job at Tesla. CNBC. https://www.cnbc.com/2018/04/16/how-to-land-a-job-at-tesla.html

22. Klender, J. (2022). Tesla said it received 3 million job applications in 2021. Teslarati. https://www.teslarati.com/tesla-3-million-job-applications-in-2021/

23. Latestly. (2024). Elon Musk's Tesla Received 5.9 Million Job Application in 2023, 64% Higher Than 2022: Tesla Impact Report 2023. Latestly. https://www.latestly.com/socially/auto/elon-musks-tesla-received-5-9-million-job-application-in-2023-64-higher-than-2022-tesla-impact-report-2023-5987123.html

24. Alvarez, S. (2020). Tesla tops list of 2020's Most Attractive Employers for US engineering students. Teslarati. https://www.teslarati.com/tesla-most-attractive-employer-2020/

25. Chafkin, M. (2007). Entrepreneur of the Year, 2007: Elon Musk. Inc,. https://www.inc.com/magazine/20071201/entrepreneur-of-the-year-elon-musk.html

26. Roche, C. (2023). Who are the biggest investors in SpaceX? How much is the company worth today? https://en.as.com/latest_news/who-are-the-

biggest-investors-in-spacex-how-much-is-the-company-worth-today-n/

27. Mac, R. M., Cade, & Conger, K. (2022). 'I Don't Really Have a Business Plan': How Elon Musk Wings It. New York Times. https://www.nytimes.com/2022/05/03/technology/elon-musk-twitter-plan.html

28. 강일용. (2017). [IT CEO 열전] 항공물류의 아버지, 페덱스의 창업자 프레드릭 스미스. IT 동아. https://it.donga.com/27099/

29. Hull, D., & Carlson, K. (2024). Tesla omits goal to make 20 million cars by 2030 from new report. Bloomberg. https://www.bloomberg.com/news/articles/2024-05-23/tesla-omits-goal-to-make-20-million-cars-by-2030-from-new-report

30. Park, C. (2025). 알트먼 "200달러 프로 요금제 사용자 너무 많아...회사가 오히려 손해." AI Times. https://www.aitimes.com/news/articleView.html?idxno=166899

31. Founder Institute. (2018). What Makes a Successful Entrepreneur? Genetics, Circumstance, and Perseverance. https://fi.co/insight/what-makes-a-successful-entrepreneur-genetics-circumstance-and-perseverance

32. Plomin, R., & Deary, I. J. (2015). Genetics and intelligence differences: Five special findings. Molecular Psychiatry, 20(1), 98-108. https://doi.org/10.1038/mp.2014.105

33. Haworth, C. M. A., Wright, M. J., Martin, N. W., Martin, N. G., Boomsma, D. I., Bartels, M., & Plomin, R. (2010). The heritability of general cognitive ability increases linearly from childhood to young adulthood. Molecular Psychiatry, 15(11), 1112-1120. https://doi.org/10.1038/mp.2009.55

34. Wikipedia. (2024). Big Five personality traits. https://en.wikipedia.org/wiki/Big_Five_personality_traits

35. Meta. (2021). Introducing Meta: A Social Technology Company. https://about.fb.com/news/2021/10/facebook-company-is-now-meta/

36. Gerken, T. (2023). Meta lay-offs: Facebook owner to cut 10,000 staff. BBC. https://www.bbc.com/news/technology-64954124

37. Reuters. (2024). Tesla drops reference to its goal of delivering 20 million vehicles annually in impact report. https://economictimes.indiatimes.com/industry/renewables/tesla-drops-reference-to-its-goal-of-delivering-20-million-vehicles-annually-in-impact-report/articleshow/110371648.cms?from=mdr

38. OICA. (2023). Sales Statistics. OICA. https://oica.net/sales-statistics/

39. NADA. (2024). Vehicle financing. NADA. https://www.nada.org/nada/issues/vehicle-financing

40. Brumley, J. (2023). Tesla's Production Costs Continue to Fall: Time to Buy the Stock? The Motley Fool. https://www.fool.com/investing/2023/04/27/teslas-production-costs-continue-to-fall-time-to-b/

41. Alvarez, S. (2023). The base Tesla Model 3 now costs less than the average new car in the US. Teslarati. https://www.teslarati.com/tesla-model-3-costs-less-average-car-us/

42. Ark Invest. (2024). What is Wright's Law? Ark Invest. https://ark-invest.com/wrights-law/

43. Wright, T. P. (1936). Factors Affecting the Cost of Airplanes. Journal of the aeronautical sciences, 3(4), 122-128. https://doi.org/10.2514/8.155

44. Nagy, B., Farmer, J. D., Bui, Q. M., & Trancik, J. E. (2012). Statistical Basis for Predicting Technological Progress. S. F. Institute. https://www.santafe.edu/research/results/working-papers/statistical-basis-for-predicting-technological-pro

45. Winton, B. (2019). Moore's Law Isn't Dead: It's Wrong - Long Live Wright's Law. Ark Invest. https://ark-invest.com/articles/analyst-research/wrights-law-2/

46. United Grand Lodge of England. (2022). Conspiracy theorists when @ elonmusk mentions us... . X. https://twitter.com/UGLE_GrandLodge/status/1521610645623431174

47. Kumar, V. (2014). Making" freemium" work. Harvard Business Review, 92(5), 27-29. https://hbr.org/2014/05/making-freemium-work

48. Hsu, D. H. (2007). Experienced entrepreneurial founders, organizational capital, and venture capital funding. Research Policy, 36(5), 722-741. https://doi.org/https://doi.org/10.1016/j.respol.2007.02.022

49. Spence, M. (1973). Job Market Signaling. The Quarterly Journal of Economics, 87(3), 355–374. https://doi.org/10.2307/1882010

50. Chang, S., & Stansbie, P. (2018). Commitment theory: do behaviors enhance the perceived attractiveness of tourism destinations? Tourism Review, 73(4), 448-464. https://doi.org/10.1108/TR-03-2017-0058

51. Lambert, F. (2019). Elon Musk explains why auto industry hasn't caught up with Tesla, says competition has 'no soul'. https://electrek.co/2019/07/17/elon-musk-tesla-competition-soul/

52. Vance, A. (2015). Elon Musk: Tesla, SpaceX, and the Quest for a Fantastic Future. Harper Collins.

53. Barney, J. (1991). Firm resources and sustained competitive advantage. Journal of Management, 17(1), 99-120.

54. Teece, D. J., Pisano, G., & Shuen, A. (1997). Dynamic capabilities and strategic management. Strategic Management Journal, 18(7), 509-533.

55. 장재웅. (2015). 계속 실패하고 끝없이 혁신하라... 더 자부심을 가져라. 동아 일보. https://www.donga.com/news/article/all/20151204/75180188/1

56. Koellinger, P., & Thurik, R. (2012). Entrepreneurship and the Business Cycle. The Review of Economics and Statistics, 94(4), 1143-1156. https://doi.org/10.1162/REST_a_00224

57. Ejermo, O., & Xiao, J. (2014). Entrepreneurship and survival over the business cycle: How do new technology-based firms differ? Small Business Economics, 43, 411-426. https://doi.org/10.1007/s11187-014-9543-y

58. Kalish, S., & Lilien, G. L. (1986). A market entry timing model for new technologies. Management Science,, 32(2), 194-205. https://doi.org/10.1287/mnsc.32.2.194

59. Lieberman, M. B., & Montgomery, D. B. (1988). First-mover advantages. Strategic Management Journal, 9(S1), 41-58. https://doi.org/10.1002/smj.4250090706

60. Gruber, M., MacMillan, I. C., & Thompson, J. D. (2013). Escaping the Prior Knowledge Corridor: What Shapes the Number and Variety of Market Opportunities Identified Before Market Entry of Technology Start-ups? Organization Science, 24(1), 280-300. https://doi.org/10.1287/orsc.1110.0721

61. Sutton, R. I. (2007). The no asshole rule: Building a civilized workplace and surviving one that isn't. Business Plus.

62. HBR. (2004). Breakthrough Ideas for 2004. Harvard Business Review. https://hbr.org/2004/02/breakthrough-ideas-for-2004

63. Zhan, J. (2021). 21 Notorious Scott Rudin Stories. Vulture. https://www.vulture.com/2021/04/21-notorious-scott-rudin-stories.html

64. Sutton, R. I. (2007). The no asshole rule: Building a civilized workplace and surviving one that isn't. Business Plus.

65. Cialdini, R. (2013). 설득의 심리학. 21세기북스.

66. Kelling, G., & Coles, C. (1997). Fixing Broken Windows: Restoring Order and Reducing Crime in Our Communities. Simon and Schuster.

67. Porath, C. (2024). Benefits to the company and employees. Christineporath.com. http://www.christineporath.com/

68. Porath, C. L., & Erez, A. (2007). Does rudeness really matter? The effects of rudeness on task performance and helpfulness. Academy of Management Journal, 50(5), 1181-1197. https://doi.org/10.2307/20159919

69. Andersson, L. M., & Pearson, C. M. (1999). Tit for tat? The spiraling effect of incivility in the workplace. Academy of Management Review, 24(3), 452-471. https://doi.org/10.2307/259136

70. Netflix. (2009). Netflix Culture — The Best Work of Our Lives. Netflix. https://jobs.netflix.com/culture

71. McCord, P. (2014). How Netflix Reinvented HR. Havard Business Review. https://hbr.org/2014/01/how-netflix-reinvented-hr

72. Duffy, K. (2021). SpaceX president Gwynne Shotwell explains the company's 'no a--hole' policy, which she says prevents a hostile work environment and allows big ideas to flourish. Business Insider. https://www.businessinsider.com/spacex-president-gywnne-shotwell-no-asshole-policy-2021-6

73. Harper, J. (2021). Bitcoin keeps hitting new highs after Tesla backing. BBC. https://www.bbc.com/news/business-56150425

74.   Burns, J. M. (2003). Transforming Leadership: A New Pursuit of Happiness. Grove Press.

75.   Bass, B. M., & Avolio, B. J. (1990). The implications of transactional and transformational leadership for individual, team, and organizational development. Research in organizational change and development, 4(1), 231-272.

76.   Theoxa. (2020). Too many MBAs ruining companies,' Elon Musk explains. YouTube. https://www.youtube.com/watch?v=Y6P8qdanszw&t=1s

77.   Akshay. (2021). Elon Musk roasting MBA degree on why MBA is worthless and waste of money!! YouTube. https://www.youtube.com/watch?v=LH6Lum_W-Mk

78.   Isaacson, W. (2023). Elon Musk. Simon & Schuster.

79.   Entrepreneurship.org. (2013). Elon Musk-Career Development: To MBA or Not? YouTube. https://www.youtube.com/watch?v=W1qM8A_0EBE

80.   Loeven, L. M. (2016). Critics of MBAs are wrong: focus on figures is good business. Financial Times. https://www.ft.com/content/09933f83-beae-37f1-b89b-0cb70f3a06a4

81.   Mintzberg, H. (2017). MBAs as CEOs: Some troubling evidence. Henry Mintzberg Blog. https://mintzberg.org/blog/mbas-as-ceos

82.   Mintzberg, H. (2004). Managers, Not MBAs: A Hard Look at the Soft Practice of Managing and Management Development. Berrett-Koehler Publishers.

83.   Feldman, D. C. (2005). The Food's No Good and They Don't Give Us Enough: Reflections on Mintzberg's Critique of MBA Education. Academy of Management Learning & Education, 4(2), 217-220. https://doi.org/10.5465/amle.2005.17268569

84. Miller, D., & Xu, X. (2016). A fleeting glory: Self-serving behavior among celebrated MBA CEOs. Journal of Management Inquiry, 25(3), 286-300. https://doi.org/10.1177/1056492615607975

85. Miller, D., & Xu, X. (2019). MBA CEOs, short-term management and performance. Journal of Business Ethics, 154, 285-300. https://doi.org/10.1007/s10551-017-3450-5

86. Bhagat, S., Bolton, B. J., & Subramanian, A. (2010). CEO Education, CEO Turnover, and Firm Performance. https://papers.ssrn.com/sol3/papers.cfm?abstract_id=1670219

87. Jensen, M. C., & Meckling, W. H. (1976). Theory of the Firm: Managerial Behavior, Agency Costs and Ownership Structure. Journal of Financial Economics, 3(4), 305-360.

88. James, G. (2021). Elon Musk just said MBAs are overrated, and he's dead right. Inc. https://www.inc.com/geoffrey-james/elon-musk-just-said-mbas-are-overrated-hes-dead-right.html

89. Hersey, P., & Blanchard, K. H. (1993). Management of organizational behavior: Utilizing human resources (6th ed.). Prentice-Hall, Inc.

90. Slater, D. J., & Dixon-Fowler, H. R. (2010). The Future of the Planet in the Hands of MBAs: An Examination of CEO MBA Education and Corporate Environmental Performance. Academy of Management Learning & Education, 9(3), 429-441. https://doi.org/10.5465/amle.9.3.zqr429

91. Sun, H., Zhu, J., Wang, T., & Wang, Y. (2021). MBA CEOs and corporate social responsibility: Empirical evidence from China. Journal of Cleaner Production, 290, 125801. https://doi.org/10.1016/j.jclepro.2021.125801

92. Urquhart, A., & Zhang, H. (2022). PhD CEOs and firm performance. European Financial Management, 28(2), 433-481. https://doi.org/10.1111/

eufm.12316

93. Hay, A. J., & Hodgkinson, M. (2008). More success than meets the eye: A challenge to critiques of the MBA. Possibilities for critical management education? Management Learning, 39(1), 21–40. https://doi.org/10.1177/1350507607085170

94. Guinness. (2024). Most world records set for swimming (male). Guinness World Records. https://www.guinnessworldrecords.com/world-records/63391-most-world-records-held-for-swimming-male

95. Rodriguez, S. (2019). Read Tesla CEO Elon Musk's latest email urging employees to improve vehicle deliveries. CNBC. https://www.cnbc.com/2019/05/29/read-tesla-ceo-elon-musk-email-on-vehicle-deliveries-meetings.html

96. Peppler, L. (2019). Work-life Balance: Elon Musk VS Ian Sohn — Two Opposing Emails. Medium. https://lancepeppler.medium.com/work-life-balance-6cc9f155df8e

97. Ware, B. (2012). The top five regrets of the dying: A life transformed by the dearly departing. Hay House.

98. Singh, D. (2019). SpaceX Stories: How Elon Musk Inspired Employees Following a Third Falcon 1 Failure. ElonX. https://www.elonx.net/spacex-stories-how-elon-musk-inspired-employees-following-a-third-falcon-1-failure/

99. 김민정. (2022). 국내 창업자들의 가장 큰 스트레스 요인은 '자금 압박'과 '투자 유치'. Platum. https://platum.kr/archives/189628

100. Sirén, C., Patel, P. C., Örtqvist, D., & Wincent, J. (2018). CEO burnout, managerial discretion, and firm performance: The role of CEO locus of control, structural power, and organizational factors. Long Range Planning, 51(6), 953-971. https://doi.org/10.1016/j.lrp.2018.05.002

101. Sarasvathy, S. D. (2009). Effectuation: Elements of entrepreneurial expertise. Edward Elgar Publishing.

102. Luthans, F., & Youssef-Morgan, C. M. (2017). Psychological capital: An evidence-based positive approach. Annual Review of Organizational Psychology and Organizational Behavior, 4, 339–366. https://doi.org/10.1146/annurev-orgpsych-032516-113324

103. Luthans, F., Avey, J. B., Avolio, B. J., & Peterson, S. J. (2010). The development and resulting performance impact of positive psychological capital. Human Resource Development Quarterly, 21(1), 41–67. https://doi.org/10.1002/hrdq.20034

104. Reuter, D., & Fonseca, C. (2024). General Electric's 132-year journey from American manufacturing icon to fallen giant. Business Insider. https://www.businessinsider.com/the-rise-and-fall-of-general-electric-2019-8#2001-2017-troubled-times-6

105. Colvin, G. (2018). What the Hell Happened at GE? Fortune. https://fortune.com/longform/ge-decline-what-the-hell-happened/

106. European Commission. (2020). 2020 Strategic Foresight Report.

107. Mintzberg, H. (1994). The fall and rise of strategic planning. Harvard Business Review, 72(1), 107-114.

108. Wang, C., & Papasavvas, F. (2019). What lies ahead for the automotive harness industry?

109. Loprot, M. (2024). A CLOSER LOOK AT THE CYBERTRUCK'S MODULAR WIRING SYSTEM. Slash Gear. https://www.slashgear.com/1502730/cybertruck-modular-wiring-system/

110. Kothari, S. (2023). Tesla's manufacturing efficiency will continue to surge: Report. InsideEVs. https://insideevs.com/news/673840/tesla-

caresoft-global-technologies-production-manufacturing-efficiency/

111. Moore, G. A. (1991). Crossing the chasm : Marketing and selling technology products to mainstream customers. HarperBusiness.

112. The Space Engineer. (2024). SpaceX 2024 Starship Presentation. YouTube. https://www.youtube.com/watch?v=O1cOdsUM5do

113. Huberman, A. (2021). Using Failures, Movement & Balance to Learn Faster. YouTube. https://www.youtube.com/watch?v=hx3U64IXFOY

114. Justice, J. (2023). Ways of Working at Tesla Talk by Joe Justice with Q&A. YouTube. https://www.youtube.com/watch?v=lGw3Z9Kk5Iw&t=6s

115. Mason, J., & Bose, N. (2023). Biden says UAW should fight for 40% pay raise in Michigan strike visit. Reuters. https://www.reuters.com/world/us/biden-trump-woo-union-workers-michigan-auto-strikes-grow-2023-09-26/

116. Justice, J. (2022). Agile World - Joe Justice - Tesla's Secret Process for Rapid Innovation. YouTube. https://www.youtube.com/watch?v=FE7OUGC4OB8&t=6s

117. Reuters. (2023). Toyota edges past 9.1 million vehicle output goal, warns chip shortage lingering. https://www.reuters.com/business/autos-transportation/toyota-edges-past-91-mln-vehicle-output-goal-warns-chip-shortage-lingering-2023-04-27/

118. Kowal, T. (2023). Challenges Facing Global Automotive Supply Chains. Supply Chain Brain. https://www.supplychainbrain.com/blogs/1-think-tank/post/37191-challenges-facing-global-automotive-supply-chains

119. Jin, H. (2022). Explainer: How Tesla weathered global supply chain issues that knocked rivals. Reuters. https://www.reuters.com/markets/europe/how-tesla-weathered-global-supply-chain-issues-that-knocked-

rivals-2022-01-04/

120. Cartwright, J. (2023). Ford CEO Jim Farley details the clusterf*ck of software development for legacy auto. TechAU. https://techau.com.au/ford-ceo-jim-farley-details-the-clusterfck-of-software-development-for-legacy-auto/

121. Tesla. (2018). The Anti-Handbook Handbook. Tesla. https://www.ceconline.com/PDF/Tesla-Anti-Handbook-Handbook.pdf

122. Tridens. (2024). Tesla Sales, Production & Revenue Statistics. https://tridenstechnology.com/tesla-sales-statistics/

123. Shvartsman, D. (2024). Tesla Growth and Production Statistics: How Many Vehicles Are Sold Across the Globe? Investing.com. https://www.investing.com/academy/statistics/tesla-facts/

124. Taylor, C. (2021). Volkswagen wants half of its vehicle sales to be electric by 2030. CNBC. https://www.cnbc.com/2021/07/13/volkswagen-wants-half-of-its-vehicle-sales-to-be-electric-by-2030.html

125. EEI TV. (2023). Elon Musk and EEI Chair Pedro J. Pizarro, President and CEO, Edison International at EEI 2023. YouTube. https://www.youtube.com/watch?v=t_WFsgjqpOU&list=PL0qlpcar4KjLeQQ9NQovTUmcne_sE5mRC&index=1&t=17s

126. Jin, H., & Lienert, P. (2023). Tesla to use iron-based batteries in Semi electric trucks and affordable electric car. Reuters. https://www.reuters.com/business/autos-transportation/tesla-use-iron-based-batteries-semi-electric-trucks-affordable-electric-car-2023-04-06/

127. Morgan, A. (2009). Eating the big fish: How challenger brands can compete against brand leaders. John Wiley & Sons.

128. Irle, R. (2023). Global EV Sales for 2022. EV Volumes. https://ev-volumes.

com/news/ev/global-ev-sales-for-2022/

129. Irle, R. (2024). Global EV Sales for 2023. EV Volumes. https://ev-volumes.com/news/ev/global-ev-sales-for-2023/

130. Maloney, C. (2010). The Secret to Accelerating Diffusion of Innovation: The 16% Rule Explained. Innovate or Die. https://innovateordie.com.au/2010/05/10/the-secret-to-accelerating-diffusion-of-innovation-the-16-rule-explained/

131. Chung, F. (2024). Fewer than 20 Chinese EV brands will be profitable by 2030 but Beijing set to dominate global auto market. https://www.news.com.au/technology/motoring/new-cars/fewer-than-20-chinese-ev-brands-will-be-profitable-by-2030-but-beijing-set-to-dominate-global-auto-market/news-story/4713abb015c9dee309fd06c29819b16d

132. Goswami, R. (2023). Elon Musk says Tesla's market cap is directly tied to whether it solves autonomous driving. CNBC. https://www.cnbc.com/2023/06/16/elon-musk-teslas-market-cap-is-tied-to-solving-autonomous-driving.html

133. Voigt, A. (2022). The Value of Tesla - the Value of Full Self Driving. LinkedIn. https://www.linkedin.com/pulse/value-tesla-full-self-driving-alex-voigt/

134. Shahan, Z. (2023). Tesla Just Passed 4 Million Cumulative Sales. Clean Technica. https://cleantechnica.com/2023/04/22/tesla-just-passed-4-million-cumulative-sales-charts/

135. Alvarez, S. (2024). Tesla has delivered over 6 million vehicles globally. Teslarati. https://www.teslarati.com/tesla-has-delivered-over-6-million-vehicles-globally/

136. Onion, A., Sullivan, M., Mullen, M., & Zapata, C. (2018). Automobile History. History Channel. https://www.history.com/topics/inventions/

automobiles

137. Harrington, J. (2020). 50 fascinating facts about the automotive industry. Stacker. https://stacker.com/stories/business-economy/50-fascinating-facts-about-automotive-industry

138. Randall, T. (2016). Here's How Electric Cars Will Cause the Next Oil Crisis. Bloomberg. https://www.bloomberg.com/features/2016-ev-oil-crisis/

139. Hanley, S. (2023). WEF Sees Huge Drop In Oil Demand As Electric Vehicle Sales Rise. Clean Technica. https://cleantechnica.com/2023/05/17/wef-sees-huge-drop-in-oil-demand-as-electric-vehicle-sales-rise/

140. Hood, B. (2023). The Tesla Model Y Is the First EV to Become the World's Best-Selling Car. Robb Report. https://robbreport.com.sg/business-gear-land-tesla-model-y-worlds-best-selling-vehicle/

141. Keeney, T. (2024). ARK's Expected Value For Tesla In 2029: $2,600 Per Share. Ark Invest. https://www.ark-invest.com/articles/valuation-models/arks-tesla-price-target-2029

142. 노상규. (2023). [테슬라 비즈니스] 테슬라 애자일: 혁신의 속도와 변화의 한계 비용. Organic Media Lab. https://organicmedialab.com/2023/02/15/tesla-agile-pace-of-innovation/

143. Li, H. (2022). Insights of Agile at Tesla with Joe Justice. LinkedIn. https://www.linkedin.com/pulse/insights-agile-tesla-joe-justice-h%C3%A0o-l%C7%90/

144. Washburn, E. (2023). Tesla Recalls 4 Million Since January 2022–Here's How That Compares To Other Automakers. Forbes. https://www.forbes.com/sites/emilywashburn/2023/02/17/tesla-recalls-4-million-since-january-2022heres-how-that-compares-to-other-automakers/

145. Kageyama, Y. (2010). Toyota chief showcases Tesla friendship. NBC News. https://www.nbcnews.com/id/wbna40150226

146. Shook, J. (2010). How to Change a Culture: Lessons From NUMMI. MIT Sloan Management Review. https://sloanreview.mit.edu/article/how-to-change-a-culture-lessons-from-nummi/

147. Gupta, P., & Kim, C.-R. (2010). Toyota gets Tesla stake, Tesla gets Toyota factory. Reuters. https://www.reuters.com/article/business/toyota-gets-tesla-stake-tesla-gets-toyota-factory-idUSTRE64J70O/

148. Frick, W. (2018). A 40-Year Debate Over Corporate Strategy Gets Revived by Elon Musk and Warren Buffett. Harvard Business Review. https://hbr.org/2018/05/a-40-year-debate-over-corporate-strategy-gets-revived-by-elon-musk-and-warren-buffett

149. Porter, M. E. (1996). What is Strategy? Harvard Business Review. https://hbr.org/1996/11/what-is-strategy

150. Wang, J., & Peng, X. (2020). A Study of Patent Open Source Strategies Based on Open Innovation: The Case of Tesla. Open Journal of Social Sciences, 8, 386-394. https://doi.org/10.4236/jss.2020.87031

151. McGrath, R. G. (2013). The end of competitive advantage: How to keep your strategy moving as fast as your business. Harvard Business Review Press.

152. Wall, M. (2023). SpaceX making 'well over 1,000' changes to Starship ahead of next launch. Space.com. https://www.space.com/spacex-starship-design-changes-second-test-flight

153. Tan, K. W. K. (2023). Charlie Munger once said he and Warren Buffett weren't interested in emulating Elon Musk: 'We don't want that much failure'. Business Insider. https://www.businessinsider.com/charlie-munger-did-not-want-emulate-elon-musk-2023-11

154. Mohamed, T. (2021). Elon Musk slams Warren Buffett's job as 'super boring' — but praises the investor's skills and defends his $100 billion fortune. Markets Insider. https://markets.businessinsider.com/news/stocks/elon-musk-tesla-warren-buffett-berkshire-hathaway-investing-skills-wealth-2021-12

155. Morning Star. (2021). Warren Buffett: Is there a single family office? Familyofficehub. https://familyofficehub.io/united-states/warren-buffett-is-there-a-single-family-office/

156. Wikipedia. (2024). Berkshire Hathaway. Wikipedia. https://en.wikipedia.org/wiki/Berkshire_Hathaway

157. Johansson, F. (2017). The Medici Effect: What elephants and epidemics can teach us about innovation. Harvard Business Review Press.

158. Chesbrough, H. W. (2003). Open Innovation: The New Imperative for Creating and Profiting from Technology.

159. Klein, P. (2022). Elon Musk's 5 Step Design Process by ModelThinkers. Medium. https://medium.com/twosapp/elon-musks-5-step-design-process-by-modelthinkers-1c3532f581d9

160. Goldratt, E. M., & Cox, J. x. (1984). The Goal: A Process of Ongoing Improvement. North River Press.

161. Lencioni, P. (2006). Silos, Politics and Turf Wars: A Leadership Fable About Destroying the Barriers That Turn Colleagues Into Competitors. Jossey-Bass.

162. Rifkin, J. (2014). The zero marginal cost society: The internet of things, the collaborative commons, and the eclipse of capitalism. Palgrave Macmillan.

163. Motley Fool. (2023). Tesla (TSLA. Q4 2023 Earnings Call

Transcript. Motley Fool. https://www.fool.com/earnings/call-transcripts/2024/01/24/tesla-tsla-q4-2023-earnings-call-transcript/

164. Alvarez, S. (2022). Tesla's vehicle manufacturing cost in 2017 was $84k per car – it has since dropped to $36k. Teslarati. https://www.teslarati.com/tesla-vehicle-manufacturing-cost-84k-to-36k-per-car/

165. Fisher, T. (2024). Tesla Robot: News, Rumors, and Estimated Price, Release Date, and Specs. Lifewire. https://www.lifewire.com/tesla-robot-news-and-rumors-6265340

일론 머스크 X, 속도의 제국

초판 1쇄 인쇄　2026년 3월 25일
초판 1쇄 발행　2026년 3월 30일

지은이　김세훈
펴낸이　박수길
펴낸곳　(주)도서출판 미래지식
책임편집　정은아
편집　박선영
디자인　최치영

주소　경기도 고양시 덕양구 통일로 140 삼송테크노밸리 A동 3층 333호
전화　02)389-0152
팩스　02)389-0156
홈페이지　www.miraejisig.co.kr
전자우편　miraejisig@naver.com
등록번호　제 2018-000205호

ISBN　979-11-93852-57-6 (03320)

＊ 이 책의 판권은 미래지식에 있습니다.

＊ 값은 표지 뒷면에 표기되어 있습니다.

＊ 잘못된 책은 구입하신 서점에서 바꾸어 드립니다.

미래지식은 좋은 원고와 책에 관한 빛나는 아이디어를 기다립니다.
이메일(miraejisig@naver.com)로 간단한 개요와 연락처 등을 보내주시면
정성으로 고견을 참고하겠습니다. 많은 응모바랍니다.